Michael Stürmer

Die Grenzen der Macht

Michael Stürmer

Die Grenzen der Macht

Begegnung der Deutschen mit der Geschichte

im
Siedler Verlag

Inhalt

I. Aufgehobene Vergangenheit

Defeated in two wars, bearing the stigma of the Nazi past, dismembered and divided, West Germany was an economy in search of political purpose. There was not in Bonn that British self-confidence born of centuries of uninterrupted political evolution and imperial glory. Bonn itself (. . .), embodying no previous tradition of government, symbolized the precariousness of Germany's postwar resurrection. The Federal Republic was like an imposing tree with shallow roots, vulnerable to sudden gusts of wind.
(Henry Kissinger, White House Years, 1979)

Die Zukunft ist wieder offen. Nichts mehr wird sein, wie es vordem war. Die Geschichte ist in Bewegung geraten, die negative Kraft der Zeit wirkt weiter, die Vergangenheit wird nur immer neu befragt, aber niemals neu begonnen. Welche Spuren aber führen aus der älteren und neueren Geschichte in die Zukunft Deutschlands und, kraft Lage, Größe und Gewicht des Landes, des weiteren Europas? Was lange war, wird lange wirken. Die europäische Machtgeometrie setzt sich neu zusammen, Deutschland nach »Zwei plus Vier« muß sich nicht nur nach innen definieren, sondern auch nach außen. 1990 wurde Deutschland zusammengefügt, und nun folgt Europa. Aber alles bleibt in Bewegung, am meisten die Grenzen der Macht.

Raymond Aron, der Stratege unter den Philosophen, hat auf die Frage nach der Zukunft einmal geantwortet, daß es für deren Einschätzung nicht darauf ankomme, alle Geheimdossiers in den Panzerschränken der Regierungen zu kennen, sondern daß man Geschichte und Kultur der Völker zu studieren habe. Wer weit vorausschauen will, muß weit zurückschauen, Erinnerung verbinden mit Imagination.

In diesem Sinne sucht der nachfolgende Essay das deutsche Potential in Europa in den »forces profondes« ebenso auszumachen wie in den Kräften der Gegenwart. Es geht um Geschichte, die noch nicht zu Ende ist, »aufgehobene Vergangenheit« (J.C. Fest). Ziel ist nicht, das kollektive Psychogramm der Deutschen aufs neue zu schreiben, und auch die Suche nach dem Nationalcharakter darf unterbleiben. Deutschlands Grenzen liegen fest, in Verträgen und im Denken der Menschen. Aber die Macht verändert sich wie in der Vergangenheit so auch in der Zukunft, und mit ihr werden die Grenzen der Macht immer neu vermessen.

Als im Frühjahr 1990 die britische Premierministerin Margaret Thatcher ein gelehrtes Kolloquium auf ihr Landgut Chequers einlud, lautete die Frage an die versammelten englischen und amerikanischen Geschichtswissenden: »Have the Germans changed?« Bei aller vordergründigen Simplizität der Frage: Ein gewisser Respekt für historische Erfahrung und geschichtsträchtige Prognose kam darin zum Ausdruck, wie er dem Staatsmann gut ansteht. Aber auch Zweifel, ob nach 120 Jahren britischer Erfahrung mit den Deutschen, von Benjamin Disraelis hellsichtiger Analyse 1871 – »this is the German revolution« – über Wilhelm II. und Hitler bis hin zur NATO und der Einheitlichen Europäischen Akte, das abschließende Wort schon gesprochen sei.

In der Tat erschien die Frage einfach. Denn wer bleibt schon über vier Generationen unverändert? Zugleich aber steckte in ihr der Zweifel, ob die Deutschen, vier Jahrzehnte lang Musterschüler der atlantischen und der europäischen Klasse, es auch in Zukunft sein würden. In der Vergangenheit blieb ihnen kaum eine andere Wahl. In der Zukunft müssen sie selbst entscheiden. Die Einheit und das schwierige Erbe der DDR, der Abzug der Russen und mögliche Affinitäten nach Osten, die Rückzüge der Amerikaner und die neuen Gleichgewichte Europas: Deutschland wird, ob es will oder nicht, in alledem eine Schlüsselrolle spielen. Welche geschichtlichen Kräfte aber bestimmen dieses Deutschland von innen und außen?

Die Vereinigung Deutschlands war nicht Anschluß, nicht *leveraged buy out,* es war ein Beitritt, aber auf der Tragbahre. Und doch werden die Einheit und das Erbe des SED-Staats, von »Antifa«-Ideologie bis hin zu äußerstem Mißtrauen gegen den Staat, das Atlantische Bündnis und den Westen, die deutsche Zukunft anders gestalten denn als bloße Fortsetzung von vierzig Jahren Bundesrepublik. Als die Entscheidung im Deutschen Bundestag für Berlin fiel, da ist das vielen wohl schmerzlich klargeworden, und in dieser Symbolwirkung lag ja auch das stärkste Argument gegen Bonn, aber nicht notwendigerweise für Berlin.

Aber man wird nicht nur merken, wie die deutsche Innenwelt sich ändert – und nirgendwo wurde dies deutlicher als im Bereich der Steuern und öffentlichen Finanzen. Noch mehr hat sich längst die Außenwelt geändert, und den deutschen Versuchen, die Vergangenheit festzuhalten, ist wenig Dauer bestimmt. Das vereinte Deutschland aber wird, wie vorher die Bundesrepublik Deutschland, seine Handlungsfähigkeit durch Bündnisfähigkeit sichern, oder das Land wird beides verspielen durch Rückzüge auf sich selbst, sich selbst ein Rätsel und den anderen auch. Gegenwärtig drängt kein Staat der Europäischen Gemeinschaft so sehr auf die Politische Union wie das vereinte Deutschland – und das, wegen der weit gediehenen Wirtschafts- und Währungsunion, mit guten Gründen. Aber kein Staat hat auch zugleich die unausweichliche Sicherheitsunion unter so unnötige Ungewißheiten gestellt wie Deutschland.

Für das, was an Weltordnung nach dem Kalten Krieg folgt, waren die Revolutionen im östlichen Mitteleuropa, aber auch die seitdem entfesselten Krisen und Kriege am Golf und dort, wo siebzig Jahre lang Jugoslawien war, definitorische Momente. Zur Fête der Demokratie im Land der Perestroika und in Ostmitteleuropa kamen viele ungebetene Gäste. Und als der Kalte Krieg endete, wurden an den Peripherien nicht Feste gefeiert, sondern Kriege entfesselt. Deutschland, Großmacht wider Willen in der Mitte Europas, kann die Uhren voranstellen auf das Zeitalter des ewigen Friedens, der UN-Weltregierung und des Ausbruchs allgemeiner Verständigkeit – die Zeit geht davon nicht schneller. Die alte Rolle im Schatten der Roten Armee, der Mauer und der Pax Americana ist nicht länger spielbar. Das Skript ist zu Ende, die Kulissen werden abgeräumt, die Spieler gehen nach Hause. Doch was folgt, ist nicht ein Champagnerfrühstück, sondern die schmerzliche Aufgabe, zum Management der Welt beizutragen nach Maßgabe der deutschen Interessen, Fähigkeiten und Erfahrungen. Das Land muß sich, obwohl es dabei unausweichlich die weltpolitische Unschuld verliert, auf eine Rolle einstellen, die über die zivilen Machtwährungen der Technik, des Kredits, des Außenhandels hinausgeht. Sonst verspielt es in der Welt nach dem Kalten Krieg, was zuvor seine wichtigste Sicherung war, innere Berechenbarkeit und das Vertrauen seiner Nachbarn.

Geschichte liebt die Wiederholungen nicht. Die Tragödien der Vergangenheit, wenn sie zurückkehren, tun dies allenfalls in der Form der Farce. Die Lektionen der Geschichte sind nicht von der banalen Art. Die Historiker haben nicht Lehrbücher der Staatskunst anzubieten, sondern allenfalls den Vorteil größerer Distanz und des »benefit of hindsight«. Wie aber soll der Gedanke an die Vergangenheit den in die Zukunft schweifenden Blick lenken oder belehren? Geschichte verläuft nicht linear, und sie wiederholt sich nicht. Aber sie wird auch nicht jeden Tag neu erfunden. In den »forces profondes« liegt auch das Material der Geschichte, die sich erst noch vollziehen soll.

Die vierzig Jahre des geteilten Deutschland werden tiefe Spuren hinterlassen. Die Epoche der Weltkriege und ihr düsterstes Kapitel, deutsche Diktatur und Zweiter Weltkrieg, haben sich den Deutschen eingebrannt auf viele Generationen, wie einst der Dreißigjährige Krieg. Das Zeitalter des Nationalstaats hat, anders als seine Mythologie es will, weniger Staatsbewußtsein und mehr gesellschaftliches Dasein geprägt: Parteien und Verbände, Recht und Institutionen, Daseinsvorsorgestaat und Wohlfahrtsgesellschaft. Das alles wirkt weiter, direkt und indirekt. Am weitesten aber reicht wohl, was am längsten währte und Geist und Dasein der Deutschen am tiefsten prägte, das Alte Reich und jene mittelalterlichen Lebensformen, die mit ihm verbunden waren, bis die demokratischen und industriellen Revolutionen des 19. Jahrhunderts darüber hinweggingen.

Ziehe man Preußen von Deutschland ab, so hieß es seit dem 19. Jahrhundert bei den Lobrednern Preußens, so bleibe der Rheinbund. Zieht man heute Deutschland von Europa ab, so ist Europa ein leckes Schiff und Deutschland »the loose cannon on deck«. In Wahrheit gibt es keinen Entwurf Europas ohne Deutschlands tragende Rolle, aber auch weder innere Gewißheit noch äußere Sicherheit für Deutschland ohne Europa. Die Nachbarn haben daher in der Tat ein Recht zu erfahren, worauf sie sich einzustellen haben: auf die weitgedehnten Landschaften des Sanctum Imperium, das Deutsche Reich Bismarcks, den Machtstaat Stresemanns, das Großdeutschland Hitlers, die Bundesrepublik Adenauers – von der DDR Ulbrichts zu schweigen – oder auf die historische und moralische Summe aller dieser Formationen. Das aber setzt voraus, daß die Deutschen selbst sich definieren in Vergangenheit, Gegenwart und Zukunft, daß sie Balance finden im aufgeklärten Selbstinteresse zwischen nationalen Präokkupationen und europäischem Denken und daß sie Teilhabe lernen am verantwortlichen Management der Macht. Ohne Definition der Deutschen gibt es keine Definition Europas. Denn, wie Willy Brandt sein Nachwort auf die deutsche Revolution von 1989 überschrieb: »Nichts mehr wird sein, wie es vordem gewesen.«

Die Sowjetunion ist nicht mehr. Ihr Niedergang war Leitmotiv und Ursache der welthistorischen Umbrüche der achtziger Jahre, das Ringen um die sowjetische Erbfolge wird beherrschendes Thema der kommenden Jahrzehnte sein. Die Vereinigten Staaten sind allein noch Supermacht, aber die neue Weltordnung muß erst noch entstehen, die sie ins Leben rufen wollen; sie wird auf Europa und Fernost als Partner angewiesen sein und von den USA mehr Führungs- und Gestaltungskraft verlangen, als die Last innerer Aufgaben gegenwärtig zuläßt. Das alles führt auf den Entwurf Europas zurück, der aus den Umbrüchen von 1989/90 entstehen soll, und auf die Rolle Deutschlands darin. Sie wird aus ältestem und neuestem Stoff bestehen. Den Deutschen fällt es schwer, die Welt nach dem Kalten Krieg zu begreifen und darin ihre zentrale Rolle zu definieren, und den Nachbarn fällt es nicht minder schwer, zu alledem noch die Wiederentdeckung der europäischen Mitte hinzuzufügen. Die Ängste von 1990, die Deutschen könnten zu viel Macht wollen, und die Besorgnisse von 1991, die Deutschen könnten vielleicht gar nichts wollen außer ihrer eigenen Ruhe, sind Zeichen tiefer Ungewißheit der Analyse, und sie ziehen Unsicherheiten der politischen Entscheidung und des Umgangs mit der Macht nach sich.

Die Grenzen der Macht – um sie geht es in diesem Buch, aber auch in der politischen Wirklichkeit: die geschichtlich überkommenen, die politisch gebotenen, die moralisch beschlossenen. Alles andere führt in Überforderung und Überanstrengung. Die Geschichte ist noch nicht zu Ende.

II. Die Mitte des Alten Europa

Tränen des Vaterlandes

Wir sind doch nunmehr ganz, ja mehr denn ganz verheeret!
Der frechen Völker Schar, die rasende Posaun',
das vom Blut fette Schwert, die donnernde Kartaun'
hat aller Schweiß und Fleiß und Vorrat aufgezehret.

Die Türme stehn in Glut, die Kirch ist umgekehret,
das Rathaus liegt im Graus, die Starken sind zerhaun,
die Jungfraun sind geschändt, und wo wir hin nur schaun,
ist Feuer, Pest und Tod, der Herz und Geist durchfähret.

Hier durch die Schanz' und Stadt rinnt allzeit frisches Blut.
Dreimal sind schon sechs Jahr', als unser Ströme Flut,
von so viel Leichen schwer, sich langsam fortgedrungen.

Doch schweig' ich noch von dem, was ärger als der Tod,
was grimmer denn die Pest und Glut und Hungersnot:
Daß nun der Seelen Schatz so vielen abgezwungen.

(Andreas Gryphius, 1636)

Es gibt wieder, was der Zweite Weltkrieg und der Kalte Krieg
von den moralischen und politischen Landkarten nahmen,
die Mitte Europas. Das allerdings gilt mit Ausnahmen.

Preußen gibt es nicht mehr, und Österreich gibt es nur
noch als kleine Alpenrepublik. Als Deutschland die Einheit
gewann, fand Preußen nicht einmal Erwähnung. Unbetrau-
ert und ohne Nachruhm, so ahnte man schon in der Napoleonzeit, werde Preußen einmal dahingehen. In der Gegenwart
werden die Länder Berlin und Brandenburg es schwerlich
ersetzen. An Gründen für die Abwesenheit Preußens auf den
deutschen Landkarten der Geographie und des Geistes nach
der Teilung fehlt es nicht. Wichtiger ist, warum in dem entscheidenden Jahr 1989/90 von Preußen so gut wie nicht die
Rede war. Am wichtigsten, was das Fehlen Preußens für die
deutsche Seelenlandschaft bedeutet. Es gehört zur Ironie der
Lage, daß das Erbe Preußens denen am meisten suspekt

*Endzeitstimmung liegt über jeder Epoche. Aber an der Wende vom
15. zum 16. Jahrhundert zog in ganz Europa die Stimmung einer
Zeitenwende herauf. Im nachhinein sehen wir, daß diese Ahnung
berechtigt war: Die Entdeckung der Neuen Welt verlagerte die
Kraftlinien aus Mitteleuropa und vom Mittelmeer in den atlantischen Raum. Die Erschütterung des alten Glaubens durch die Reformation führte ein neues Verhältnis von Mensch und Gott herauf. Die
Naturwissenschaften suchten neue Welterklärung, die zuvor in der
Weltenwende der Renaissance schon ihren künstlerischen Ausdruck
gefunden hatte. In Dürers »Apokalyptischen Reitern« von 1498
wird in den Gestalten von Hunger, Pest, Brand und Krieg die
düstere Seite des Umbruchs sichtbar: fromme Mahnung, Zukunfts-
vision und Widerspiegelung eines Seelenzustandes.*

Baalbek und Palmyra, Agrigent und die Peloponnes – überall erinnern klassische Ruinen an untergegangene Welten. Hier ist es Potsdam, der Westflügel des Königsschlosses nach dem alliierten Bombardement, vor der Sprengung durch die SED. Barocker Klassizismus Nordeuropas, Gestus der Macht und Aufnahme der Antike in einer letzten Gebärde von Hinfälligkeit und Pathos. Preußen von innen und außen zerstört und Deutschland, wie Stalin auf der Potsdamer Konferenz zur Zeit dieser Aufnahme sagte, »nur noch ein geographischer Begriff«.

bleibt, die heute das Ausbleiben bestimmter staatlicher Reflexe in der deutschen Außenpolitik am meisten beklagen: Washington und London.

Conditio Borussiae

Wann Preußen unterging, ist so umstritten wie die Frage, was Preußen als Daseinsform und Handlungsrahmen einst bedeutete. 1947 jedenfalls, als die Alliierten den längst dahingeschiedenen Staat Preußen – »Hort des Militarismus und der Reaktion« – aufhoben, war dies nicht mehr Akt politischer Gestaltung, sondern surrealistische Huldigung an den Mythos.

Vielleicht ging Preußen nach so viel Abschieden ein letztes Mal mit den Verschwörern des 20. Juli dahin. Die Nationalsozialisten hatten, vom Trauer-Schauer-Tag von Potsdam bis zum Fridericus-Bild im Führerbunker, mit Preußen nichts als Mummenschanz getrieben, indes nicht ohne bleibende Überredungskraft für Freund und Feind. Preußens Abschiede hatten früh begonnen. Im System des Wiener Kongresses war die kleinste und jüngste der europäischen Großmächte noch unentbehrlich. 1848 aber wurde Preußen, wie ganz Europa, in den Bann des Nationalen gezogen. Das Staatskunstwerk des 18. Jahrhunderts war seitdem zum Untergang verurteilt. Und ob in Bismarcks Reichsgründung Preußen siegte oder Deutschland, war unter den Mitlebenden umstritten – und bleibt es bis heute. Das vor- und übernationale Preußen jedenfalls war für Deutschland beides, zu klein und zu groß.

Preußen war niemals ein Land wie andere, sondern eine Erfindung der Staatsräson gegen die Drangsale des Dreißigjährigen Krieges und die konturenlose Geographie der Norddeutschen Tiefebene, gegen Kaiser und Reich ebenso wie gegen die Mediokrität der deutschen Verhältnisse. »Wir werden Amboß, wenn wir nichts tun, um Hammer zu sein«, schrieb Otto von Bismarck 1854, gerade Gesandter am Frankfurter Bundestag geworden. Dieses Leitmotiv zieht sich durch die Geschichte Preußens vom bitteren Anfang bis zum bitteren Ende, und es trug wesentlich zu beidem bei. Für zweihundert Jahre aber entstand daraus ein Königreich der

Widersprüche und ein Kunstwerk der Staatsräson, gebaut um ein übergroßes Schloß in Berlin und gegründet auf eine übergroße Armee. Und für den längsten Teil seiner Geschichte war dieses Preußen immer wegzudenken von der europäischen Landkarte. Der größte Teil seiner Geschichte war daher dem Versuch gewidmet, dagegen Verwahrung einzulegen durch Geist und Macht.

Vom Großen Kurfürsten, der die Hugenotten einlud, über Friedrich Wilhelm I., der den Salzburgern Asyl bot, bis hin zu Friedrich dem Großen, der eine für das 18. Jahrhundert noch recht unzeitgemäße Religionsfreiheit verwirklichte, hat Preußen immer alle Kräfte an sich gezogen, die sich nur finden ließen. So entstand Preußen aus dem Pietismus der Kirche und der Disziplin der Gutsverfassung, aus Toleranz und Bildungshunger, der Staat der größte Unternehmer, der König der große Maschinenmeister, die Armee die Gußform der Nation, jeder Stand eingeordnet in den Staatszweck, der Überleben hieß.

Das Deutschland der Nach-Hitler-Zeit hat Preußen im Bösen ebenso wie im Guten viel verdankt. Und doch hat man an Rhein und Donau, als Preußen in die Grube fuhr, erleichtert aufgeatmet. Kein Bundesland, und die mit dem Bindestrich kamen fast alle aus der Konkursmasse, hat je im Traum daran gedacht, Preußen zu sein. Noch die Seelenschmerzen von 1991 bei der Frage der Hauptstadt haben mit der Angst vor den Wiedergängern etwas zu tun. Man wollte im Nachkriegsdeutschland immer mehr, die Vision Europa, und weniger, den Charme der Provinz. Preußens Katastrophe wurde sozialpolitisch aufgearbeitet durch Lastenausgleich und Hinterbliebenenversorgung. Preußens Staatlichkeit hat der Republik an Rhein und Main mehr Festigkeit vermacht, als ihr von Hause aus zustand. Preußens Geschichte aber blieb Sache für Spezialisten, Preußens Mythos, schön oder schrecklich, etwas für Ideologen.

Es bleibt aber, wofür Preußen vom Großen Kurfürsten Friedrich Wilhelm bis zum »Roten König von Preußen«, dem Ministerpräsidenten Otto Braun, einmal stand, ein Bedarf an Staatlichkeit und Sinn für das Bonum commune in der Innenpolitik, an Machtmanagement und Staatsräson in der Außenpolitik. Dafür stand nun einmal in den Zeiten des Alten Reiches mehr der Staat des roten Adlers als all die schönen Herrschaften, wie der Historiker Heinrich von Treitschke schrieb, »die lange Pfaffengasse des Rheines auf und ab«.

»Um ein Preußen von innen bittend«, hat der unvergessene Hans Schwab-Felisch lange vor der Wiedervereinigung sehr hellsichtig geschrieben. Preußen aber ist, unwiederbringlich, dahin, und ob das zu bedauern oder zu bejubeln wäre oder nur baldigst zu vergessen, ist den meisten Deutschen gleichgültig. Nunmehr aber, da der Kalte Krieg Deutschland nicht mehr teilt, aber auch nicht mehr von außen zusammenhält, und daher niemand mehr den Deutschen die Seelenqual schwieriger Entscheidungen erspart, geht es um Haltung und Form aus eigener Kraft, um Krisenmanagement der Welt, um Interessen und Macht und alles, was an Tragik und Entscheidungsnot ihnen anhaftet. Frankreich und England, wenn Verbündete gezählt oder Interessen vertreten werden, leben aus älteren Traditionen, ruhmvollen und schmerzvollen. Das wird den Deutschen immer unverstanden bleiben: Preußen ist endgültig und ohne Rest in Deutschland aufgegangen.

Preußen war Wille und Vorstellung, und nur wie nebenbei ein Land. Das Alte Reich aber war so alt wie das Abendland und älter als alle Staaten. In ihm schon war die Deutsche Frage aufgehoben; und als es Reich und Kaiser nicht mehr gab, da machte sie sich geltend. Es war und ist die Frage, wem Deutschland gehört und wohin die Deutschen gehören.

Altes Reich, Schönheit und Schwäche

In Koblenz, wo die Mosel in den Rhein mündet, steht vor der romanischen Castor-Kirche ein klassizistischer Brunnen. Die Inschrift erinnert an die Grande Armée auf dem Marsch nach Rußland, um den zarischen Despotismus zu zerschlagen, und ist unterzeichnet: »Jules Doazan, Sous-Intendant de la Ville de Coblentz«. Darunter findet sich eine zweite Inschrift, militärisch knapp gehalten: »Vu et approuvé par nous, Commandant Russe de la ville de Coblentz«. Jene datiert vom Sommer 1812, diese aus dem Jahre 1813. Es handelt sich um die anekdotische Form der Deutschen Frage. Die historische bleibt davon bestimmt, daß Deutschland der Ort ist, wo alle europäischen Halbinseln untereinander und mit der eurasischen Landmasse verbunden sind. Wem Deutschland gehört und wohin die Deutschen gehören – das war niemals eine akademische Frage. Es lag darin die Entscheidung beschlossen über Gleichgewicht und Hegemonie auf dem Kontinent. Deshalb war auch die Deutsche Frage niemals Eigentum der Deutschen allein, in der Vergangenheit nicht und nicht in der Gegenwart. Sie war stets Kernfrage europäischer Gestaltung und wird es nach menschlichem Ermessen auch in Zukunft bleiben. Zweifler sollten zuletzt noch einmal den »Zwei plus Vier«-Prozeß studieren, als die Frage wichtiger war, wie Deutschland sich in Europa einfügt, als die, wie es sich selbst zusammenfügt.

Was in der Mitte des Kontinents geschah, ob im Bereich des Geistes oder der Politik, ob Hunger regierte oder Überfluß, ob der technische Fortschritt triumphierte wie im 16., oder ob das Land von Not, Tod und Soldateska heimgesucht wurde wie im 17. Jahrhundert, stets hatten Macht und Ohnmacht der Mitte tiefe Wirkung auf alle Nachbarn. Deshalb konnte keine der Mächte Europas es sich jemals erlauben, dem Zustand der Mitte mit Gleichgültigkeit zu begegnen oder aber die »Deutschländer«, wie es lange hieß, konkurrierenden Mächten zu überlassen. Frankreich, Burgund, Schweden, Polen, die Osmanen am Ausgang des Mittelalters, sie alle hatten als Großmacht ihre Zeit, sie alle wollten Anteil an Europas Mitte und mußten dies schon um ihrer eigenen Sicherheit willen erstreben.

Deutschland aber war Zentrum der europäischen Macht-, Handels- und Ideengeometrie, wo alle Einflußlinien einander kreuzten. Geographie und Geschichte machten das Land im Frieden zum Schachbrett, im Krieg zum Schlachtfeld. Der Anspruch auf hegemoniale Ordnung Europas von der Mitte aus, Hoffnung auf die Pax Germanica, war im Titel der römisch-kaiserlichen Majestät, des Kaisers, trotz aller Schwäche stets bewahrt. Seit dem Spätmittelalter aber stimmten Anspruch und Wirklichkeit niemals überein. Das letzte der großen Reichsgesetze, die Reichshandwerksordnung von 1731, hat noch einmal in staatsrechtliche Formeln gefaßt, was doch nur noch Poesie, schöne Geste und ein großes Durcheinander war:

»Kayserliche Allergnädigste Verordnung, Die Abstellung
deren im Heil. Römischen Reich Bey denen Handwercks-
Zünfften Vielfältig Eingeschlichenen Mißbräuche Betref-
fend, 1731.
Wir Carl der Sechst von Gottes Gnaden Erwählter Römischer Kayser / zu allen Zeiten Mehrer des Reichs / König in
Germanien / zu Castilien / Arragon / Legion / beeder Sici-
lien / zu Hierusalem / Hungarn, Böheim, Dalmatien, Croa-
tien, Sclavonien, Navara, Granaten, Toledo, Valentz, Gal-
licien, Majorica, Sevilien, Sardinien, Corduba, Corsica,
Murcien, Giennis, Algarbien, Algeziern, Gibraltar, der
Canarischen und Indianischen Insulen, und Terrae fir-
mae, des Oceanischen Meers, Ertz-Hertzog zu Oester-
reich, Hertzog zu Burgund, zu Braband, zu Mayland, zu
Steyer, zu Cärnten, zu Crain, zu Limburg, zu Lützenburg,
zu Geldern, zu Würtemberg, Ober- und Nieder-Schlesien,
zu Calabrien, zu Athen, zu Neopatrien, Fürst zu Schwaben,
zu Catalonien, und Asturien, Marggraf des H. Röm.
Reichs zu Burgau, zu Mähren, Ober- und Nieder-Laußitz,
Gefürsteter Graff zu Habspurg, zu Flandern, zu Tyrol, zu
Pfird, zu Kyburg, zu Görtz, zu Arthois, Landgraff im
Elsaß, Marggraf zu Oristani, Graff zu Goziani, zu Namur,
zu Roßilion und Ceritania, Herr auff der Windischen
Marck, zu Portenau, zu Biscaja, und Molius, zu Salius, zu
Tripoli, und zu Mechlen; Entbieten N. allen und Jeden
Churfürsten, Fürsten, Geist- und Weltlichen, Praelaten,
Graffen, Freyern, Herren, Ritteren, Knechten, und sonst
allen anderen, Unseren und des Reichs Unterthanen und
Getreuen, sodann allen und jeden Unseren und des Reichs
Kriegs-Generalen, hoh- und niederen Officieren, und
gemeinen Soldaten, zu Roß und Fuß, wie die Nahmen
haben, was Würden, Stand, oder Wesens die seynd, denen
dieser Unser Kayserlicher offener Brieff, oder glaubwür-
dige Abschrifft davon zu sehen, oder zu lesen fürkommen
wird, Unsere Freundschaft, Gnade, und alles Gutes, und
thun euch hiermit zu wissen:...«

Am Anfang stand eine gewaltige und anmaßende Kontinui-
tätsidee, die sich auf Rom bezog und auf die *Res Gestae Dei per
Francos.* Nach der Katastrophe des Dreißigjährigen Krieges

Das Heilige Römische Reich. Der Gekreuzigte unter der Krone des Reiches, das von dieser Welt war, aber auch von jener – das war die Einbeziehung der geistlichen Legitimität in die Rechtfertigung weltlicher Herrschaft. Seit dem Streit zwischen Kaiser und Papst im hohen Mittelalter war entschieden, daß der Amtmann Gottes in weltlichen Dingen über seinem Stellvertreter stand. Der Doppeladler des Reiches brachte den Anspruch der Universalmonarchie zum Ausdruck, doch wurde deren Geltung von den aufsteigenden säkularen Machtstaaten des Westens niemals angenommen.

war davon nur noch eine Gestalt übrig, die der Staatsrechtler Samuel von Pufendorf »monstro simile« nannte, keiner klassischen Staatsformenlehre subsumierbar. Und doch, für die Existenz des Alten Reiches ließ sich sagen, daß es unfähig zum Angriff, aber machtvoll war in der Verteidigung, in sich ruhend und im aufsteigenden europäischen Staatensystem unentbehrliche Voraussetzung des europäischen Gleichgewichts und auch des europäischen Friedens. Am Ende aber war fast gar nichts mehr; das Alte Reich wurde von Ost und West und auch von den Deutschen unter Einschluß der österreichischen Vettern aufgelöst, als wisse man etwas Besseres an seine Stelle zu setzen, und wußte es doch nicht.

Das Reich war dahin, aber der Deutsche Bund war in dem halben Jahrhundert seiner Existenz außerstande, das zu leisten, wofür ihn der Wiener Kongreß eigentlich geschaffen hatte, nämlich die deutsche Nation sich selbst vergessen zu lassen und die Deutsche Frage ruhigzuhalten auf immer und ewig. Wem Deutschland gehört und wohin die Deutschen gehören, das Alte Reich hatte diese Frage nicht national beantwortet, sondern katholisch im wortwörtlichen und allumfassenden Sinn, im Prinzip den christlichen Erdenkreis umspannend. Das war der positive Sinn der Reichsidee: Gottes Ordnung auf Erden. Aber schon die Frage, wer Gottes Amtmann sein sollte und wer sein Stellvertreter, hatte in die Konflikte zwischen Kaiser und Papst getrieben. Die Realität des Ordnungsanspruchs, sobald er politisch-staatliche Kraft beanspruchte, war gegen die aufsteigenden Nationen und Reiche in Ost und West niemals durchsetzbar, er hat die Mitte überfordert und am Ende, im Dreißigjährigen Krieg, das Reich zum Schlachtfeld gemacht. Das Reich war mehr von jener Welt als von dieser Welt, und so hat es auch begrifflich nur überlebt im Vaterunser der Christen: »Denn Dein ist das Reich und die Kraft und die Herrlichkeit, in Ewigkeit.«

Der Kaiser hieß auf allen Münzen »Romanorum Imperator Semper Augustus«. Seit Karl dem Großen und der Kaiserkrönung zu Weihnachten des Jahres 800 in Rom sollte das Fortführung des Römischen Reiches bedeuten: translatio imperii. Es war nicht nur das südliche Licht, die Schönheit der Frauen, das Gold der Städte und die Wärme des Winters, die die römisch-deutschen Kaiser immer wieder nach Süden zie-

Noch einmal suchte der Römisch-Deutsche Kaiser, die Welt zu umspannen. Der Herrschaft Karls V., die das Reich und Spanien umfaßte, ging nach der begrenzten Weltkenntnis der damaligen Geographen »die Sonne nicht unter«. Und doch konnte Karl V. nicht einmal Deutschland unter seiner Faust vereinigen. Bedrängt von den Osmanen im Osten und Frankreich im Westen und Süden, wurde er im Innern herausgefordert durch die lutherische Reformation, den Bauernkrieg und den Aufstand der Stadtbürger. In der Schlacht von Mühlberg am 24. April 1547 triumphierte er; Tizian suchte den flüchtigen Augenblick zu verewigen. Am Ende seines Lebens zog sich Karl V. ins spanische Kloster zurück, um wenigstens dort jene Ordnung herzustellen, die die Geschichte ihm immer verweigert hatte: alle Uhren im selben Augenblick schlagen zu hören.

hen ließen. Es war vor allem das Bestreben, ihrer Macht die Weihe des göttlichen Willens und der Ewigkeit zu geben: Legitimität. Der alte Reichsuniversalismus suchte die Ordnung Europas von der Mitte aus und vermochte sie doch niemals herzustellen. In ihm war die Deutsche Frage bereits enthalten, nicht anders als im Selbständigkeitsstreben der Territorialgewalten, welche Kaiser Karl IV. in der Goldenen Bulle von 1356 anzuerkennen hatte, wie alle seine Nachfolger in ihren Wahlkapitulationen. Deshalb war auch der Kaiser zu keiner Zeit ein stolzer Herr »von Gottes Gnaden«, sondern mußte sich stets daran erinnern lassen, daß die Kurfürsten ihn gewählt hatten, »Erwehlter Römischer Kaiser«. Die Summe der fürstlichen Territorialgewalten war stets größer als die kaiserliche Macht. Und noch im Entstehungsmodus der Bundesrepublik Deutschland – zuerst die Länder und dann der Bund – war ein ferner Abglanz dieser historischen Lage enthalten. Und es war nicht nur ein Schönheitsfehler, daß 1990 die DDR beitrat und nicht die Länder. Es war zu keinem Zeitpunkt genau zu sagen, was eigentlich blieb, wenn man die Länder und Einzelstaaten abzog von Deutschland.

Ungeachtet der wiederkehrenden Türkengefahr und der Religionskämpfe war das 16. Jahrhundert wohl das glücklichste Jahrhundert der Deutschen gewesen: Deutschland das Handelszentrum Europas, Werkstatt der Welt, die großen Stadtrepubliken von Reichtum und Selbstbewußtsein strotzend, Künste und Wissenschaften überall in Blüte. Davon ist wenig geblieben außer dem Gold und Silber aus Augsburg und Nürnberg und Straßburg in allen großen Museen der Welt bis hin in die Rüstkammer des Kreml und das Topkapi-Museum in Istanbul.

Reformation und Gegenreformation haben den althergebrachten inneren politischen Gegensätzen des Reiches tieferen Grund gegeben als jemals zuvor: den der Religion. Ohne die Schwäche des Kaisers, der von Frankreich unter König Franz I. im Westen und von Osten durch die Osmanen bedrängt wurde, wäre der Funken der Lutherischen Reformation früh und mit Macht ausgetreten worden wie andere Ketzereien und Fürstenrevolten zuvor. So aber mußte der Kaiser Verbündete suchen wider Türken und Franzosen, und die protestantischen Fürsten konnten ihn zum religiösen

24

Handel zwingen, der auch ein politischer war und dann zum Verfassungstatbestand wurde. Als Schützer der Konfession fand der frühmoderne Territorialstaat in Deutschland eine äußerste Rechtfertigung, die ihm vordem gemangelt hatte. Die englische Krone ließ seit 1688 dem Katholizismus fast keinen Raum, und Frankreich nicht den Hugenotten. In Frankreich und England war auf die härteste Weise die innere Basis des Machtstaats gefestigt. Deutschland aber wurde das Land nicht der Versöhnung, aber der religiösen Koexistenz. In den Territorialstaaten entwickelten sich, von oben ins Leben gerufen und geschützt, politisch-soziale Bindungskräfte, die das Reich nie mehr entfalten konnte. Nicht nur Heer, Beamtenstaat und Steuerstaat, dazu die landesherrliche »gute Policey« hielten die frühmodernen deutschen Staaten zusammen, sondern auch die Bindung der Gewissen an die Landesherrschaft nach dem Grundsatz des großen Religionsfriedens von Augsburg 1555: »Cuius regio eius religio«.

Die Urkatastrophe des neuzeitlichen Deutschland

Der Dreißigjährige Krieg hat alles genommen an Toleranz, Gesittung und Reichtum und die Deutschen traumatisiert. In »diesem unserem teutschen Krieg«, wie der Chronist Christoph von Grimmelshausen das lange Schlachten nannte, waren zuerst die böhmischen Stände im Aufstand gegen Habsburg, dann die protestantischen Reichsstände gegen den »absoluten Dominat« des Kaisers. Endlich griffen Schweden und Frankreich ein, um der Ausbildung einer starken kaiserlich-katholischen Zentralgewalt in Deutschland entgegenzutreten.

Die Wirkungen des Krieges reichen tief in die Geschichte des 18., des 19. und selbst noch des 20. Jahrhunderts. Es vergaß sich nicht leicht, daß jeder zweite Bewohner in deutschen Landen dahingerafft war von den Seuchen, dem Hunger und der Soldateska. Der bürgerlich-patrizischen Städtekultur an Rhein und Main, an Neckar und Donau war das Rückgrat gebrochen, ihr Wohlstand zerstört, ihre Macht nur noch ein Schatten, die geistige Spannkraft lange Zeit erschöpft. Nur im

Norden, wo die Verheerungen geringer waren, konnten die stolzesten der Hansestädte überleben: Bremen, Hamburg und Lübeck allen voran. Daß die Städte überhaupt das Elend überdauerten und danach noch eine Blüte erlebten, war nur dem Equilibrium der Kräfte im Reich und dem fernen Wiener Kaiser zu danken. Wenn aber Kaiser und Reich einmal fielen, dann mußten die Stadtrepubliken nach. Ihre Juristen und Publizisten waren daher bis zum bitteren Ende die treusten unter den Reichspatrioten.

1648 schloß der Westfälische Friede von Münster und Osnabrück das Buch der Greuel und Katastrophen des Dreißigjährigen Krieges mit der großen Friedensformel der »oblivio perpetua et amnestia« – des immerwährenden Vergebens und Vergessens. Aber welchen Preis hatte das alles? Die Rettung vor dem Bürgerkrieg lag nicht mehr im Reich, sondern in der Ausbildung von Staatssouveränität und Fürstenabsolutismus gegen das Reich. Nicht aus Untertanengeist der Deutschen geschah dies, sondern um das Überleben in einer Welt zu sichern, in der die menschliche Existenz so beschaffen war, wie am Ende des englischen Bürgerkriegs Thomas Hobbes den Zustand der Natur beschrieb, »solitary and poor, brutish, nasty and short«.

Seitdem zieht die Drohung des Ernstfalls, der von außen kommt, ihre Spur durch das Kollektivbewußtsein der Deutschen und durch die deutsche Geschichte. Um nicht permanent Feldlager Europas zu sein, mußten die Deutschen, unterstützt durch das Arrangement der Territorialfürsten mit dem Kaiser, die Ausbildung des Absolutismus in den Einzelstaaten betreiben. Die Angst lehrte nicht nur beten, sondern auch dem Leviathan, dem modernen Machtstaat huldigen.

Bis zum Dreißigjährigen Krieg war Deutschland unter allen europäischen Ländern am wenigsten Staat und am wenigsten Nation: es war immer mehr und weniger zugleich. Im Frieden von Münster und Osnabrück wurde der deutsche Zustand vollends europäisiert. Das Ergebnis war eine deutsche Friedens- inmitten einer europäischen Gleichgewichtsordnung. Das eine konnte nicht sein ohne das andere.

Auf die bitterste Weise wurde das Alte Reich zum Stabilisierungsfaktor Europas. Es war in sich selbst und im aufsteigenden europäischen Staatensystem gegründet. Für die letzten 150 Jahre seiner ehrwürdigen Existenz war es ein passiver Rechts- und Friedensverband, unfähig zum Angriff, aber respektheischend in der Verteidigung. Die Ruhigstellung der Mitte gab den europäischen Mächten die Chance, machtvoll nach Übersee auszugreifen. Die Bedingung: Das Reich in der Mitte Europas verzichtete auf die Ausbildung fest organisierter Macht, und die deutschen Fürstenstaaten, »les Allemagnes«, hielten einander die Waage. In den Reichsstädten und zwischen den Territorien erhielt sich auf diese Weise ein erstaunliches Maß an Freiheit und republikanischer Selbstbestimmung, das den fester gefügten und effizienter organisierten westeuropäischen Staaten verlorenging. Stadtrepubliken, katholisch-geistliche Fürstenrepubliken und weltlicher Territorialabsolutismus: In ihrem schiedlich-friedlichen Nebeneinander war noch eine Wirkung der europäischen Mittellage zu erkennen. Die Impotenz der Zentralgewalt förderte jene zentrifugalen Kräfte, die zur selben Zeit in Frankreich in den Kriegen der Fronde niedergekämpft wurden.

Die deutsche Nation war in der Welt der Gedanken wohl vorhanden, nicht aber in der Realität. Unter all den verschiedenen Sprachmelodien in deutschen Landen blieb eine alte gemeinsame deutsche Sprach- und Geisteskultur wirksam. Es gab ein historisches Gemeinschaftsbewußtsein, Versuche und Hoffnungen einer mächtigeren Organisation des Reiches, gemeinsamer militärischer Institutionen und, wenn möglich, eines gemeinsamen Systems der Münze und der Steuer, entwickelt schon im 17. Jahrhundert und wiederaufgenommen am Ende des 18.

Und es gab immer wieder, in drei großen Wellen, den Reichspatriotismus: zuerst am Ende des 15. Jahrhunderts als »Intellektuellenbewegung aus dem Geist des Humanismus« (M. Stolleis) – wozu noch Albrecht Dürer 1527 mit seiner Befestigungslehre zählte. Darin setzten sich Gelehrsamkeit, Antikenbegeisterung, kirchliche Reformhoffnung und antirömischer Affekt zusammen; ein frühes Nationalgefühl entstand, das sich auf die »Germania« des Tacitus berief und nicht mehr das weltumspannende Reich Karls V. suchte, in dem die Sonne nicht unterging, sondern das Heilige Römische Reich Deutscher Nation.

Die zweite der reichspatriotischen Wellen kam aus dem

Der Schrecken des englischen Bürgerkrieges war Kinderspiel gegen
das, was zur selben Zeit in der Gestalt des Dreißigjährigen Krieges
Deutschland verheerte und die Deutschen auf Generationen trauma-
tisierte. Ganz Europa wurde in der ersten Hälfte des 17. Jahrhunderts von Bürgerkriegen heimgesucht, die seitdem den Aufstieg des
starken Staates rechtfertigten. Jene Selbstbehauptung, die in
Deutschland am härtesten Preußen verwirklichte, gegen die
Ungunst seiner Geschichte und Geographie, hat in England Thomas
Hobbes zum Ausgangspunkt seiner Theorie vom starken Staat
genommen, der sich dadurch rechtfertigt, daß er nach innen Frieden
schafft und das Individuum nach außen schützt. Kontinentale und
britische Staatsidee sind zu jener Zeit noch nahezu ungeschieden.
Was sie seitdem in verschiedene Richtungen treibt, ist nicht nur die
Vertragslehre der Briten, sondern auch der Unterschied zwischen
Insel- und Kontinentallage.

Kein deutscher Frieden, sondern ein europäischer wurde 1648 zu Münster und Osnabrück unterzeichnet. Zu Münster, weil dort die Franzosen, und zu Osnabrück, weil dort die Schweden hofhielten. Deutschland war eine Brandstätte, und zu den Folgen gehörte nicht nur, daß das religiöse Feuer fortan juristisch gebändigt wurde, sondern auch, daß der imperiale Aufstieg der Seemächte unbeeinträchtigt von zentraleuropäischen Beunruhigungen vor sich ging. Die Kriege des 18. Jahrhunderts waren entweder marginal oder Projektionen der Auseinandersetzung zwischen den Großmächten um die Frage, wer die Erde erben würde.

Elend des Dreißigjährigen Krieges und reichte bis in die Zeit der Reunions-Kriege Ludwigs XIV. Das Wohl des Reiches wurde das große Argument, »teutsche Freyheit« gegen »katholische Tyrannei«. Man zog sich zurück von dem universellen Anspruch des Mittelalters auf ein nationales Selbst- und Sonderbewußtsein, und die Abwehr der Türkengefahr und die Kämpfe gegen den Sonnenkönig nährten ein neues Reichsbewußtsein.

Die dritte patriotische Welle setzte ein am Ende des 18. Jahrhunderts. Es war »Liebe in Zeiten der Agonie« (M. Stolleis). Das Reich, zerrissen durch den preußisch-österreichischen Dualismus, gewann in Krise und Sturz der französischen Monarchie und angesichts des revolutionären Aufbruchs, der nach dem königlichen Frankreich auch die gesamte europäische Staatenkonfiguration bedrohte, einen melancholisch gefärbten Abendglanz. Es sollte zuletzt noch einmal Garantiemacht sein gegen absolutistische Exzesse wie gegen radikal-demokratische Aufbrüche – und konnte es doch nicht. In den ersten Feldzügen gegen das revolutionäre Frankreich vermochte das Reich sich noch zu behaupten. Aber die Friedensschlüsse von Rastatt und Campo Formio waren der Anfang vom Ende. Seitdem wurde das Reich zu einer romantischen Idee, zu einem herumliegenden politischen Auftrag, dessen sich annehmen konnte, wer wollte: die Studenten auf der Wartburg, die Honoratioren der Paulskirche, die Realpolitiker der Bismarckzeit.

Wirklichkeit und Vision des Alten Reiches hatten sich lange zuvor schon getrennt. Denn nicht nur war es das existentielle Interesse der Territorialstaaten, selbständig zu sein im Reich und gegen das Reich und im Reich eigene Politik zu betreiben, um Staatssouveränität zu begründen. Auch die europäischen Großmächte hatten es immer nützlich gefunden, diese »teutschen Libertäten« gegen Kaiser und Reich zu sichern und auszubauen. Im Umkreis des großen Kardinals Richelieu hatte es im frühen 17. Jahrhundert nicht an Denkschriften gefehlt, die eben dies sagten: In der Teilung Deutschlands, in der Mobilisierung der Fürsten gegen den Kaiser und in der Neutralisierung der Territorialgewalten durch wechselseitige Balance seien Bedingung und Vorburg französischer Sicherheit zu finden. Nicht anders Schweden,

Ganz Süddeutschland erlebte, seitdem der lange Ansturm der Osmanen vor Wien 1683 gebrochen war, einen langen Aufschwung, und vom Schwarzwald bis Wien erkennt man an Klöstern, Kirchen und Schloßbauten die Erleichterung, die Investitionsbereitschaft und den Jubel jener Zeit. Die Architektur ist nicht mehr feindlich abweisend, sondern festlich einladend. Das Land erscheint befriedet. Im Spanischen Erbfolgekrieg wird zwischen Wien und London der Machtanspruch Ludwigs XIV. korrigiert, in den nachfolgenden Türkenkriegen wird die osmanische Bedrohung des Reiches endgültig gebrochen, und Österreich dringt donauabwärts vor. Das Schloß des Türkensiegers Prinz Eugen von Savoyen ist nicht das Haus eines siegreichen Generals, sondern der Palast eines imperialen Feldherrn. Österreich war in den Zenith seiner Entwicklung eingetreten, mehr eine europäische als eine deutsche Macht. Erst die Herausforderung Österreichs durch Preußen in den Schlesischen Kriegen seit 1740 und dann die Abschneidung der inneren Reform von oben nach Joseph II. im Jahre 1790 haben Österreichs und Deutschlands Wege getrennt. Bei Königgrätz 1866 wurde nur besiegelt, was Generationen zuvor begonnen hatte.

seit 1630 die beherrschende Macht des europäischen Nordens, die sich im Frieden von Münster und Osnabrück als Reichsstand etablieren konnte und bis 1815 große Teile der deutschen Ostseeküste beherrschte. Kein Wunder, daß die ehemals mächtigen Civitates der freien Reichsstädte im Kaiser ihren Protektor sahen, bis zum bitteren Ende die treuesten Gefolgsleute der römisch-kaiserlichen Majestät. An ihren Toren und Rathäusern war der Reichsadler zu sehen, und auf ihre Münzen wurde er geprägt als Zeichen, daß kein Geringerer als der ferne Kaiser der Stadtherr war: mit dem ließ sich bequem leben, denn regieren konnte er die Städte nicht, wohl aber die kostbaren städtischen Freiheiten gegen die bösen Nachbarn sichern, die territorialen Fürsten. Immer wenn ein neues Privileg gewünscht wurde von den Handelsherren, dann ließen die kaiserlichen Räte gern, wenn in klingender Münze bezahlt wurde, mit sich reden.

Erst um die Mitte des 18. Jahrhunderts waren die Wiegen wieder gefüllt, die Werkstätten wieder in Gang. Aber die industrielle und kommerzielle Blüte des großen 16. Jahrhunderts hat Deutschland nicht mehr erreicht, weder in der materiellen Kultur noch in der geistigen Ausstrahlung. Die geistige, wirtschaftliche und technische Führung in Europa war an Frankreich und Großbritannien übergegangen, durch die Öffnung der atlantischen Seewege und die Katastrophe des großen Krieges in Deutschland. Im 16. Jahrhundert hatten Deutschlands Religionsschmerzen ganz Europa in seinen Bann gezogen; die sächsischen Erzbergwerke, die Augsburger Manufakturen, die Barchentweber des Südens, das Gold und Silber der Fugger aus dem Tiroler Bergbau hatten Europa bewegt. Im 17. Jahrhundert war es damit vorbei. Die großen politischen Themen des Staates und der Macht wurden anderswo entwickelt: Machiavelli ein Italiener, Bodin ein Franzose, Hobbes ein Engländer. Das Reich war nicht Staat, nicht Universalmonarchie; es entzog sich der klassischen Staatsformenlehre und hinterließ den Deutschen beides: ein Streben nach dem schützenden Staat und zugleich die tiefe Abneigung, aus der Ferne regiert zu werden. Unmittelbar vor den Zusammenbrüchen der Französischen Revolution, hat Johann Jacob Moser, der große Reichsjurist, das Gleichgewicht und den Ausgleich der Gewalten im Reich als Strukturprinzip des europäischen Friedens verstanden, aus der Not eine Tugend machend, und in vielen Schriften gerühmt. Aber die Französische Revolution und Napoleon schlugen bald ein anderes Kapitel auf.

In der ersten Hälfte des 18. Jahrhunderts war Frankreich das große Vorbild der Deutschen geworden. Der Merkantilismus Colberts bestimmte Wirtschaftstheorie und Wirtschaftspraxis des deutschen Fürstenstaats, die Schlösser und Parks Ludwigs XIV. das Bild der Herrschaft, und französisches Hofzeremoniell verdrängte das spanisch-habsburgische. Man wollte französisch leben und lieben, speisen, schlafen, lesen und sprechen: Die Deutschen wären am liebsten Franzosen geworden. Aber in der Jahrhundertmitte, als Frankreich in der »Großen Enzyklopädie« die Summe aller Leistungen der Technik und der Künste zog, erschöpfte sich die geistige Führungskraft des Landes. Am Ende des Siebenjährigen Krieges war Frankreich abgekämpft und hoffnungslos verschuldet. Seitdem wünschten die Deutschen, Engländer zu sein. Die Bewegungen der kulturellen Dominanz sind abzulesen an den Übersetzungen der Lexika und der Werke über Technik und Wirtschaft: So gut wie nichts kam aus Deutschland in den Westen. In der ersten Jahrhunderthälfte dominierten in Deutschland die Übersetzungen aus dem Französischen, in der zweiten ganz und gar die aus dem Englischen.

Vor allem in den protestantischen Ländern Deutschlands wurden englische Gewerbefreiheit, englische Technik, englische »new husbandry«, englische Selbstverwaltung zum großen Vorbild. Die Handwerker und Techniker aus den protestantischen Ländern Deutschlands wanderten nach England und nicht nach Frankreich. Der Freiherr vom Stein geriet als junger Verwaltungsbeamter nicht unverdient in den Verdacht der Industriespionage, als er sich zu sehr für die Fabrik von Boulton & Watt in Birmingham interessierte, wo man die ersten Dampfmaschinen baute.

Was englisch war, galt als vorbildlich. Fürst Franz von Anhalt-Dessau wagte den Entwurf seines wohladministrierten Gartenstaates gegen den preußischen Militärstaat. Der Park zu Wörlitz an der Mittelelbe, unweit Dessau ins Werk gesetzt nach den Schrecken des Siebenjährigen Krieges, war der erste englische Landschaftsgarten in Deutschland, Inbegriff der Aufklärung. Er wurde Vorbild für die Parks von Weimar und Wilhelmshöhe bei Kassel, selbst noch für Münchens Englischen Garten. Der Wörlitzer Schloßbau war die große palladianische Villa des oberen Themsetals, nach Deutschland versetzt durch den sächsischen Gentleman-Architekten Friedrich Wilhelm von Erdmannsdorff: Der große Berliner Klassizismus, mit Langhans und Gilly und, zuletzt und vor allem, Schinkel, wurde davon geprägt, nicht nur in der Architektur, sondern auch in der Klassizität des Mobiliars, des Silbers, der Skulptur.

Die Anglomanie der Parks und der Schlösser, der Werkstätten und der Manufakturen aber war nur Außenseite einer tieferen kulturellen Aneignung all dessen, was englisch war. Der Siegeszug des klassizistischen Adam Style in Norddeutschland hatte damit zu tun, aber noch mehr die tastende Reform von oben, die in den Fürstenstaaten mehr als in den verzopften und erstarrten deutschen Städten die Zünfte einschränkte und die Gewerbefreiheit begünstigte. Die Schriften des Adam Smith wurden auf dem Weg über die Universität zu Königsberg den preußischen Staatsbeamten Pflichtlektüre. Auf dem Lande gingen die fürstlichen Domänenverwalter voran mit Bauernbefreiung, Reformökonomie und Fruchtwechselfolgen nach englischem Vorbild. Die Grenzen allerdings blieben eng gezogen. Was in England Gentry und City unter dem milde-impotenten Präsidium der Krone ins Werk setzten, war in Deutschland vor allem Sache des aufgeklärten Fürstenstaats. Auch das hat Wirkungen auf lange Zeit entfaltet: Der deutsche Weg in die Moderne, so schien es, war der Weg der bessernden Reform von oben.

Denn jene Reformen, die in England aus der Mitte der Civil Society kamen, mußten in den deutschen Fürstenstaaten von Brandenburg-Preußen bis ins aufgeklärte Kurfürstentum Mainz – die alten freien Städte waren nicht dabei – stellvertretend wahrgenommen werden durch die Administration der Fürsten. Das alles waren noch immer Spätfolgen der alten Reichsverfassung mit ihrer Stärkung der Fürstenmacht zu Lasten des Zentrums, und zugleich Folgen des Dreißigjährigen Krieges mit der Schwächung von Kraft und Stärke der Städte. Die Auswirkungen blieben spürbar bis tief in die Zeit der Französischen Revolution, der Industrialisierung, der Nationalstaatsbildung. Die Staatsgläubigkeit der Deutschen, in der Reformation angelegt und durch die Greuel des Dreißigjährigen Krieges noch gesteigert, hat den Weg der Reform von oben erleichtert und die bürgerliche Emanzipation zugleich erschwert.

Im Verlauf des 18. Jahrhunderts wurde für das deutsche Gleichgewicht der Gegensatz Brandenburg-Preußens zur alten Kaisermacht im Süden beherrschend: Oder und Elbe gegen Rhein und Donau. Dieser Kampf hat die deutschen Kräfte gegeneinandergetragen und verbraucht und in ein Gleichgewicht der Schwäche gesetzt. Während Frankreich und England um das Erbe des spanischen Weltreichs rangen, ging es in Europas Mitte um vergleichsweise bescheidene Einsätze, und doch hat Friedrichs des Großen Einfall in Schlesien 1740 eine Kette von Kriegen nach sich gezogen. Die Folge: Seit dem Siebenjährigen Krieg – der Friede von Hubertusburg 1763 bezeugt es – war die Interventionsmacht der fremden Mächte größer als jemals zuvor. Der preußisch-österreichische Dualismus mußte die fremden Mächte erst recht hineinziehen in die Mitte, ihnen Mitspracherecht und ein »droit de regard« geben, wie es – außer den Polen – keiner großen Nation in Europa abverlangt wurde: den Briten nicht, die 1066 die letzte Invasion erlebt hatten, den Franzosen nicht, aber auch nicht den Nordländern.

Die Weltkriege des 18. Jahrhunderts, die um das spanische Erbe, um Indien und um die Karibik, um Kanada und die atlantischen Seewege geführt wurden, wurden im »weltumspannenden Doppelkrieg« (F. Wagner) in Deutschland ausgekämpft: in Schlesien, in Böhmen, in der Mark Brandenburg und in Sachsen. Nicht weil die Deutschen kriegerischer waren als andere Völker – sie hatten mehr unter Kriegen zu leiden als alle anderen zusammen –, sondern weil die großen Heerstraßen durch Deutschland führten, allenfalls noch durch Oberitalien, und weil in Deutschland der Schlüssel lag zu Hegemonie oder Gleichgewicht in Europa. Vielleicht wird es einmal Zeit, Preußens Geschichte neu zu überdenken unter der Frage, ob je eine lebensfähige und konsensheischende Alternative bestand zu jenem militanten Machtstreben, das dem Staat des Großen Kurfürsten am Anfang zum

Glück und am Ende zum Unglück geriet. Das Schicksal Polens, im 16. Jahrhundert Großmacht und vor Wien 1683 noch Retter des Abendlandes und doch seit 1772 geteilt zwischen den Mächten, mußte jeden schrecken, der zwischen Elbe und Weichsel lebte, ob Bauer oder Offizier, ob Kaufmann oder Beamter. Der preußische Machtstaat war eine gewaltsame und verzweifelte Verwahrung gegen die Conditio Germaniae seit 1618.

Die Epochenwende um 1800

Zwar hat bis zu den Revolutionskriegen, die 1792 begannen, das Alte Reich seine europäische Ordnungsfunktion im wesentlichen noch bewahren können. Doch von hier und heute, so sagte der weimarische Staatsminister Johann Wolfgang von Goethe den Offizieren des Stabes, nehme eine neue Epoche der Weltgeschichte ihren Ausgang: »Und Ihr könnt sagen, Ihr seid dabeigewesen.« Das war 1792 unterhalb der Windmühle von Valmy in der Champagne, nur wenige Tagesritte von der revolutionären Hauptstadt Paris entfernt. Die Interventionsarmee der deutschen Mächte war gescheitert: am endlosen Regen, an den Mißlichkeiten des Nachschubs, am Mißtrauen der Bevölkerung, an den Schwierigkeiten der Koalitionskriegsführung, am Artilleriefeuer des französischen Generals Kellermann und seiner Kanoniere.

Eine neue Epoche der Weltgeschichte? In Frankreich wurde die Macht auf neue Füße gestellt durch Hunger und Verzweiflung, durch Terror und Habgier, durch Idealismus und die Suche nach dem Glück. Die drei Grazien des Ancien régime nannten sich fortan Freiheit, Gleichheit und Brüderlichkeit, und darin lag ebensoviel Versprechen wie Täuschung, ebenso Befreiung wie Unterdrückung. Jedenfalls hat der Staat, indem er nicht mehr auf die Dynastie, den Adel und den Klerus sich stützte, sondern mit der Nation »une et indivisible« eine neuartige Verbindung einging, eine ausgreifende Übermacht entfaltet gegenüber der Gesellschaft. Wilhelm von Humboldts Aufsatz von 1792 über »die Gränzen der Wirksamkeit des Staates« warnte, halb aus ritterschaftlicher Reserve, halb aus liberaler Vorahnung, vor neuer Allmacht des revolutionären Nationalstaats.

Wichtigstes der Reichskleinodien war die Kaiserkrone, mit der am Tag Mariä Lichtmeß des Jahres 962 Otto I. von Papst Johann XII. gekrönt wurde. Für die Dauer von 800 Jahren wurde sie Symbol des Reiches. Das Achteck ist Sinnbild der Vollkommenheit, Vorwegnahme des Reiches Gottes auf Erden, Verweis auf das Himmlische Jerusalem. In dieser Form hatte es eine solche Krone weder im Abendland noch in Ostrom gegeben. Bis 1806 auf der Nürnberger Burg verwahrt, wurde die Krone zusammen mit anderen Reichskleinodien vor den anrückenden französischen Truppen nach Wien verbracht. Da das Reich untergegangen war, wurde sie seitdem zum musealen Objekt, das sich heute in der Schatzkammer des Kunsthistorischen Museums in Wien befindet.

War also 1792 die Epochenwende? Geistesgeschichtlich mag es so erschienen sein, politisch und militärisch galt es nicht. Edmund Burkes »Reflections on the Revolution in France«, Gründungsdokument des europäischen Konservatismus, fand durch Friedrich Gentz schon 1793 die deutsche Übersetzung. Aber der Geist eilte der Realität voraus. Die Massenheere der Französischen Revolution hatten nur halbe Erfolge, Kellermanns Artilleristen hatten ihre Kunst gelernt unter königlichen Offizieren. Und was die Theorie der Revolution in Deutschland an Sympathie gewann unter den Aufklärern, die ihr eigenes Werk vollendet meinten, ging durch die Praxis der »terreur« schnell wieder verloren. Es blieben in Deutschland gemischte Gefühle. Das Bild vom Siegeslauf der Revolution ist spätere Konstruktion teleologischer Prägung. Die Wahrheit war nüchterner. Es waren nicht die Vorstöße der Revolution, sondern die Eroberungszüge und militärischen Triumphe des Ersten Konsuls, die das Alte Reich zerschlugen. 1797 rückte nach den Friedensschlüssen von Rastatt und Campo Formio die französische Republik an den Rhein, um dort zu bleiben. Köln wurde »bonne ville«, das linke Rheinufer großenteils Teil des »Département de la Roer«.

»Am Anfang war Napoleon«, so hat Thomas Nipperdey in seiner magistralen »Deutschen Geschichte« die Goethesche Idee der Epochenwende um 1800 modifiziert. Am Ende war aber auch Napoleon, nämlich am Ende des Alten Reiches. War schon die Botschaft der Revolution doppeldeutig, so war es Napoleon noch mehr. »Der Kaiser, die Weltseele«, verkündete der Philosoph Georg Wilhelm Friedrich Hegel, als Preußens ruhmreiche Armee auf den Höhen von Auerstedt zusammengebrochen war und Napoleon in Jena einritt. Der Mann, der der Menschheit das Gesetz geben sollte, plünderte unterdessen die Kassen und Kirchen, machte die Söhne zum Kanonenfutter – Deutschlands erste Rußlandkatastrophe war der Zug der Grande Armée, von deren 600.000 Mann nicht weniger als die Hälfte deutsch sprachen – und stärkte auf diese Weise nicht das französische Empire, sondern rief den deutschen Nationalismus ins Leben. »Das soll uns nie wieder passieren!« und: »Das können wir auch!« – so lauteten, in den Worten Sebastian Haffners, die Schlußfolgerun-

Der moderne Vernunftherrscher, der den Nationen das Gesetz gibt, gerechtfertigt nicht durch Mehrheitsentscheidungen, sondern den militärischen Sieg und die Logik der Ordnung: Napoleon, wie Jacques-Louis David ihn in einem lebensgroßen Propaganda-Porträt darstellte. Das Ancien régime zu stürzen, bedurfte es nicht mehr des korsischen Emporkömmlings, der ein Genie war. Die Revolution hat er aufgehoben in jederlei Sinn, ein Retter der Gesellschaft. Das alte Europa indessen, das der Revolution noch widerstanden hatte, brachte er zu Ende. Sein Europa kannte kein Deutschland, sondern nur ein erweitertes Frankreich, die Länder des Rheinbunds und dahinter abgestufte Abhängigkeit. Was die Deutschen von ihm lernten, war die Kraft der Nation und die Entgrenzung der Macht.

gen, welche die Deutschen aus den Dissonanzen der napoleonischen Erfahrung zogen. Das Alte Reich, das sie nicht hatte schützen können, lernten sie fortan verachten. Nation und Machtstaat wurden die Gottheiten des 19. Jahrhunderts, 1848 noch in der liberal-demokratischen Variante, zwanzig Jahre später in der agrarisch-industriellen. Es war Abschied ohne Wiederkehr von jener Epoche, die die Deutschen bis heute am meisten prägt, ihre Mentalitäten, ihre Institutionen, ihre Kultur und damit auch ihre Zukunft.

Aber es waren dann doch noch einmal die alten Staaten, die am Ende Napoleon und das französische Imperium besiegten, welcher die Revolution überwunden und aufgehoben, aber niemals annulliert hatte. Sie taten es mit modernisierten Armeen, mit neuen Ideen und mit veränderten Menschen. Der Nationalismus wurde den Deutschen, bevor er zur Ersatzreligion aufstieg, zuerst elementare Kraft der Selbstbehauptung gegen das napoleonische Imperium. Er verband sich nach innen mit der Botschaft der Menschenrechte, nach außen mit einer Souveränitätslehre, die alles hinter sich ließ, was die Staatenwelt des Ancien régime zuwege gebracht hatte an Staatsegoismus und Kraftaufwand. *Ohne* diesen Nationalismus war Napoleon nicht zu besiegen, waren die alten Mächte nicht wiederherzustellen, konnte niemand das europäische Konzert erneuern. Aber *mit* diesem Nationalismus konnte die neue Ordnung auch nicht dauern. Demokratie und freie Bürgergesellschaft, Souveränität und Machtstaat einzuhegen durch Gleichgewicht von außen und Selbstbeschränkung im Innern wurde daher nach Napoleon Bedingung des europäischen Mächtekonzerts und des Gleichgewichts der Kräfte.

Die Wiener Ordnung von 1814/15 hat die europäische Funktion, die einst das Alte Reich erfüllt hatte, in der Form des Deutschen Bundes wiederherzustellen gesucht. Das war ein Staatenbund, eingebettet in das europäische Gleichgewicht, Mittelstück dessen, was Englands Außenminister Viscount Castlereagh »the repose of Europe« nannte. In sich enthielt der Deutsche Bund ein Gleichgewicht zwischen Österreich, Preußen und dem »Dritten Deutschland« im Süden. Wenn man die nationalen Interessen der Großmächte und die Auseinandersetzungen vor, während und nach dem Wiener Kongreß zusammennimmt, so ergibt sich als Summe die Struktur des Deutschen Bundes: Rußland wurde wieder hinter die Weichsel zurückgedrängt und aus Europa herauskomplimentiert, aber der Zar erhielt Polen als Wegzehrung, vorerst noch in milder Form als autonomes Fürstentum. Sachsen blieb, dem österreichischen Kaiser zu Gefallen, in reduzierter Form bestehen.

Preußen wurde dafür in eine Ost-West-Rolle gezwungen, zu der sich der Staat nicht gedrängt hatte. Die kleinste unter den europäischen Großmächten sollte die schwierigste Aufgabe übernehmen: ein Bollwerk zu bilden gegen Rußland im Osten und Frankreich im Westen. Diese Überanstrengung konnte indes nur dazu führen, daß Preußen bis in die späte Bismarckzeit politisch Anlehnung an Rußland, wirtschaftlich an England suchte. Konrad Adenauer, der Schaukelpolitik zu keiner Zeit schätzte, hat 1945 in Rhöndorf einen britischen Historiker und Generalstabsobristen, als der ihm seine Rehabilitation mitteilte, gefragt, was wohl der größte Fehler der Briten in Deutschland gewesen sei. Der Brite, Lord Annan, dachte an München, Adenauer aber an den Wiener Kongreß: Preußen habe doch nur Sachsen gewollt. London aber habe den preußischen Staat in eine Überdehnung gezwungen, die nicht durchzuhalten war, und damit habe das ganze Unglück angefangen. Bismarck sah dies alles auf seine Weise. In der berühmten »Blut und Eisen«-Rede von 1862 in der Zweiten Kammer heißt es:

> »Preußens Grenzen nach den Wiener Verträgen sind zu einem gesunden Staatsleben nicht günstig; nicht durch Reden und Majoritätsbeschlüsse werden die großen Fragen der Zeit entschieden – das ist der große Fehler von 1848 und 1849 gewesen –, sondern durch Eisen und Blut.«

Rußland war 1814/15 durch die »Heilige Allianz« und durch weitere Einverständnisse zugesichert worden, daß nichts sich ändern solle auf der mitteleuropäischen Landkarte und im politischen Zustand der Deutschländer, ohne daß der Koloß im Osten ein Veto behielt. Deutschland lebte »sous l'oeil des Russes« – unter dem wachsamen Auge des russischen Militärs, des Geheimdienstes und der Diplomaten. Noch 1848/49 ging die dreimalige Kriegsdrohung Rußlands gegen Preußen und das militärische Eingreifen der Russen gegen die ungarische Revolution auf diese Wiener Zusicherungen zurück und trug entscheidend bei zum Triumph der Gegenrevolution. Frankreich wurde in Wien vor dem Albtraum Talleyrands bewahrt, dem ein vereinigtes Deutschland als Bedrohung des Hexagons erschien. Und England hatte sich nicht nur im Pariser Frieden von 1814 vorab »British Maritime Rights« gesichert, das hieß Herrschaft über den Atlantik, das Mittelmeer und den Indischen Ozean, sondern auch ein europäisches Gleichgewicht eingerichtet, das für die Insel mit geringen militärischen Kosten aufrechtzuerhalten war und sich weitgehend selbst stabilisierte. Es war im übrigen dadurch für England besonders günstig, daß die strategische Gegenküste, die nördlichen und südlichen Niederlande, nichts waren als ein schwacher Mittelstaat, für England niemals Bedrohung, sondern stets und ständig Sicherung. Und als 1830 die südlichen Niederlande die arrangierte Ehe unerträglich fanden, erfand Großbritannien, erfanden die Mächte das königliche Belgien und seine Neutralität.

Auf dem Wiener Kongreß regierte europäische Staatsklugheit, und die europäische Ordnungspartei hat das Ergebnis deshalb gutgeheißen im Namen des Gleichgewichts, der Revolutionsverhütung und der Bändigung von Krieg und Bürgerkrieg. Was 1648 die Stabilisierung Europas durch Neutralisierung der Mitte gewesen war, war im 19. Jahrhundert konservative Utopie. Ihre Außenseite: Harmonie des Mächtekonzerts; ihre Innenseite: Stornierung des Nationalismus, der Demokratie und des Liberalismus bei aktiver Förderung der wirtschaftlichen Interessen des Bürgertums. Was vordem Ausdruck kollektiver europäischer Vernunft auf Kosten der Deutschen gewesen war, wurde nach 1815 aus dem Geist der Gegenrevolution restauriert. »Legitimität« hieß, daß geltende Besitzstände auch weiterhin galten und daß nach ihrem Ursprung zu fragen töricht und gefährlich war, daß vergangene Intimitäten mit der Revolution und Napoleon zu erörtern untunlich war und daß die Eliten, die die Revolution überlebt hatten, darin übereinstimmten, die Sprengkraft von Nation und Demokratie nicht zu entfesseln. Wiederum war Deutschland Drehscheibe der europäischen

Napoleon zu besiegen, war eine Sache, den Zaren mit seinen Kosaken wieder hinter die Weichsel zurückzubitten und den deutschen Nationalismus sich selbst vergessen zu lassen, eine andere. Dies war 1814/15 das Werk des Wiener Kongresses, der Europa in ein kompliziertes Gleichgewicht setzte, in dessen Mitte Österreich und Preußen einander die Waage hielten, das Ganze zusammengehalten durch die Angst der alten und neuen Eliten vor Revolution und ihrer unausweichlichen Folge, Krieg. Gewöhnlich wird die Schwäche des Wiener Friedens darin gesehen, daß er für soziale, nationale und demokratische Veränderung wenig Raum ließ. Vielleicht aber lag eine noch größere Belastung darin, daß Preußen überfordert wurde, indem es zum Wächter Frankreichs gemacht wurde, ohne doch ein konsolidiertes Staatsgebiet zu erhalten. Preußen wurde, da ihm Sachsen vorenthalten blieb, zu einer Macht im Westen Deutschlands, eben dort, wo sich Kapital, Kohle und Erzgruben fanden. Fast wider Willen wurde Preußen als Industriemacht nun wirklich Großmacht.

Machtinteressen. Ein Historiker der nach-napoleonischen Epoche, der Göttinger Gelehrte Adolf Hermann Ludwig Heeren, hat 1818 die Logik beschrieben, unter der das alles stand und die doch nicht dauern konnte. Der deutsche Bundesstaat stehe

>>nur insofern in Übereinstimmung mit dem Wesen des allgemeinen Staatensystems von Europa, als er die Freiheit desselben aufrechterhalten hilft. Der Deutsche Bundesstaat macht geographisch den Mittelpunkt dieses Systems aus. Er berührt ganz oder beinahe die Hauptstaaten des Westens und Ostens; und nicht leicht kann auf der einen oder andern Seite unseres Weltteils sich etwas ereignen, was ihm gleichgültig bleiben könnte. Aber in Wahrheit, auch den fremden Mächten kann es nicht gleichgültig sein, wie der Zentralstaat von Europa geformt ist! Wäre dieser Staat eine große Monarchie mit strenger politischer Einheit, ausgerüstet mit allen den materiellen Staatskräften, die Deutschland besitzt – welcher sichere Bestand wäre für sie möglich! . . . Ja! Würde ein solcher Staat lange der Versuchung widerstehen können, die Vorherrschaft in Europa sich anzueignen, wozu seine Lage und seine Macht ihn zu berechtigen scheinen? . . . Die Entstehung einer einzigen und unumschränkten Monarchie in Deutschland wäre binnen kurzem das Grab der Freiheit von Europa.<<

Die Revolutionen von 1848/49: Ende und Anfang

Die Folgen zeigten sich, krisenhaft zugespitzt, im deutschen Vormärz, beeinflußten den Verlauf der 48er Revolution und bedingten weitgehend das Scheitern der deutschen Einheit in jener Form, die der Paulskirchenversammlung vorgeschwebt hatte. Es gehört zu den liebenswerten Zügen neuerer deutscher Nationalgeschichtsschreibung, daß sie die Ursache für das Scheitern von 1848 allein im beklagenswerten Mangel an demokratischem und liberalem Bewußtsein der Deutschen sucht. Gewiß gab es diesen Mangel an bürgerlicher Substanz seit dem Dreißigjährigen Krieg. Aber selbst wenn der Freiheitsdurst die Deutschen mehr geplagt hätte, als er es tat: das russische, das französische und das britische Kabinett hätten sich dadurch nicht charmieren lassen.

Das »tolle Jahr«, wie es bald hieß, war Höhepunkt einer Epoche der hohen Zinsen, der Zahlungseinstellungen, des Arbeitsmangels und des teuren Brots, der Verzweiflung der Unterschichten und der Angst der Oberschichten, der schwankenden Staatsgewalt und der volltönenden Reden von Freiheit und Ordnung, Nation und Staat. Wer es abstrakter haben will, der muß von der nationalen Frage sprechen, der Verfassungsfrage und von der sozialen Frage.

Was die nationale Frage betraf, war Deutschland in der Tat »verspätete Nation« (H. Plessner). Die deutsche Kulturnation hatte es seit Jahrhunderten gegeben; die deutsche Staatsnation aber stand im Widerspruch zum alten föderalen Reichsverband, zur Konfessionsspaltung und zum europäischen Mächtekonzert. Das Reich war dahin, aber an seine Stelle war nichts getreten als ein völkerrechtliches Konzept: der Deutsche Bund, ein engeres deutsches Gleichgewichtssystem im größeren europäischen. Die Konfessionsspaltung war zwar zivilisiert worden und nicht mehr Antriebskraft des Bürgerkriegs: aber überwunden war sie nicht, wie sich an der deutschen Parteibildung nach 1848, dann am Bismarckschen Kulturkampf, in den Spaltungen am Ende der Weimarer Republik zeigen sollte und bis heute an der deutschen Wahlgeometrie. Und das europäische Mächtekonzert hatte einen entscheidenden Zweck, den der Friedenswahrung. Dafür aber bedurfte es des Gleichgewichts und nicht eines deutschen Zentralstaats, der antirevolutionären Solidarität der Oberschichten und nicht einer deutsch-nationalen Revolution, die nur ein Ergebnis haben konnte: Zerstörung des europäischen Gleichgewichts.

Die vierziger Jahre waren reich an Vorzeichen gewesen, daß es so, wie es war, nicht weitergehen werde. Technik und Eisenbahn, Maschinenwebstuhl und Dampfmaschine, Pauperelend, Anzweiflung der Religion und Angriffe auf das Eigentum wirkten wie die Ahnung des »sozialen jüngsten Tages« (Jacob Burckhardt). Als Fatum stellten sensible Geister sich die kommende Katastrophe vor: »Ganz närrisch kommen mir diejenigen vor, welche verhoffen, durch ihre Philosopheme die Bewegung leiten und im rechten Gleise erhalten zu können. Sie sind die Feuillants der bevorstehenden Bewegung. Letztere aber könnte sich so gut wie die Französische Revolution in Gestalt eines Naturereignisses entwickeln und alles an sich ziehen, was die menschliche Natur Höllisches an sich hat.« So liest man es in den Briefen des jungen Jacob Burckhardt, 1846, als er sich, »ehe die bösen Tage kommen«, von den Revolutionsträumen seiner links-hegelianischen deutschen Freunde lossagte.

Das Wiener System hätte, um dauerhaft zu sein, die Uhren anhalten müssen. Der Zerfall der alteuropäischen Agrarwirtschaft und der Zunftordnung aber ging weiter wie zuvor, nur schneller. Gewerbefreiheit, Staatsintervention und Industrialisierung trugen dazu bei. In den dreißiger Jahren banden die Eisenbahnen, im folgenden Jahrzehnt die Telegraphenlinien bisher unverbundene Wirtschaftsräume zusammen. Die deutsche Kleinräumigkeit trat in einen nach Taler und Gulden errechenbaren Widerspruch zu dem, was Unternehmer und Bankiers wollten und wollen mußten. England war das große Vorbild eines nationalen Großwirtschaftsraums, erschlossen durch Kanäle und Eisenbahnen, technisch führend und ein starker Kapitalexporteur. Die deutsche Einheit, bisher eine Sache fortschrittlicher Literaten und jugendlicher Feuerköpfe, wurde zum Hoffnungsposten kaufmännischer Gewinn- und Verlustrechnung. Nation und Einheit wurden damit Parteisache aller derer, die von der Industriewirtschaft, von Bahnen und vom modernen Bankwesen etwas zu hoffen hatten: das Gelobte Land für das Bürgertum von Bildung und Besitz, für Unternehmer und Arbeiter.

Bei alledem war die konstitutionelle Frage nicht ohne Gewicht, aus Gründen bürgerlicher Selbstachtung wie als Mittel, die alte Macht zu zähmen und Stück für Stück zu demontieren. Die deutschen Verfassungen aus der Napoleonzeit waren, soweit es sie gab, hauptsächlich dazu bestimmt gewesen, den neuen Staaten im Süden einen staatlichen Zusammenhang zu stiften und der Bürokratie der Montgelas in Bayern und Wangenheim in Württemberg einen Wirkungsraum zu eröffnen. Aber nach der französischen Julirevolution 1830 und deren deutschen Imitationen wurde es anders: Verfassungen wurden Mittel des Kampfes um die Macht und sollten es bleiben das ganze Revolutionsjahrzehnt hindurch – was noch Bismarck dazu bestimmte, die Reichsverfassung von 1867/71 in scharfer Wendung gegen alles Pathos der Menschenrechte und alle Theorien der Gewaltenteilung als bloßes Organisationsstatut anzulegen, ebenso »kurz und dunkel«, wie Talleyrand es einst allen Verfassungsgebern angeraten hatte. Allerdings blieb das preußische Dilemma: Das alte Staatskunstwerk mußte, um Machtstaat zu bleiben, Industriestaat werden. Das aber bedeutete unweigerlich Teilung der Macht. Nach 1848 entstand daraus jener deutsche Konstitutionalismus, der Geschäftsgrundlage des Bismarck-Reiches werden sollte: im Gehäuse des alten Militär- und Beamtenstaats die Entfaltung kapitalistischer Wirtschafts- und Gesellschaftsformen.

Im Vormärz indessen war der ängstlich gewordenen preußischen Staatsbürokratie jene geistige Führung verlorengegangen, die eine Generation zuvor Humboldt, Stein und Hardenberg so kraftvoll in die Hand genommen hatten: Die Tradition der Revolution von oben versank in Ängstlichkeit und Traditionalismus, man lehnte sich an das mutlose spätabsolutistische Österreich an, und das Bündnis mit den aufsteigenden Unternehmern und Bankiers in Berlin und im Rheinland wurde nicht gewagt. Preußens Finanzpolitik nach 1815 beschränkte sich auf ein Minimum an Anleihen, um der Frage nach parlamentarischen Bewilligungsrechten auszuweichen. Als 1847 der Bau der strategischen Ostbahn von der Spree über Oder und Weichsel bis Königsberg, die auch der Wirtschaftsmisere abhelfen sollte, die Zusammenrufung des »Vereinigten Landtags« (vereinigt aus den Provinz-Landtagen) erforderte, da bot das Parlament zwar Anleihen, aber nur um den Preis einer Verfassung. Das Wenige an Reformen kam bereits zu spät.

Denn inzwischen war längst die soziale Frage drohend emporgestiegen über dem Ancien régime in Deutschland. Das waren noch nicht Massen von Proletariern, aber viele Tausende von Paupern: Elend am Rande des Verhungerns. Das Heer dieser Landlosen, Brotlosen und Hoffnungslosen war ein Erbteil von beidem, dem Zerfall der alten Agrar- und Zunftordnung und dem explosiven Wachstum der Menschenzahl. Die »halkyonischen Tage« (Leopold von Ranke) nach dem Wiener Kongreß endeten in Massenelend und

Angst. Beides aber wurde in den vierziger Jahren noch einmal gesteigert: auf der einen Seite dramatische Kapitalknappheit, die den Realzins auf sieben bis acht Prozent trieb, auf der anderen Seite Mißernten, Hunger und Nahrungslosigkeit. Die letzte klassische Krise alten Typs – schlechte Ernte, hoher Brotpreis, Arbeitsmangel und Zusammenbruch der gewerblichen Märkte – verband sich seit Mitte der vierziger Jahre mit der ersten industriellen Wachstumskrise. 1846 war eine Mißernte, die Kartoffelpest verdarb das Hauptnahrungsmittel der kleinen Leute. 1847 stiegen die Preise noch einmal auf das Doppelte, Dreifache, Vierfache. Die Armen nagten an ihrem sprichwörtlichen Hungertuch. Eine Dame der preußischen Gesellschaft, Bettina von Arnim, schrieb damals: »Den Armen helfen wollen heißt jetzt Aufruhr predigen.«

Wilhelm von Kügelgen, Hofmaler eines deutschen Duodezfürsten an der Mittelelbe, meinte in einen Abgrund zu schauen:

> »Wir leben in einer bösen Zeit. Ich trage mit mir das Gefühl eines Propheten herum, der in eine schwarze Zukunft blickt. Jetzt haben wir Hungersnot – tun wir noch eine Mißernte, so handelt es sich nicht mehr darum, sondern um eine gewaltsame Umgestaltung aller Verhältnisse. Ich fürchte sehr, daß Deutschland am Vorabend seiner Revolution steht« (21.4.1847).

Viel von den Verläufen des »tollen Jahres« war schon in diesen Ursachen vorherbestimmt, am meisten aber, daß die bürgerlichen Schichten den schutzgebenden Kompromiß mit den alten Herrschaftseliten einem wilden revolutionären Tanz vorziehen würden. Dazu war absehbar, daß die europäischen Großmächte fast bedingungslos auf der Seite der berechenbaren Ordnung gegen die unberechenbare Revolution treten würden. So ist es dann auch gekommen, und so ist der weitere Verlauf der deutschen Geschichte von beidem geprägt worden, dem militärischen Triumph der preußischen Gegenrevolution und der Niederlage der liberalen Demokratie.

Seit 1846/1847 hatte es nicht an Signalen gefehlt, daß sich

etwas zusammenbraute. Die Schweiz zerfiel im Sonderbundskrieg, in Sizilien ging es mit den Bourbonen zu Ende. In Frankreich brach in drei dramatischen Februartagen die Juli-Monarchie des Hauses Orléans und der Großbourgeoisie zusammen. Sie scheiterte an Wirtschaftskrise, Arbeitsmangel und politischer Unzufriedenheit.

Damals sandte Englands Außenminister Lord Palmerston den britischen Botschafter an der Hohen Pforte, Sir Stratford Canning, auf eine Reise durch Deutschland. Nach den neuen französischen Ungewißheiten ging es nun um die Gestalt Deutschlands, damit um den Bestand der Wiener Ordnung – und damit um die britischen Interessen. Sir Stratford kam gerade noch rechtzeitig, um zu erleben, daß Deutschland seine eigene Revolution durchlebte und durchlitt. Aus Berlin berichtete er von der Demütigung der Armee, der man den Rückzug befohlen hatte, von Bürgerwachen im Schloß und von einem zitternden Monarchen. Die Summe:

»Nur äußerer Zwang oder unverhofftes Glück werden vielleicht einmal Mittel schaffen, diesen Sturzbach zu bändigen und seine tosenden Wasser in einen sicheren Kanal zu leiten. Für die Gegenwart bleibt nichts zu hoffen, außer einem äußeren Abklingen der Gewalttätigkeit, und viel zu fürchten. Die Mißachtung bewährter Prinzipien erweckt ein schmerzhaftes Gefühl der Sorge um das künftige Schicksal Preußens und, unabweislich damit verbunden, Deutschlands und Europas.«

Von allen Mächten haben allein die Vereinigten Staaten von Amerika der Paulskirche in Frankfurt und der von ihr eingesetzten Vorläufigen Zentralgewalt die Ehre erwiesen, einen Gesandten akkreditieren zu lassen und damit den deutschen Staat, der im Entstehen war, diplomatisch anzuerkennen. Frankreich war mit sich selbst beschäftigt, mit Bürgerkrieg und napoleonischer Wiederkehr; Großbritannien sah die Wiener Ordnung zerstört, wenn in ihrer Mitte das deutsche Gleichgewicht durch einen deutschen Nationalstaat ersetzt würde. Rußland fürchtete mehr noch als den Wandel in Deutschland die nationale Ansteckungsgefahr für seine unwilligen polnischen Untertanen. Ein revolutionärer deutscher Nationalstaat und das europäische Gleichgewicht der Wiener Ordnung: das konnte nicht zusammenstimmen. Alexis de Tocqueville zitiert in seinen »Souvenirs«, was 1849 – nach der kriegerischen Intervention der Russen in Ungarn, der Franzosen in Rom, Österreichs in Oberitalien, Preußens in Baden, der Briten im »German Ocean« – der russische Zar dem Botschafter der französischen Republik an Gemeinsamkeiten anvertraute:

> »Wenn die Einheit Deutschlands zustande kommt, die Sie nicht mehr begehren als wir, dann würde es, sie zu beherrschen, eines Mannes bedürfen, der das leistet, was selbst Napoleon nicht vermochte. Sollte dieser Mann dann scheitern, so würde diese Masse in Waffen bedrohlich, und das wäre dann Ihre Sache und die unsere.«

Zwar hätte England eine liberale Lösung auf der Linie zwischen Frankfurt und Berlin hinnehmen, Rußland sich mit einem Großpreußen konservativer Observanz abfinden können. Aber zu keiner Zeit hatte das Nationalparlament in der Frankfurter Paulskirche das Glück, in Europa anerkannt und dadurch auch in Deutschland respektiert zu sein. Die Parlamentarier von Frankfurt versuchten zwar, indem sie die Grundrechte der Deutschen noch vor der eigentlichen Reichsverfassung berieten und in Kraft setzten, die deutsche Nationalstaatsbildung bewußt und konsequent in die Nachfolge der Virginia Bill of Rights von 1776, der amerikanischen Verfassung und der westeuropäischen Menschenrechtstradition zu rücken. Aber zu keinem Zeitpunkt hätte einer sagen können, wo denn auf den Landkarten Europas die Grenzen verliefen , die dieser Verfassung gesetzt waren. Das war noch einmal Altes Reich. Aber in so viel altertümlicher Unbestimmtheit lag auch eine große nationale Versuchung.

Die Paulskirche ist nationalpolitisch gescheitert: an sich selbst, an den Mächten und am deutschen Dualismus. In allem anderen ist die Paulskirche nicht gescheitert. Denn niemand konnte die Gedanken ungedacht machen und die Toten ungestorben. Seit 1848 waren das allgemeine Wahlrecht, parlamentarische Repräsentation, die Existenz von

Die Paulskirche wußte die Grenzen Deutschlands nicht zu bestimmen und wollte doch Mitteleuropa eine Verfassung geben. Aber unter der schwarzrotgoldenen Fahne in der Hand der symbolstarken Germania war kein Platz für Italiener, Böhmen, Ungarn, Polen und andere Völkerschaften. Zugleich aber wurde innerhalb der Paulskirchenversammlung der deutsche Traum geträumt vom Reich zwischen den vier Meeren, was die Nordsee, die Ostsee, die Adria und das Schwarze Meer meinte. Das Gemälde schuf Philipp Veit im Jahr 1848 für den Platz über dem Präsidentenpult in der Frankfurter Paulskirche.

Parteien, freie Presse und das Budgetbewilligungsrecht des Parlamentes Grundbestand deutschen Verfassungsdenkens. Vor allem aber galt seit 1848/49, daß, wer den künftigen Nationalstaat gründete, ihn auch auf lange Zeit beherrschen würde.

Wer nach dem großen Kehraus der Paulskirche und dem blutigen Ende der Aufstände in Baden und der Pfalz im Sommer 1849 auf die Landkarte der Deutschländer schaute, der konnte feststellen, daß alles noch so war, wie es der Wiener Kongreß in seiner Weisheit 1814/15 beschlossen hatte: Staaten, Grenzen, Hierarchien. Wer aber auf die Reden der Menschen hörte und ihre Gedanken las, der ahnte, daß nichts mehr war, wie es vordem gewesen. 1848 war nicht nur in der Paulskirche zu Frankfurt und in allen Parlamenten landauf, landab über Konstitutionen, Geldbewilligung und Gesetzgebung gestritten worden. Es waren auch politische Parteien entstanden, nicht mehr die breiten und unbestimmten Meinungsströme der Vergangenheit, sondern auf Macht zielende politische Kräfte. Vereine und Interessengruppen hatten sich gebildet. Es entstand eine politische und politisierende Presse, ein demokratischer Massenmarkt.

In Idee und Wirklichkeit der deutschen Nation lag die Quelle künftiger Machtlegitimation, nicht in der Staatsraison Preußens oder der Monarchie Bayerns. In Bayern haben Monarch, Verwaltung und Klerus nach 1848/49 noch einmal auf zwanzig Jahre eine bayerische Nationalpolitik betrieben, die einerseits Österreich und Preußen zusammenhalten wollte, um das Deutsch-Nationale nicht zu übertreiben und Bayern Spielraum und Souveränität zu sichern; andererseits aber hat man auch alles getan, um der Teil-Nation zwischen Main und Donau, die doch erst vor einem halben Menschenalter von Napoleon vereinigt und von der Verwaltung unter Montgelas zusammenadministriert worden war, eigenständige Kraft und Bedeutung zu geben: Münchens Stadtarchitektur ebenso wie das bayerische Nationalmuseum von 1853 zeugen davon, die Walhalla an der Donau ebenso wie die Akademie der Wissenschaften und deren Historische Kommission. Aber solchen Versuchen waren politische Wirkung und geschichtliche Dauer nicht mehr bestimmt.

Preußen hat anders reagiert, vor Bismarck und gegen Bismarck und dann unter Bismarck. Denn Preußen war Staatskunstwerk des 18. Jahrhunderts, das Beamtentum das Uhrwerk, Militär und Monarchie die Gewichte, und wenn nicht durch das Bündnis mit Bürgertum und Nationalismus neuer Schwung in die Maschine kam, dann war dessen Zeit abgelaufen. Das war die große Lehre der Jahre 1848/49. Nach dem Auseinanderfallen der Frankfurter Paulskirche wurden daher die norddeutschen Abgeordneten des deutschen Parlaments nach Erfurt eingeladen. Das Parlament sollte der preußischen Politik, die auf eine norddeutsche Union unter Führung Berlins zielte, die Weihe geben. Eine ähnliche Politik unter ähnlichen Umständen war schon einmal, in den letzten Jahren Friedrichs des Großen, versucht worden und war gescheitert. Aber der Schwung der revolutionären Frankfurter Versammlung hatte sich verbraucht, die Verfassungsdebatte war schal geworden, und keine der Großmächte war bereit, Preußens späte moralische Eroberungen gutzuheißen. In der Olmützer Punktation, welche Österreichs und Rußlands Diplomaten erzwangen, weil hinter ihnen Armeen aufmarschiert waren, endete alles in Rückzügen. Die deutschen Liberalen sahen sich um die letzten nationalen Hoffnungen betrogen. Die Konservativen im preußischen Abgeordnetenhaus aber triumphierten. Und in seiner ersten großen Parlamentsrede höhnte Otto von Bismarck über das Parlament, die liberalen Träume und den Nationalschwindel. Es war die Rede, die die *raison d'être* Preußens am kraftvollsten verteidigte und Bismarcks Aufstieg begründete: ein Genie der Wirklichkeit, der in den Interessen der Großmächte las wie ein Bankier im Hauptbuch einer Bank:

>»Die einzig gesunde Grundlage eines großen Staates, und
>dadurch unterscheidet er sich wesentlich von einem kleinen Staate, ist der staatliche Egoismus und nicht die Romantik, und es ist eines großen Staates nicht würdig, für eine Sache zu streiten, die nicht seinem eigenen Interesse angehört.«

1848/49 war viel Abschied und noch viel mehr Aufbruch. Es war der große Wendepunkt der deutschen Geschichte, aber es unterblieb die Wendung. Die Grenzen der Macht, wie sie von 1648 her definiert und auf dem Wiener Kongreß noch einmal nachgezogen worden waren, galten noch immer. Aber sie galten nur noch in der Politik. Denn unterdessen zerfiel der Alltag, und mit ihm das Denken, die Gefühle, die Lebensformen vieler Generationen. Dieser Zerfall hatte langsam angefangen, und er würde lange dauern. Die Zukunft aber, wie würde sie umgehen mit dem Erbe des Alten Reiches, seiner unpolitischen Politik, seiner Immobilität, seinem Gleichgewicht, seiner Rechtskultur, seinen Mentalitäten und Werten?

Das Erbe des Alten Reiches

Was blieb den Deutschen aus acht Jahrhunderten des Alten Reiches? Was ist der Abdruck von Lebensformen, die viele Generationen durchlebt und durchlitten hatten? Das Mittelalter ging im Alltag der Menschen erst in den frühen Jahrzehnten des 19. Jahrhunderts zu Ende. Bis dahin hatte in den Städten das Alte Handwerk zäh überlebt, mit Meisterzünften und Gesellenbruderschaften, mit der unerbittlichen Verteidigung von Nahrung und Ehre, wie sie immer waren und doch nicht mehr sein konnten, mit Marktbeschränkungen, mit der den Arbeitsmarkt entlastenden Gesellenwanderung, mit den brutalen Initiationsriten – wie dem »Schleifen und Hobeln«, das aus einem Schreinerlehrling einen Schreinergesellen machte –, mit all den wunderlichen Gebräuchen und harten Ausschließungsregeln, mit Heiratsverboten für Gesellen und Heiratszwängen für Meisterwitwen.

Das Alte Handwerk war schon in der großen Armutskrise am Ende des 18. Jahrhunderts, als immer mehr Handwerksprodukte immer weniger Käufer fanden, in die Enge geraten. Da standen auf der einen Seite die Handwerker, zunftgebundene Meister und außerzünftige »Stümpler« und »Pfuscher«, auf der anderen Seite die Obrigkeit, die den Zünften immer mehr soziale Lasten aufbürdete. Am Ende ist das Alte Handwerk der Kritik und der aufgeklärten Reform der Obrigkeit erlegen, die nach englischem Vorbild die Zünfte lieber heute als morgen abschaffen wollte. Im Norden, in den Hansestädten und in Brandenburg-Preußen, vollzog sich der Nieder-

54

gang schneller und vollendete sich parallel zur Französischen Revolution und ihren Folgen. In den Handwerks- und Manufakturstädten des Südens ging alles langsamer und auch schonender. Dort hat eigentlich erst die Gewerbeordnung des Norddeutschen Bundes 1868 den Schlußstrich gezogen unter Lebensformen und starre Regeln, unter Nahrungsdenken und Stabilitätsutopie des Alten Handwerks. Und dennoch ist bis heute in der deutschen Selbstverwaltung, in Innungen und Genossenschaften, in Handwerkskammern und Volksbanken viel vom Zunftgeist erhalten geblieben, von der Solidarität der Genossen und von der Abwehr aller Außenseiter, von Schutz, Abschließung und fester Form.

In der Agrarwirtschaft ging das mittelalterliche System der Berechtigungen und Bindungen zwischen Ackerbauer und Ackerbesitzer zur gleichen Zeit unter. Im Westen erwies sich die Grundherrschaft, welche Landnutzung gegen Pacht verrechnete, anpassungsfähiger als die Gutsherrschaft im Osten, welche Landnutzung gegen Arbeitspflichten gestellt hatte. Angesichts des englischen Vorbilds der rationellen und marktorientierten »new husbandry« und der steigenden Getreidepreise hielt die überkommene und in vielen Rechten und Berechtigungen verfestigte Dreifelderwirtschaft des Mittelalters nicht mehr stand, wo Kornfrucht, Hackfrucht und Brache einander abgelöst hatten – seit dem hohen Mittelalter die ewige Wiederkehr des Gleichen. Neue Kulturpflanzen wie Klee und Kartoffel wurden schon im 18. Jahrhundert in den Ablauf eingefügt. Stallfütterung und systematische Düngung wurden kultiviert. Die Experimentalökonomen des ausgehenden 18. Jahrhunderts, meist bürgerliche Großpächter mit Sinn für naturwissenschaftliche Versuche und gute Rendite ihrer Anlagen, entwickelten, um den Boden zu schonen, komplizierte Fruchtwechselfolgen. Hier und auf den Domänen in fürstlicher Hand wurde zuerst Fronarbeit durch Lohnarbeit ersetzt: Die schlechte Beschäftigungslage in den Städten und der wachsende Markt für Nahrungsmittel machten es möglich.

Die »Bauernbefreiung«, die in Preußen nach 1806 der Freiherr vom Stein in bauernfreundlicher und wenig später der Graf Hardenberg in adelsfreundlicher Form durchführten, war nicht nur Teil eines großen Staats- und Gesellschaftsumbaus im Namen der Freiheit und des von den Aufklärern beschworenen »Triebs zur Glückseligkeit«, auf den die Menschenfreunde bauten. Sie war auch über Generationen vorbereitet worden. Und doch dauerte es noch bis zur Revolution von 1848, bis überall in deutschen Landen der Boden und die Bauern beweglich wurden, Teil des großen neuen Marktes für Arbeit und Kapital. Was von der alten Agrarwirtschaft blieb, waren Kapitalarmut, knappe Felder und allzu viele Menschen, die der Boden nicht mehr ernähren konnte, dazu der Adel, dem mit der alten Ordnung auch die Lebensgrundlage zerrann. Zwar folgten auf 1848/49 noch goldene Jahre der deutschen Landwirtschaft, hohe Preise und kräftige Investitionen. Aber eine Generation später, als Rußland Getreide exportierte und Amerikas Mittlerer Westen den Weltmarkt beherrschte, begann schon der lange Abstieg der deutschen Landwirtschaft. Die Preise verfielen, die Kosten stiegen, und die Löhne waren bald nicht mehr bezahlbar. Den Aufbruch zur Modernität hat das ländliche Deutschland als Agonie gespürt, das städtische als Wachstumskrise.

Viel Umbruch und Aufbruch, alles zusammen. Was aber ist dennoch, als es staatsrechtlich zu Ende war, vom Alten Reich geblieben? Die Antwort lautet: viel und wenig zugleich. Wenig, weil die romantische Wiederentdeckung des altdeutschen Wesens, als nach der Aufwallung der Rheinkrise 1840 der Kölner Dom zum Symbol des unvollendeten und zu vollendenden Deutschen Reiches aufstieg, und die Kaiserpfalz zu Goslar aus Trümmern rekonstruiert wurde, keinen politischen Gehalt mehr besaß. Was nützte es, wenn ungezählte Schlösser und Burgen, Tore und Rathäuser landauf, landab blankgeputzt, erneuert und auf oftmals schreckenerregende Weise restauriert wurden, wenn doch zur selben Zeit Bahnen und Fabriken die Landschaft eroberten? Dies war Denkmalpflege, nicht Vision des kommenden Deutschland. In den alten Bauten und Burgen lag allenfalls ein Trost bereit gegen die Dissonanzen der neuen Zeit, weshalb am Höhepunkt der industriellen Gründerzeit der vorwiegende Baustil auf Gotik und Romanik, auf Patrizierschlösser und Ritterburgen zurückgriff, Bahnhöfe wie Prunkschlösser abgelebter Reiche inszenierte und Börsensäle baute im Stil einer proportionslosen Neorenaissance.

Bloße Andeutungen in Paris, Frankreich beanspruche wieder den Rhein als Grenze, führten in der sogenannten »Rheinkrise« von 1840 zu einer Welle der nationalen Erregung in Deutschland. Nun wurde der seit der Reformation unvollendete hochgotische Kölner Dom zum Symbol des zu vollendenden Deutschen Reiches. Der preußische König Friedrich Wilhelm IV., romantischen Träumereien hingegeben, sah darin das Mittel, seinen rheinisch-katholischen Untertanen jenen symbolischen Mittelpunkt zu geben, den seine ostdeutsch-protestantischen Untertanen im Berliner Dom Schinkels hatten. Der revolutionäre Nationalismus, dem Monarchen sonst eher suspekt, wurde dafür als Bindemittel genutzt.

Wenig war auch, was die großen Gelehrten an Rückversicherung boten. Im Historikerstreit zwischen Ficker und Sybel wurde in der Mitte des 19. Jahrhunderts um die Frage gestritten, worauf die Deutschen ihr politisches Seelenleben gründen sollten. Ficker beschwor die ausgleichende, übernationale Staatsweisheit des Alten Reiches, Sybel das kraftvolle Recht Preußens, den Nationalstaat nach seinem Bild ins Leben zu rufen. Die Debatte war alles andere als akademisch. In der Gründung der Deutschen Zentrumspartei, die nach der doppelten Niederlage des deutschen Katholizismus im Krieg von 1866 und in der preußisch-protestantischen Reichsgründung 1871 alle Vorbehalte und Interessen der alten Reichspatrioten, des katholischen Südens und der Zweifler am nationalen Machtstaat sammelte, und in der Bitternis der altpreußischen Konservativen, die an Bismarck den Schwefelgeruch des napoleonischen Kaisertums wahrnahmen, hat das Alte Reich noch einmal späte Parteigänger gefunden. *Victrix causa deis placuit, sed victa causa Catoni:* Die Catos der älteren deutschen Geschichte hatten sich noch beim Wiener Kongreß wohl gefühlt, und der Kehraus von 1848/49 war nach ihrem Geschmack gewesen. Aber die victrix causa war dies längst nicht mehr. Die hat niemand machtvoller und triumphaler zum Ausdruck gebracht als der Historiker und nationalliberale Reichstagsabgeordnete Heinrich von Treitschke, der seit seinen Studententagen und zuletzt noch einmal in seiner populären »Deutschen Geschichte« am Jahrhundertende über das Heilige Römische Reich Deutscher Nation und alle seine späten Lobredner höhnte:

»Über diesem verrotteten Gemeinwesen lag der Zauber einer tausendjährigen Geschichte. Eine niemals unterbrochene Überlieferung verband das Heute mit dem Gestern. . . . Die Politik des Auslandes und des Hauses Österreich, die Selbstsucht der kleinen Höfe und die Eifersucht jedes gegen jeden, das Gleichgewicht der politischen Kräfte wie die Interessen einer dem Untergang zueilenden Gesellschaftsordnung, das Weltbürgertum und die Träume von deutscher Freiheit, Rechtsgefühl und uralte Gewöhnung, die Macht der Trägheit und die deutsche Treue, alles vereinigte sich, die bestehende Unordnung aufrechtzuerhalten.«

Bevor Brandenburg-Preußen noch Königreich wurde, stellte man schon ein königliches Schloß auf märkischen Sand. Das wurde in Wien und anderswo als Herausforderung älterer Ansprüche und Auflehnung gegen die Verfassung des Alten Reiches verstanden. Denn so zu bauen, stand nur dem Kaiser zu. Was aber symbolisch begonnen hatte, sollte auch symbolisch enden. Das Stadtschloß in Berlin, das den Zweiten Weltkrieg besser überstanden hatte als die meisten anderen Gebäude der Stadt, wurde auf Geheiß der SED-Führer 1950 gesprengt und abgetragen. An seiner Stelle entstand ein riesiger Aufmarschplatz und, dreißig Jahre nach dem Kriege, der Palast der Republik. Wie in der Antike die Namen verhaßter Vorgänger ausgemeißelt und damit aus der Erinnerung getilgt wurden, so sollte auch hier mit dem Bauwerk auch die Geschichte ausgelöscht werden. Die Aufnahme wurde nach den ersten schweren Angriffen auf das Stadtzentrum am 31. 7. 1944 gemacht und zeigt schon große Beschädigungen in der Schlüter-Front.

Dagegen setzte Treitschke Preußen als Inbegriff des Machtstaats, als Auflehnung gegen das Alte Reich und Überwindung seiner Schwäche. Preußen war der Bruch mit jener alteuropäischen Tradition, in der das Reich gestanden hatte:

>Auf dem Boden dieses Reichsrechts und seiner territoria-
len Staatsgebilde und doch im scharfen Gegensatz zu beidem ist der preußische Staat entstanden. Die zähe Willens-
kraft der norddeutschen Stämme war dem weicheren und
reicheren oberdeutschen Volkstum in der Kraft der Staa-
tenbildung von alters her überlegen . . . Nur der Weitblick
der Monarchie vermochte in diesen armseligen Gebiets-
trümmern die Grundsteine einer neuen Großmacht zu
erkennen. Nur im Pflichtgefühl der Krone, in dem monar-
chischen Staatsgedanken fanden die verfeindeten Stämme
und Stände, Parteien und Kirchen, welche dieser Mikro-
kosmos des deutschen Lebens umfaßte, ihren Schutz und
ihren Frieden.<

So war es wenig, was nach 1848/49 vom Alten Reich noch da
war, allenfalls gemischte Gefühle. Und doch war es auch viel,
was die Deutschen mit dem Alten Reich verband und bis
heute verbindet, Sichtbares und Unsichtbares. Zum Sichtbaren gehörten und – soweit sie das 19. Jahrhundert, die Zerstö-
rungen des Zweiten Weltkrieges und die Neuerungswut der
Nachkriegszeit überlebten – die alten Hauptstädte Deutschlands: Nürnberg mit der Kaiserburg und der gewaltigen
Umwallung aus Sandsteinquadern, die selbst dem Ansturm
der Kaiserlichen unter Wallenstein im Dreißigjährigen Krieg
getrotzt hatte, und mit den Reichskleinodien, die erst vor
Napoleon nach Wien gebracht wurden, wo sie seitdem gehü-
tet werden, als seien sie niemals anderswo gewesen. Noch die
Stiftung des >Germanischen Nationalmuseums< 1852 durch
einen Verein von Notabeln, darunter einige ehemals
reichsunmittelbare Familien, erinnerte an Nürnbergs alte
Rolle als Schatzkammer und Waffenwerkstatt der Deutschen. Daß die Nationalsozialisten schon in den zwanziger
Jahren ihre Reichsparteitage in das längst brav sozialdemokratisch gewordene Nürnberg legten, war indes nicht Huldigung an das Alte Reich, sondern beruhte auf der Konnivenz

Kultur und Macht verdichten sich in den Städten des Mittelalters, nicht an den Höfen. Die Städte waren nicht nur zu militärischen Zwecken durch eine Mauer befestigt, sondern diese Mauer schützte auch den Rechtsbezirk der Stadtrepubliken gegen den Machtanspruch der Fürsten. Die mächtigsten der Städte, darunter Nürnberg, Bern, Köln und Straßburg, hatten ihr eigenes ausgedehntes Territorium. Die künstlerische Übersteigerung der Darstellung erinnert an die biblische »hochgebaute Stadt«. Als Hartmann Schedel seine »Weltchronik« verfaßte, lag Nürnberg noch im Zentrum der Welt, wichtigster deutscher Standort für die Herstellung von Waffen und die Kunst der Silberschmiede. Aber die Öffnung der atlantischen Seewege und das Vordringen der Osmanen im Mittelmeer verlegten die großen Handelsstraßen und die Machtachsen nach Westeuropa und weiter über den Atlantik.

eines Polizeipräsidenten und der zentralen Lage im Netz der Deutschen Reichsbahn. Die Kulissen der alten Reichsstadt fanden die neuen Herren dann auch bald zu eng und ließen Kolossalbauten errichten, die, wie Hitler seinem Architekten Albert Speer auftrug, auch nach tausend Jahren noch vom Glanz des eigentlichen, des »Dritten Reiches« künden sollten.

Eine andere unter diesen Hauptstädten des alten Deutschland war Frankfurt, wo im Dom über Jahrhunderte die römisch-deutschen Kaiser gekrönt worden waren, um anschließend im unweit davon gelegenen »Römer«, Rathaus der freien Reichsstadt, prunkvoll und zeremoniell zu tafeln. Frankfurt war über Jahrhunderte des Heiligen Römischen Reiches Silber- und Goldloch und, bis 1866, als die Preußen die Stadt militärisch heimsuchten, zentraler Messe- und Finanzplatz des deutschen Westens. Der Adler im Wappen dieser großen Civitates war das Hoheitszeichen des Reiches. Frankfurts moderne Rolle im Zentrum der deutschen Bank- und Börsenwelt ist nicht Erfindung der Nachkriegszeit, sondern Weiterführung einer alten Funktion als Drehscheibe des Kapitals und des Handels.

Regensburg wäre da zu nennen, römisches Legionslager an der oberen Donau mit der großen steinernen Brücke, wo von 1663 bis zum Ende des Reiches der »immerwährend« genannte Reichstag seinen Sitz hatte unter dem kaiserlichen Prinzipalkommissar, seit 1749 dem General der Posten, dem Fürsten von Thurn und Taxis, dessen Nachfahren bis heute in Schloß Emmeran residieren. Die Reichsstadt Wetzlar an der Lahn beherbergte das fürstliche »Reichskammergericht«, wo Johann Wolfgang Goethe einige Zeit verbrachte und Liebe und Leid des jungen Werther im Beamtenmilieu romanhaft beschrieb.

Augsburg, heute bayrisch-schwäbische Industriemetropole, war einst römischer Vorort in Germanien, Anfangs- und Endpunkt strategischer Straßen, seit dem Mittelalter immer wieder, und zumal seit Nürnbergs Konversion zum protestantischen Glauben, Ort der wichtigsten Reichstage. Zugleich durch seine Flüsse und Wasserkünste eine hochorganisierte Gewerbestadt, als Gesamtkunstwerk vom Rat inszeniert und paritätisch regiert zwischen Katholiken und Protestanten, zwischen Zunftmeistern und handelsstarken

Patriziern. Die Silber- und Goldschmiedekunst hat hier vom 16. bis zum 18. Jahrhundert geblüht wie nirgendwo sonst in Deutschland, gefördert durch den Tiroler Silberbergbau der Fugger, den Fernhandel und die Nachfrage der höfischen Gesellschaft, die sich hier versammelte.

Wien war nicht die einzige, wohl aber die vornehmste unter den deutschen Hauptstädten. Es war, seitdem die Habsburger die Kaiserwürde in der Familie weitergaben, Sitz des »Erwehlten Römischen Kaisers«. Aber bis auf den Kaiser, seinen Hofstaat und den »Reichshofrat«, dem anderen großen Reichsgericht, war Wien nicht Zentrum der Macht, wie Paris für Frankreich oder London für die Britischen Inseln. »Wir fürchten uns vor einer Hauptstadt«, ließ Goethe in »Wilhelm Meisters Wanderjahre« den Leonardo sagen: In der Tat, mit vielen Hauptstädten und dem Kaiser fern in Wien ließ sich in deutschen Landen bequem leben. Nur Staat war damit nicht zu machen – und sollte ja auch nicht gemacht werden.

Warum aber finden sich unter den alten Vororten des Reiches Dresden so wenig wie München, Kassel so wenig wie Heidelberg? Die Antwort liegt darin, daß sie Hauptstädte waren, aber derer, die den Kaiser wählten, der Kurfürsten. Keiner von ihnen konnte seine Residenz zur Hauptstadt des Reiches machen. Schon der Versuch hätte den Umsturz des Rechts und allen Herkommens angekündigt. Als Berlin dennoch 1867 für den Norddeutschen Bund und 1871 für das Deutsche Reich Hauptstadt wurde, da hatte der Akt für viele, obgleich das Alte Reich doch längst dahingeschieden war, den Geruch des Staatsstreichs an sich. Vielleicht ist man für den Akt der Kaiserproklamation, um Peinlichkeiten zuhause zu vermeiden, nach Versailles gegangen, in die *salle des glaces,* den Spiegelsaal des Sonnenkönigs.

Vielzahl und Vielfalt der Hauptstädte strahlten noch in die fernste Provinz aus. Die Leute von Aachen haben nie vergessen, daß Karl der Große dort die Wasser nahm, wenn es kalt wurde in Germanien. Städte wie Gelnhausen oder Seligenstadt am Main mit der Einhardsbasilika und den Pfalzresten, Goslar und Kaiserswerth, Fritzlar und Forchheim – Provinz im landläufigen Sinne, und doch ist bis heute unvergessen, daß hier einmal Kaiser und Reich auf kurze Zeit ihr Zentrum fanden.

Zum Sichtbaren der alten Reichsgeschichte gehört auch, was die Lufthansa bis heute auf ihren Werbeplakaten zeigt: nicht die nuklearen Zentralen, nicht das industrielle Pathos von Wesseling oder Hörde. Es ist Heidelberg, einst Lieblingssitz des Kurfürsten von der Pfalz, mit der in den Reunionskriegen Ludwigs XIV. so malerisch niedergebrannten Schloßruine. Es ist die alte und im 19. Jahrhundert von Eisenbahn und Industrialisierung verschonte Reichsstadt Rothenburg ob der Tauber. Es sind die Parks und die Schlösser einer vergangenen Zeit, die Burgen, die der Bauernkrieg zerstörte, und die Festungen, die der Dreißigjährige Krieg verwüstete. Demokratie als Bauherr tut sich bis heute schwer. Wären da nicht die patrizischen Rathäuser und die gotischen Kathedralen, die barocken Residenzen und die fürstlichen Lustgärten, die ineinandergehenden Marktplätze und die alten Universitäten, wären da nicht die königlichen und kurfürstlichen, landgräflichen und herzoglichen Sammlungen – die deutsche Provinz wäre provinzieller, die Städte einförmiger, das Leben langweiliger. Die Grenzen der Macht waren das eine, der Reichtum der Kultur das andere.

Aber nicht alles, was sichtbar ist, fällt auch ins Auge. Die Kulturlandschaften gehören dazu, die seit dem hohen Mittelalter dem Urwald abgewonnen wurden, mit Wegen und Mühlbächen und Brunnen und Fischteichen und sauber geschichteten Stufenrainen, mit steinernen Brücken und frommen Kapellen, mit geduckten Dörfern, Marktflecken und kleinen Städten. Der Wald in Europa ist anders als in Nordamerika, denn er war jahrhundertelang fürstliches Jagdrevier. Er war den Menschen Lebensraum und Energiereserve. Seit dem 15. Jahrhundert haben die Nürnberger deshalb Waldsaat betrieben. Damals gab es in vielen Mittelgebirgen weniger Wald als heute: Er wurde als Ackerland gebraucht. In Franken und am Rhein kann man vielfach noch an alten Wüstungen erkennen, wo der Wald die alten Äcker wieder eroberte. Der Wald war Lebensform. Aber bis in die Romantik hinein – das lehren die Grimmschen Märchen – war er unheimlich und zum Fürchten, Ort wilder Tiere und Sitz gewalttätiger Menschen.

Die germanischen Urwälder, sumpfig, düster und undurchdringlich, welche Tacitus beschrieb und die bis heute die Romantiker mit der Seele suchen, haben schon in der Zeit der Mönche der Kulturlandschaft weichen müssen. Sie aber ist am stärksten geprägt von der Lebensform der Agrargesellschaft und des Fürstenstaates. Das 18. Jahrhundert hat Kanäle und feste Straßen hinzugefügt, das 19. Jahrhundert Bahnen und Industrieanlagen, das 20. seine Autobahnen und die wuchernden Vorstädte. Aber die Grundformen der Landschaft, Lage und Anlage der Dörfer und Städte sind älterer Herkunft. Das barocke Mannheim, das geometrische Karlsruhe oder das hugenottische Erlangen sind da schon vergleichsweise neueren Datums, Produkte des 18. Jahrhunderts. Wolfsburg, Industriestadt der Nationalsozialisten, und Eisenhüttenstadt, Industriestadt der SED, sind Kunststädte des 20. Jahrhunderts: Ausnahmen von der Regel, wo alles älter ist.

Die unsichtbaren Botschaften

Und was ist unsichtbar im Erbe des Alten Reiches? Die Abwesenheit eines alles beherrschenden Zentrums hatte tiefe geschichtliche Ursachen, die bis heute weiterwirken. »Les barons du nord« haben von der Isle de France aus ganz Frankreich bis Occitanien in Besitz genommen und unterworfen mit Feuer und Schwert: »Ein König, ein Glauben, ein Gesetz« hieß es unerbittlich im 17. Jahrhundert. Da war nicht Raum für zwei Konfessionen in einem Land, und die Hugenotten wurden ausgerottet, wenn sie nicht zurückkehrten zum alleinseligmachenden Glauben oder ihnen die Flucht zu den protestantischen Glaubensbrüdern in Deutschland, den Niederlanden oder England gelang. Der Hobel der Einheit ging unter dem Sonnenkönig blutig über alles hinweg, was sich ihm entgegenstellte, und noch einmal und gründlicher geschah dies in der Französischen Revolution.

Diese Kraft der Zentralisierung hat es in Deutschland nie gegeben, außer in den zwölf Jahren der Diktatur. So konnte, ja mußte deutsche Geschichte immer polyzentrisch verlaufen. Die Reichshistoriker des 18. Jahrhunderts haben darin ein den europäischen Frieden verbürgendes Prinzip gesehen, die borussischen Nationalhistoriker des 19. Jahrhunderts

Schwäche und Streit beklagt. Am Ende des 20. Jahrhunderts wird es, aufs Ganze gesehen, wohl als Wesenszug der deutschen Geschichte begriffen werden müssen, als Charme der Provinz, als Prinzip der Freiheit und Tugend der kulturellen Balancen. Das Alte Reich war ein vor- und übernationales Gebilde. Was es an Einheit aufzubieten vermochte, kam aus der Reichsverfassung, aus dem gemeinsamen Kulturbewußtsein, aus der deutschen Sprache. Sie kam nicht aus Bürgerkraft und Führungsmacht und der Energie eines einzigen Zentrums, weder militärisch noch geistig oder gar wirtschaftlich. Ein Kaiser, der solches anstrebte, hätte nicht nur das Alte Reich ruiniert, sondern auch das übrige Europa gegen sich gehabt, wie die Habsburger im Verlauf des Dreißigjährigen Krieges lernen mußten.

Die Stammesherzöge der Völkerwanderungszeit haben ihren Nachfolgern bis in die Amtssitze der sechzehn deutschen Ministerpräsidenten beides vermacht: starke Lokalgewalt und das Interesse an einem schwachen Zentrum. Diese Tradition wurde befördert in einem Raum, der im deutschen Süden nach Italien, im Westen nach Burgund und Frankreich, im Norden nach England und Skandinavien, im Osten nach Polen und Rußland sich öffnete. Zentrifugale Kräfte und zentralisierende Kräfte hielten einander die Waage. Die schwierigen Verkehrswege zwischen Nord und Süd, die winters in Schlamm und sommers in Staub versanken, die politische Kleinräumigkeit und damit die Zollabgrenzungen, seit dem 16. Jahrhundert auch der religiöse Gegensatz sorgten bis tief ins Eisenbahnzeitalter dafür, daß diese Orientierungen konserviert wurden. Wirtschaftlich kam Deutschland eigentlich nur zur Oster- und zur Michaelimesse zusammen in Leipzig und Frankfurt. Sonst aber waren die Hanse- und Küstenzonen eine große Wirtschaftslandschaft für sich, der Süden an Rhein und Neckar, der Südosten an der Donau. Vor der Eisenbahn, das heißt bis zur Mitte des 19. Jahrhunderts, bildete Deutschland keinen einheitlichen Wirtschaftsraum, wie England es durch seine Insellage und die Kanalbauten des 17. und 18. Jahrhunderts und Frankreich durch seine Kanäle und die großen »Straßen des Königs« längst geworden waren.

Was aber war für diesen deutschen Polyzentrismus die Ursache und was die Wirkung? Hat die Politik die Kultur an die Hand genommen, die Kultur die Wirtschaft? Oder verlief alles umgekehrt? Die Frage ist müßig: Zum wichtigsten Erbe des Alten Reiches zählen die Abwesenheit eines machtvollen Zentrums, die Abneigung gegen den »Dominat« der Zentralgewalt und die Pflege der Unterschiede. Die Deutschen lernten das Repräsentationsprinzip dadurch, daß das «Land« durch die Reichsstände vertreten wurde. Der Parlamentarismus war nicht, wie in England nach den großen Kriegen, eine Sache von City und Gentry, sondern mächtiger und nicht gar so mächtiger Reichsstände, die sich miteinander verbündeten, wenn sie es wollten, oder mit dem Kaiser, wenn sie es anders wollten, oder aber mit fremden Potentaten, wenn sie es noch ganz anders wollten.

Der deutsche Untertanengeist ist im 20. Jahrhundert viel gescholten worden, und Preußen galt als Sitz des Bösen. Aber zum Föderalismus des Alten Reiches gehörte der aufrechte Gang. Im hohen Mittelalter hatten sich die römisch-deutschen Kaiser gegen das Papsttum durchgesetzt. Die Folge: In ganz Europa trennte sich, anders als in Byzanz und später in Rußland, das geistliche Schwert vom weltlichen. Das setzte die Gewissen frei und gab der weltlichen Macht neue Grenzen. Fortan standen geistliche und weltliche Macht in einer neuen Gleichgewichtsordnung gegeneinander. Darin lag ein Versprechen der Freiheit, das die lutherische Reformation, mit ihren sozialen und politischen Antrieben und Auswirkungen eine ungeheure Auflehnung gegen alles Herkommen, einlöste. Sie verband sich mit den großen Bedrängnissen des Reiches in den Türkenkriegen und im Kampf mit Frankreich und wurde zugleich gekreuzt vom Bauernkrieg in Mittel- und Oberdeutschland und der Unruhe in den Städten. Die Reformation ist seit 1525/26 mühsam verstaatlicht und an den kurzen Zügel kirchlicher Disziplin und obrigkeitlicher Macht genommen worden, der Bauernkrieg trotzdem nicht spurlos im Blut und in der Geschichte versunken: Patriziat und Adel haben auf Generationen mit Vorsicht gehandelt und den »gemeinen Mann« nur mit Maßen drangsaliert. Ob mehr oder weniger als in Frankreich oder England, das steht dahin.

Doch es gilt auch: Die Armuts- und Knappheitsgesellschaft des Ancien régime mußte überall in Europa, um zu überleben und sich nicht selbst zu zerstören, ein Maß an Sozialdisziplin aufbringen und durchsetzen, das den heutigen Betrachter in seiner Logik und Härte erschreckt. Die Knappheit regierte härter als der härteste Tyrann. Der protestantische Pietismus predigte die Arbeit als »täglichen Gottesdienst«. Wer die geltenden Normen nicht freiwillig verinnerlichte, dem wurde nachgeholfen. Ein soziales Netz gab es nur für die »ehrliche Armut«, doch deren Grenzen waren eng bemessen.

Was die politische Freiheit anbelangt, so konnte das lokkere Gefüge des Alten Reiches mehr davon bieten als die fester formierten absolutistischen Staaten des Westens. Gewiß bildete sich in den großen weltlichen Territorialstaaten in Deutschland das Herrschaftsdreieck aus Adel, Armee und Kirche, und selbst für adelige Mitsprache im fürstlichen Regiment blieb wenig Platz. Die Fürsten setzten in den weltlichen Staaten ihre Autorität gegen den Adel durch, nach dem Wort des Preußenkönigs Friedrich Wilhelm I., »wie einen Rocher von Bronce«. Aber nicht in allen Fürstenstaaten gelang es. Und zwischen den weltlichen großen Territorien lagen immer die katholischen Adelsrepubliken. Einige unter ihnen, wie Mainz und Bamberg, wurden im 18. Jahrhundert Hort der Gelehrsamkeit und der Aufklärung. Immer empfahl es sich, ungewisse Kraftproben zu meiden, mehr mit dem Zuckerbrot als mit der Peitsche zu regieren. Und in den Reichsstädten herrschte, wie die mißtrauischen fürstlichen Beamten vom Nachbargrundstück mitunter beklagten, »die süßeste Anarchie«, was Zunftordnung und Gesellenbruderschaften anlangte. Was nur sagen wollte, daß man es dort in den Ratsstuben sich dreimal überlegte, ehe man mit harter Hand zugriff.

Untertanengeist? Eher wohl ein hohes Maß an Sozialdisziplin, gepredigt durch die Kirchen, erzwungen von der Knappheit der Lebensgrundlagen, nach dem Dreißigjährigen Krieg als Bedingung des Überlebens praktiziert und endlich im Fürstenstaat mit Stock und Strafe, mit Predigt und Kommando eingebleut. Aber in den westlichen und südlichen geistlichen Territorien wie in den Reichsstädten und Reichsabteien war das alles kaum praktizierbar. Grenzen der Macht auch hier. Vielleicht hat dieses unbewußte Erbe dem deutschen Staat, der nach 1945 am Rhein, am Main und an der Donau entstand, einen so unpreußischen Charakter eingetragen. Und vielleicht ist der Grundzug von Disziplin und Anpassung im »real existierenden Sozialismus« auch deshalb so hervorgetreten, weil die DDR den Boden Mecklenburgs, Sachsens und einen großen Teil Preußens umschloß. Hier waren seit 1933 die aktivsten Schichten, zuerst die Juden, dann die Unternehmer und der Adel, die Bauern und die Handwerker zerstört oder vertrieben. Hier war von Hause aus das Erbe des Alten Reiches in Mentalität und Lebensformen anders gestaltet als in den kleinräumigen Landschaften des Westens.

Auch Rechtsstaat und Rechtsbewußtsein gehören in einem einfachen und ursprünglichen Sinne zum sichtbaren Erbteil des Alten Reiches. Das Reich hatte wenige und schwache Gerichte, das Reichskammergericht in Wetzlar und den Reichshofrat in Wien, aber die waren besser als gar keine. In der Drangsal der Reformationskriege und noch mehr im Dreißigjährigen Krieg lernten die Deutschen die Lektion, daß es klüger war, die Dinge bei Gericht auf die lange Bank zu schieben, als mit dem Degen in der Faust kurzen Prozeß zu machen. Die blutigen Religionskonflikte des 16. und 17. Jahrhunderts, allesamt mit Staatsinteressen verwoben, wurden im Frieden von Münster und Osnabrück in juristischen Streithandel transformiert und damit zivilisiert. Die großen Civitates im Reich, Frankfurt oder Nürnberg, hatten immer große Juristen – Goethes Vater darunter. Sie wußten die Interessen der Stadt und des Stadtterritoriums bei der kaiserlichen Instanz gegen die benachbarten Reichsfürsten mit Wort und Schrift zu vertreten, wo die Macht fehlte. Innerhalb ihrer Mauern und Territorien pflegten diese Stadtrepubliken Recht und Ausgleich, schon um nicht dem nächsten fürstlichen Kreisobristen den Vorwand zu liefern, mit fester Hand von außen den Frieden wiederherzustellen. Auch die auffallend geringe Stärke der Polizei, vom Militär nicht zu reden, legte es nahe, sich gütlich zu einigen. Vielleicht ist aus dieser Tradition eine deutsche Neigung entstanden, die Gerichte eher früher als später anzurufen. Eine Neigung, die aus ältesten Erfahrungen kam. Selbst dann, wenn die Justiz viel Zeit brauchte, war der Friede allemal besser als das Faustrecht.

Aber selbst noch in den Territorialstaaten, die sich seit dem 16. Jahrhundert kraftvoll entfalteten, gegen das Reich stellten und die Städte bedrohten, hatte der Rechtsstaat ein Geburts-recht, auch wenn erst im Verlauf des 18. Jahrhunderts die Kaste der bürgerlichen Beamten richterliche Unabhängigkeit und die eigene Unabsetzbarkeit durchsetzte. Die Verwal-tungsgerichtsbarkeit, die jeden Akt der Exekutive richterlich überprüfen und gegebenenfalls annullieren kann, hat Wur-zeln ebenso im Fürstenstaat des 18. wie in der dagegen auftre-tenden bürgerlichen Opposition des 19. Jahrhunderts.

Innerhalb dieses gesicherten Rahmens entstanden Eigen-tum und Buchführung, Rechenhaftigkeit der Wirtschaftsfüh-rung und Vertragsrecht. Individuelle Freiheit und wechselsei-tige Verläßlichkeit waren Grundlagen, lange vor der Indu-striewirtschaft, für deren Entfaltung. Vieles davon geht auf römische Rechtstradition zurück. Aber erst die Freisetzung des Vertrags- und Gewerberechts aus den mittelalterlichen Beschränkungen und Beengungen um 1800 ermöglichte jene langen Kredit- und Investitionsketten, ohne die der industri-elle Aufschwung des 19. Jahrhunderts nicht denkbar war. Die Freiheiten und Bindungen des Vertragsrechts, die erst die offene Marktwirtschaft des 19. Jahrhunderts ermöglichten, sind vielfach älteren Ursprungs.

Zu den stärksten bis heute unsichtbar fortwirkenden Kräf-ten aus Gesellschaft und Wirtschaft des Alten Reiches zählt indessen die Ethik der Arbeit. Nicht alle Arbeit war in Zünf-ten verfaßt. Es gab Massen von landlosen Tagelöhnern, die unterhalb des »Anstands« lebten, eigentlich außerhalb der Gesellschaft. Und es gab zahlreiche »unehrliche«, das heißt unehrenhafte Gewerbe vom Müller über den Bader und Wundarzt bis zum Abdecker und Henker. Wer mit ihnen Umgang pflog, der wurde von den »ehrlichen« Handwerkern gemieden und ausgestoßen. Als Heinrich Heine dichtete »Ich habe des Henkers Töchterlein geküßt . . . « hat er ein solches Tabu berührt. Wer katholisch war, fand in protestantischen Landen keine Arbeit, keine Liebschaft, keine Werkstatt, und umgekehrt war es nicht anders. Wer aber jüdisch war, der mußte sich überhaupt nach einem anderen Broterwerb oder gar nach einem anderen Land umsehen.

Die große Mehrzahl der städtischen und selbst noch eine hohe Zahl der ländlichen Handwerker war in Zünften orga-nisiert, nach ihrem mittelalterlichen Ursprung christliche

Gebets- und Begräbnis-, Gottesdienst- und Wehrgemein-
schaften – zum Beispiel gibt es in Nürnberg bis heute das
Metzgertor, welches, wenn der Feind kam, die Metzger zu
besetzen hatten. Die Zünfte sorgten auch für den Schutz der
»Nahrung«, das heißt für auskömmliche Arbeit, gaben den
Zunftangehörigen Solidarschutz gegen Krankheit und Armut
und wahrten im Stadtregiment oder dagegen ihre Interessen.
Sie waren oftmals rechtsfähige Körperschaften und konnten
in aller Form Klage führen, was sie mitunter bis zum Exzeß
und bis zur Erschöpfung aller Kassen und Kreditlinien taten.
Beim großen Streik der Augsburger Schuhknechte 1726, der
fünf Jahre später den Erlaß der Reichshandwerksordnung
nach sich zog, hatten die Gesellen als Bruderschaft verhandelt und sogar kooperativ Schulden aufnehmen können.

Aus dem Alten Handwerk führen lange Linien durch das
19. und 20. Jahrhundert in die Gegenwart. Vom blauen Mon-
tag, der die Fünf-Tage-Woche vorwegnahm, braucht nicht
die Rede zu sein. Die langen, stark formalisierten Lehrjahre –
zwischen sechs und acht Jahre – bildeten den Handwerksge-
sellen, der damit in den unteren Rang der ständischen Ehr-
barkeit eintrat. Heute führen sie noch immer zum Gesellen,
aber auch zum Facharbeiter – was diesem nicht nur hand-
werkliche Fähigkeiten vermittelt, sondern auch das traditionell hohe berufliche Selbstbewußtsein. Die anspruchsvollen
Anforderungen an die Qualität der Arbeit, immer zum
Schutz der Nahrung und zum Ausschluß von Außenseitern
gepflegt, oft aber auch aus Schikane gegen die nachrücken-
den Gesellen bis zum Exzeß getrieben, die Überwachung
aller Stücke auf dem offenen Markt und die scharfen Strafen
gegen »Pfuscher« – was damals den Außenseiter und heute
den schlechten Handwerker kennzeichnet – erzwangen einen
hohen Leistungsstandard, und als Arbeitsnorm wurden sie
verinnerlicht über viele Generationen. Diese Gesellenord-
nungen, die das Meisterstück umschlossen, wurden von den
Zunftmeistern gesetzt und auch von den Gesellen im großen
und ganzen unterstützt: eine Übung, die sich über die Deutsche Industrie-Norm (DIN) via Selbstverwaltung in die
moderne Fertigungswelt fortgesetzt hat.

Schwer wiegt bis heute die Idee der Solidarität, in den
Gewerkschaften längst ins Industrielle übersetzt. »Spazieren-

gehen« nannte man lange, was im 18. Jahrhundert im allgemeinen Aufstand oder Ausstand hieß, im 19. Jahrhundert den Namen »strike« aus England annahm und im industriellen Sozialstaat des 20. Jahrhunderts als Streik zu einem duellartigen Ritual zwischen Gewerkschaften und Unternehmern wurde. Aber auch, daß man unter den Meistern wie unter den Gesellen jeweils füreinander einstand – bei Armut, Arbeitsmangel, Krankheit, Alter und Tod – das alles hatte die stärkste Wurzel im Alten Handwerk, und in Deutschland weit stärker als in Frankreich. Dort führten seit dem 18. Jahrhundert die »Compagnons« bewegte Klage, die Meister und Manufakturunternehmer hätten sie zu Arbeitern herabgedrückt und sie rechtlos auf der Galeere der Arbeit angeschmiedet. Anders auch in England, wo infolge der Öffnung der Zünfte im 17. Jahrhundert die Bruderschaften zerfielen und die Arbeitskraft frei handelbares Gut wurde, ohne allen Schutz durch Genossenschaften oder Staat. Die Prägung der deutschen Arbeiterbewegung durch Frühsozialismus und Marxismus war immer angelesen und angelernt; die Prägung durch das Alte Handwerk aber war älter und tiefer, und sie wirkt bis heute. Grenzen der Macht auch nach innen, die Schwäche der Obrigkeit war die Stärke der Genossenschaften.

Was im 19. Jahrhundert an staatlicher Sozialpolitik hinzugefügt wurde, war teils eine Antwort, wie Bismarck schrieb, auf das, »was an den socialistischen Ideen berechtigt ist«, teils Realisierung älterer kirchlicher Fürsorge- und Caritas-Ideen. Vor allem aber war es die Reaktion des souveränen Machtstaats, der die Soziale Frage nicht zur inneren Sprengkraft werden lassen wollte. Die Industriewirtschaft hatte technische Vorformen in den alten Metallindustrien des deutschen Südens und Westens, organisatorische vor allem in der Textilindustrie der Städte und des Landes. Der schnelle Erfolg der Industrialisierung des 19. Jahrhunderts aber – und dann noch einmal das »Wirtschaftswunder« der Nachkriegszeit –, das alles gründete in Lebensformen, in Sozialdisziplin, in Verhaltensweisen und Organisationsformen, die seit Jahrhunderten im Schwange waren.

Am wenigsten sichtbar und doch am alltäglichsten bleiben die Lebensformen des Alten Reiches in der Sprache aufgeho-

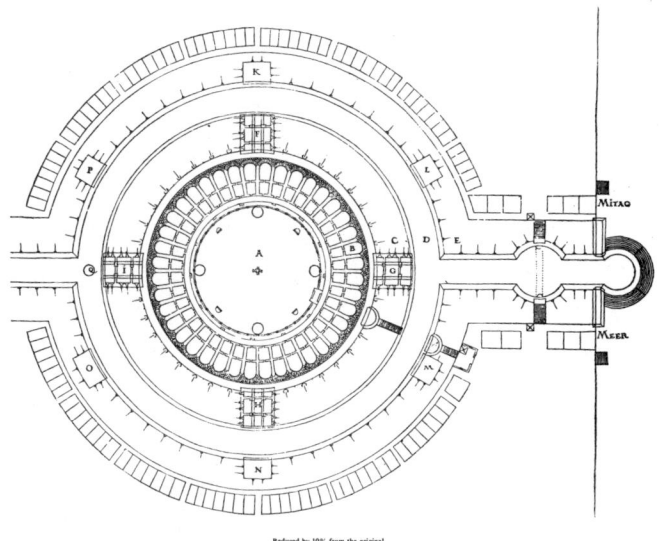

Reduced by 10% from the original.

Die Kunst der Renaissance suchte nach der vollkommenen Form und fand sie im Kreisbogen. In der Rezeption italienischer Festungsbaukunst entwickelte Albrecht Dürer in seiner Schrift »Etliche Unterricht zu Befestigung der Stett Schloss und Flecken« von *1527* Typen der Bastion, die an die Stelle hoher Mauern trat. Vor allem im Süden Deutschlands hat seine Lehre im *16.* Jahrhundert Folgerungen gezeigt. Die Festung zwischen Land und Meer konnte seit dieser Zeit Inbegriff jenes deutschen Bedrohungsgefühls und Abwehrinstinkts werden, der im *19.* Jahrhundert den deutschen Nationalismus und die Bismarcksche Reichsgründung zusammenfügte.

ben: eine Welt von Bauern, Waldleuten, Handwerkern, Reitersmännern, Kriegern und Armen. Jeder weiß, was gemeint ist, wenn da einer sein Schäfchen ins Trockene gebracht hat. Verstieß einer gegen die Regeln, wurde ihm das Handwerk gelegt – man nahm sein Werkzeug und zerbrach es. Die Suppe galt es auszulöffeln, die man selbst eingebrockt hatte: Das erinnert an das Hauptgericht der armen Leute. Und wenn es noch ärger kam, dann blieb nur, am Hungertuch zu nagen: Trost der Elenden. Wichtig aber auch die Mahnung, sich niemals selbst aufzugeben: Denn wer sich nicht selbst aestimiert, der wird auch nicht aestimiert. Zuletzt aber die geduckte heimliche Schadenfreude über den, der auf hohem Rosse reitet: deren hat man schon viele stürzen sehen.

Grenzen der Macht? Alle Macht in Alt-Europa war eng begrenzt. Der Mensch konnte gegen die Natur nur wenig ausrichten. Die Macht über sein wirtschaftliches Schicksal reichte nicht weit. Herrschaftliche Schranken und religiöse Gebote hatten überall starke Autorität. In Deutschland aber waren der Macht die Grenzen noch enger gezogen. Deutschland war vor dem Dreißigjährigen Krieg Kernstück des europäischen Equilibriums gewesen, danach die Verfassung Deutschlands Teil des Ius Publicum Europaeum. Das Alte Reich war ein Rechts- und Friedensverband, der niemanden bedrohte, aber sich wehren konnte gegen jeden Angriff. Es ruhte in sich selbst und im aufsteigenden europäischen Mächtesystem. Für Souveränität und Machtstaat war da wenig Raum. Kleine Veränderungen mochten in diesem Gleichgewicht noch stattfinden, für große war kein Platz mehr. Die Macht war eingebunden im europäischen Konzert, wo den Deutschen ihre Noten vorgeschrieben waren durch das äußere Gleichgewicht, den Rahmen der Reichsverfassung wie durch Recht und Herkommmen. Allein in diesen Grenzen blieb Raum für freie Entfaltung der Staaten. Ein kraftvoll organisierter Machtstaat wie Brandenburg-Preußen, der sich gegen seine Objektrolle durch militärische Macht und Sozialdisziplin verwahrte, konnte zwar aufsteigen zu europäischem Rang. Aber der Weg war gefährlich. Und er führte schnell an die Grenzen der Macht. Im 18. Jahrhundert ist es keinem der Friedrich Wilhelme oder Friedriche gelungen, diese Grenzen zu überschreiten.

Das Erbe des Alten Reiches – wann war es erschöpft? Mit dem Dreißigjährigen Krieg war die politisch-verfassungs-rechtliche Entwicklung des Alten Reiches im wesentlichen ruhiggestellt. Aber seine Prägungen wirkten weiter: im Föderalismus, im Rechtsstaat, im Sozialen. Das Erbe des Alten Reiches ist den Deutschen noch lange nicht verloren und in nichts stärker als in den Grenzen der Macht.

III. Aufstieg und Fall

*Nicht Blindheit ist es, nicht Unwissenheit, was
die Menschen und die Staaten verdirbt. Nicht
lange bleibt ihnen verborgen, wohin die einge-
schlagene Bahn sie führen wird. Aber es ist in
ihnen ein Trieb, von ihrer Natur begünstigt,
von der Gewohnheit verstärkt, dem sie nicht
widerstehen, der sie weiter vorwärts reißt,
solange sie noch einen Rest von Kraft haben.
Göttlich ist der, wer sich selber bezwingt. Die
Meisten sehen ihren Ruin vor Augen, aber sie
gehen hinein.
(Leopold Ranke, Die Osmanen und die spanische Monarchie im 16. und 17. Jahrhundert,
1827)*

Für Deutschland war nicht die Französische Revolution,
nicht Napoleon, nicht der Wiener Kongreß der point of no
return: es war die Märzrevolution 1848. Ihren Verlauf hat
man in Politik und Geschichtsschreibung des Kaiserreichs
wie eine Jugendsünde abgetan, verdrängt und aus der
Erinnerung getilgt. Daß man es gründlich anders angehen
müsse, um Erfolg zu haben, war die Lehre, die seitdem aus
solcher Vergangenheit zu ziehen war. Das erste substantielle
Werk über 1848/1849 (Veit Valentin, Geschichte der deutschen Revolution 1848 – 1849) erschien 1930, als der Weimarer Republik der Atem ausging. Das Scheitern der 48er Revolution hat man erst ein Jahrhundert später angefangen zu
beklagen: »Das Gift einer unausgetragenen, verschleppten
Krise kreist von 1850 an im Körper des deutschen Volkes«,
schrieb Rudolf Stadelmann 1948, als das Grundgesetz für die
Bundesrepublik Deutschland beraten wurde.

Aber was heißt Scheitern in der Geschichte? Wenn es Fol-
genlosigkeit bedeutet, dann ist 1848/1849 nicht gescheitert.
Und was heißt Erfolg in der Geschichte? Nach 1848/1849
jedenfalls war nichts mehr, wie es vordem gewesen: Ein

machtvoller Schlußstrich war gezogen unter alle mittelalterlichen Lebensformen. Der politische Massenmarkt der Zeitungen, Parlamente und Parteien war entstanden. Das allgemeine Wahlrecht war wie der Geist aus der Flasche entwichen, niemals wieder einzufangen. Verfassungen begrenzten die Macht des alten Herrschaftsdreiecks von Krone, Kirche und Kaserne. Der Staat war nicht mehr absolutistische Machtmaschine, sondern Organisationsform gesellschaftlicher Kräfte. Seit 1848/1849 war alle Restauration nur scheinbar, alle Reaktion auf Termin gestellt, das Ancien régime nur noch Fassade, die schon einmal zusammengebrochen war. Etwas Neues war im Werden, und wer Deutschland zusammenfügen würde, der würde es auch auf lange Zeit prägen und beherrschen.

Das Wellental der großen Politik

Was 1848/1849 in Mitteleuropa geschah, war nicht nur Auflehnung gegen die spätabsolutistische Staatenwelt Deutschlands. Es war auch Auflehnung gegen das europäische Gleichgewicht, das ohne die vielen schönen »Deutschländer« nicht sein konnte. Zwanzig Jahre später hat Bismarck einerseits in der Reichsgründung die nationalen Kräfte von 1848/1849 mit der preußischen Staatsräson zusammengehämmert, andererseits aber auch sehr genau verstanden, welche Grenzen Preußens deutscher Revolution von oben gesetzt werden. Er wußte, daß die europäischen Großmächte allenfalls die konservative Machtstaatsbildung in Deutschland hinnehmen konnten, eine demokratische aber nicht. Auch das zählte zu den Lehren der deutschen Revolution von 1848/49. Jene »German revolution«, welche Benjamin Disraeli 1871 im Unterhaus als Umsturz aller Diplomatie und aller geltenden Regeln beklagte, war als Umbruch des Staatensystems schwierig genug. Verbunden mit einer sozialen Revolution in Deutschland hätte sie wahrscheinlich noch mehr Mißtrauen erweckt als in ihrer konservativen, staatsbewahrenden Form. Die Reichsgründung war, wie die sozialistischen Großpropheten scharf und mit Sympathie erkannten, Zerstörung des Alten. Zugleich aber hat sie eine soziale Krise ersten

Ranges, wie zur selben Zeit Jacob Burckhardt schrieb, »abgeschnitten«. Erst ihr konservativer Charakter machte sie möglich in Deutschland und noch mehr in Europa.

Seit 1848/1849 waren die Bruchzonen, die Konflikte, die außenpolitischen Leitmotive vorgegeben, welche die Architektur der bürgerlichen Epoche bestimmen sollten. Niemand konnte das »tolle Jahr« ungeschehen, die Leidenschaften unerlitten machen. Aber am Ende saß, so schien es, die Gegenrevolution unangefochten im Sattel. Die deutschen Bundestagsgesandten kamen nach Frankfurt zurück, darunter für Preußen kein anderer als Otto von Bismarck. Ihm war der Auftrag des Monarchen mitgegeben, das Verhältnis Preußen-Österreich zu reparieren durch Nachgeben und Freundlichkeit. Mit den Revolutionären, sofern sie nicht nach Amerika hatten flüchten können, wurde unbarmherzig abgerechnet: Festung, Verfemung, Erschießung. War alles wieder wie zuvor? Heinrich Heine dichtete: »Germania, das große Kind, erfreut sich wieder seiner Tannenbäume.«

Das bittere Ende der politischen Revolution hatte indessen der industriellen Revolution günstige Voraussetzungen geschaffen. Man wußte, woran man war. Das gehortete Geld kam aus den Verstecken und verwandelte sich in Kapital. Aus Kalifornien strömten, was der deutschen Wirtschaft immer gefehlt hatte, Silber und Gold. 1854 wurde mit der Darmstädter Bank für Handel und Industrie durch das Kölner Bankhaus Sal. Oppenheim jr. & Cie. in Verbindung mit dem Crédit Mobilier aus Paris die erste deutsche Aktienbank gegründet. Investitionen flossen aus England, Belgien und Frankreich nach Deutschland. Neue technische Leistungen und Industriezweige entstanden. Die industrielle Revolution formte Deutschland an Geist und Körper um.

Parallel dazu öffnete sich jenes »Wellental der Großen Politik« (Ludwig Dehio), das für die nächsten zwanzig Jahre die Mitte Europas freistellen sollte vom alten Außendruck. 1848/49 waren die Westmächte und Rußland nicht auf der Seite der deutschen Revolution und des deutschen Nationalstaats gewesen. Aber der Kampf um das Erbe der Osmanen und die Macht im östlichen Mittelmeer führte 1854/56 die Mächte auf verschiedenen Seiten in den Krimkrieg. Preußen konnte für seine Neutralität etwas fordern. Warum nicht jene freie Hand

Der junge Bismarck, 1834 auf Gut Kniephof gezeichnet, scheint ein Jüngling der Biedermeierwelt zu sein, verträumt-romantisch, zwischen dem alten Goethe und dem jungen Heine. In Wahrheit aber sollte dieser märkische Junker nicht nur das Deutsche Reich heraufführen, sondern auch die alte Machtgeographie der europäischen Mitte tief verändern. Als er 1898 starb, hatte sich das Staatskunstwerk Preußen in die Kraftmaschine der deutschen Industriegesellschaft verwandelt. Kurz vor seinem Tode machte er eine Rundfahrt im Hamburger Hafen und sah die Werften, Kräne und Überseedampfer. Da sagte er zu seiner Begleitung: »Das alles ist nicht mehr meine Welt.«

in Deutschland, die kurz zuvor in der »Olmützer Punktation« Rußland und Österreich, gestützt auf ihre Armeen, dem Land des »deutschen Berufs« verweigert hatten? Rußlands Niederlage auf der Krim machte die Zaren nach außen bündnisbedürftig, nach innen reformwillig. Als beim polnischen Aufstand 1863 Bismarck signalisierte, man werde ohne Zögern flüchtende polnische Aufständische ihren russischen Verfolgern ausliefern – die danach abgeschlossene »Konvention Alvensleben« wurde allerdings durch Protest der Öffentlichkeit sistiert – da erkaufte er Preußens Konservativen jenes russische Wohlwollen, das 1848 Preußens Liberalen so merkbar gefehlt hatte.

Im italienischen Einigungskrieg 1859 stand Preußens Armee Gewehr bei Fuß – aber nicht, um den Wienern beizustehen. Die Niederlage der Österreicher im Kampf gegen Frankreich und Piemont-Sardinien lähmte seitdem die Donaumonarchie in der Wahrnehmung ihrer deutschen Interessen und kostete sie jenen Kredit auf den europäischen Finanzmärkten, der wenige Jahre später für die Mobilisierung der Truppen gegen Preußen fehlen sollte.

Und endlich zog der amerikanische Sezessionskrieg von 1861 bis 1865 alle europäische Aufmerksamkeit auf sich und verführte Napoleon III. zu jener Truppenlandung in Mexiko, die notleidend gewordene französische Finanzinteressen sichern und ein frankreichfreundliches Regime etablieren sollte. Nach wenigen Jahren endete alles mit der Tragödie des Erzherzogs Maximilian, der von Napoleons Gnaden Kaiser von Mexiko geworden war. Die Franzosen waren zum schmachvollen Rückzug gezwungen. Diese Truppen aber standen in Europa nicht zur Verfügung, als sie 1866 für eine machtgestützte französische Diplomatie gebraucht wurden gegen die Einigung Deutschlands durch Preußen.

Vor 1848 galten die alten Grenzen der Macht: Das europäische Gefüge und die innere Ordnung der Staaten stützten einander. Aber die Fäulnis der vorindustriellen Gesellschaft, das Wachstum der Bevölkerung und der industrielle Umbruch hoben das alte System langsam und unaufhaltsam aus den Fugen. Im Namen von Freiheit und Nation sollte 1848 die Macht nach innen und außen neu organisiert und zusammengesetzt werden. Was aber der politischen Revolution damals mißglückt war, hat danach die Industrialisierung auf ihre Weise noch einmal angefangen. Dazu kam, daß das europäische Mächtekonzert in Dissonanzen zerfiel. Jetzt konnte, wer wollte, die Deutsche Frage noch einmal stellen. Jetzt öffnete sich eine Passage, den deutschen Nationalstaat durch Preußen zustande zu bringen, die vordem geschlossen war.

Was wäre geschehen, so kann man fragen, wenn diese Krise des Wiener Systems sich 1848 oder kurz zuvor ereignet hätte? Undenkbar war es nicht, denn der Niedergang der Osmanen, der die Ursache bildete, war seit langem in Gang, und er sollte bis 1914 weitergehen. Ohne das Wiener System wären dem deutschen Nationalstaat von außen keine Grenzen gesetzt gewesen, und von innen wäre er ohne viel Rücksicht auf das übrige Europa ins Werk gesetzt worden. Es gibt zu denken, daß der liberale Historiker Dahlmann, ein besonnener Mann, in der Paulskirche 1848 schwärmte von dem kommenden »Reich zwischen den vier Meeren« – Nordsee und Ostsee, Adria und Schwarzes Meer. Im Vergleich mit jenem demokratischen Umsturz Europas, der 1848 nicht stattfand, war alles, was seit dem Krim-Krieg die Deutschen sich in Europa gestatteten, nur Kinderspiel.

Durch passives Zuwarten, das war die Lehre, konnte Preußen nur verlieren. Das preußische Ancien régime hatte 1848 nur um Haaresbreite überlebt, im Grunde nur als Benefiziär der österreichischen Gegenrevolution und damit, indirekt, der russischen Intervention in Ungarn. Preußens Revolution von unten war nicht besiegt, sie war nur auf halbem Wege blockiert. Wie aber weiter? Daß auf Dauer Preußen, wenn es nicht den vielberedeten »deutschen Beruf« übernahm, zum Denkmal seiner selbst werden mußte, gehörte zu den Erkenntnissen von 1848. Bismarck hat sie in den Jahren der Auseinandersetzung mit Österreich auf dem Frankfurter Bundestag gelernt, wenn auch contre coeur.

Würde Österreich und damit noch einmal das katholisch-vorindustrielle Deutschland Gußform der kommenden deutschen Neuordnung sein? Das konnte nur auf Kosten Preußens geschehen, seiner äußeren Machtstellung und seiner inneren Hierarchie. Oder würde Preußen, indem es auf industrielle und militärische Macht sich stützte, das allgemeine Wahlrecht adoptierte und traditionelle Sozialpolitik mit untraditioneller Unternehmerpolitik balancierte, die große Auseinandersetzung für sich entscheiden?

Zum ersten Mal seit Jahrhunderten waren die europäischen Mächte in den fünfziger Jahren des 19. Jahrhunderts an Deutschland kaum interessiert. Zum ersten Mal seit Jahrhunderten war aber auch das innerstaatliche Machtgefüge tief erschüttert. Das war die Stunde des weißen Revolutionärs. Bismarck hat diese Rolle begriffen und hat sie gespielt. Einen grand dessein im Sinne des Kardinals Richelieu hatte er wohl nicht. Aber wer Politik als Kunst des Möglichen beschreibt, der weiß auch, daß sie noch mehr Kunst des Notwendigen ist. Es war nicht nur Hohn auf die Parlamentarier, sondern die Einsicht des politischen Empirikers, die ihn 1869 im Reichstag des Norddeutschen Bundes sagen ließ:

> »Mein Einfluß auf die Ereignisse, die mich getragen haben, wird zwar wesentlich überschätzt, aber doch wird mir gewiß keiner zumuten, Geschichte zu machen; das, meine Herren, könnte ich selbst in Gemeinschaft mit Ihnen nicht. ... Die Geschichte können wir nicht machen, wir können nur abwarten, daß sie sich vollzieht.«

Preußen war in den fünfziger Jahren die einzige Macht in Deutschland, die noch handlungsfähig war. Nachdem Bismarck zum Frankfurter Bundestag geschickt worden war als preußischer Gesandter, um Gefolgschaft zu üben und das antirevolutionäre Bündnis mit Österreich zu pflegen, lernte er gerade dort, daß Preußen, wenn es nicht mit dem Nationalismus und den Liberalen ein Bündnis einging, verloren war. Aber war denn Preußen durch dieses Bündnis zu retten? Die Wahrheit lautete, daß *mit Österreich* eine längst verlorene Vergangenheit konserviert wurde, daß *mit den Liberalen* aber der Industrie- und Finanzwelt die Tür geöffnet wurde in eine unberechenbare Zukunft. Deshalb kam es darauf an, in diese neue Welt noch einmal zu den Bedingungen einzutreten, die Preußens Staatsräson und das Interesse seiner alten Oberschicht diktierten. So ungefähr setzten sich die Ideen zusammen, die Bismarck bestimmten, als er am Ende der Badesaison 1862 in Biarritz, wo er mit der schönen Fürstin Orloff flirtete, dringend zurückgerufen wurde nach Berlin, um als Kan-

didat der maison militaire und gegen die liberale Parlamentsmehrheit Ministerpräsident zu werden: »Periculum in mora.
Dépêchez-vous«.

Der preußische Heereskonflikt bot sich dafür an. Anlaß
war, daß 1859, als es um die italienische Einheit ging, die halb
für, halb gegen Österreich mobilisierte Armee keinen guten
Eindruck gemacht hatte. Auch wollte der Prinzregent und
spätere König Wilhelm I. als Antwort auf den revolutionären
Geist der Zeit die Dienstzeit verlängern und liberale Usancen
der Landwehr, vor allem die Offizierswahl, kassieren. Es
ging darum, die Armee als antirevolutionären Kern des Staates zu bewahren, Gesellschaftspolitik mit militärischen Mitteln.

Die Liberalen auf der Gegenseite waren alles andere als
Pazifisten. Notfalls wollten sie sich mit Österreich schlagen,
wenn das der Preis des deutschen Nationalstaats war. Das
aber gerade wollte der fromme Soldat, der König geworden
war, nicht. Und schon gar nicht wollte er 1864 mit dem König
von Dänemark eine Schießerei über etwas beginnen, was
nichts als die Herzensangelegenheit nationaler Studenten
und Professoren war. Aber sein Ministerpräsident war stärker. Denn der hatte besser verstanden, daß die liberalen Bürger, hatten sie erst einmal durch Preußens Waffen ihre Ziele
erreicht, zu Preußens Bedingungen das nationale Geschäft
würden unterschreiben müssen.

So waren die beiden Kriege von 1864 und 1866 weder
unausweichlich noch gab es den ernsthaften Versuch, sie zu
vermeiden. Im Gegenteil, es waren Kriege im Sinne der Lehre
des Generals von Clausewitz, »fortgesetzte Staatspolitik mit
anderen Mitteln«. Duellartig wurden sie vorbereitet, duellartig liefen sie ab. 1864 brachte ein kurzer Feldzug im Norden
gegen Dänemark, das Schleswig und Holstein dem dänischen
Gesamtstaat einverleiben wollte, Preußen nicht nur Anwartschaft auf die »ungedeelten« Provinzen nördlich der Elbe,
sondern auch die heimliche und offene Bewunderung des
nationalen Deutschland. Und 1866 war der Krieg diplomatisch und finanzpolitisch – durch anderweitige Beschäftigung
Frankreichs und Vorenthaltung größerer europäischer Kredite an Österreich – so gut vorbereitet, daß es nur einer mittleren Niederlage bedurfte, jener bei der böhmischen Elbfe-

stung Königgrätz, um alles zu entscheiden. Danach hat Bismarck eine doppeldeutige Politik durchgesetzt: gegenüber Österreich den Samthandschuh, um nicht auf alle Zeit das Verhältnis zu verderben und nicht Frankreich zur Unzeit einen Kriegsgrund zu liefern und einen Verbündeten dazu; gegenüber den norddeutschen Verbündeten der Österreicher aber die eiserne Faust: Frankfurt, Nassau, Hannover, Kurhessen verschwanden von der Landkarte, zur Freude der Liberalen und zur Bitternis der Loyalisten.

Gegenüber den Süddeutschen aber galten äußere Schonung und innere Fesselung durch die militärischen Schutz- und Trutzbündnisse, welche Preußen zum Herrn im deutschen Hause machten. Dazu wurde der Deutsche Zollverein tiefgreifend verändert und aus der alten Freihandelszone zu einem Integrationsbündnis mit parlamentarischer Mehrheitsentscheidung umgestaltet. Zwar sprach die von Bismarck redigierte Verfassung des Norddeutschen Bundes 1867 schonend nur vom »Bundespräsidium«, wo es später in der Reichsverfassung Kaiser heißen sollte. Auf dem Papier waren auch die süddeutschen Staaten völkerrechtlich noch Subjekte, ihr Bund, hätten sie ihn denn zuwege gebracht, europäischer Machtfaktor. Aber in Wahrheit war das Ergebnis des Krieges von 1866 in allem, außer im Namen und in der französischen Zustimmung, schon der deutsche Nationalstaat unter preußischer Kontrolle.

Für die Anhänger des Katholizismus, des Alten Reiches und Österreichs war dies eine Katastrophe. »Casca il mondo«, klagte der Kardinalstaatssekretär in Rom. Für das protestantische Deutschland, für die Parteigänger Preußens, für die Freihändler und für die Herren der Großindustrie und der Hochfinanz war es ein Sieg. Er wurde gesetzgeberisch besiegelt, als der Reichstag des Norddeutschen Bundes zusammen mit dem Zollparlament 1868 die Gewerbeordnung beschloß: keine Zünfte mehr, keine Marktbeschränkungen mehr, dafür freie Vertragsverhältnisse nach britisch-französischem Muster. Daß Preußen 1866 ganz Deutschland zur Kaserne gemacht habe, kann man schwerlich sagen, eher zur Fabrik. Die Befürworter des Parlamentarismus, der Bürgerfreiheit und der Marktwirtschaft jedenfalls sahen sich auf der Siegerstraße. Hatte nicht Bismarck getan, was sie erträumt hatten?

84

Es blieb da allerdings noch eine europäische Rechnung offen: die mit dem napoleonischen Frankreich. Die Neuordnung Mitteleuropas 1866 war kein Triumph französischer Außenpolitik, wenngleich Napoleon III. sich in der Vergangenheit immer wieder als Förderer der nationalen Bewegungen in Szene gesetzt hatte, zuletzt in Italien. Aber war sie deshalb schon eine Katastrophe? Mit dem Schrei »Revanche pour Sadowa« – der französische Name für die österreichische Niederlage 1866 an der Elbe – stürzten sich Frankreichs Öffentlichkeit und Parlament in eine selbstgestellte politische Falle. Der Kaiser, durch Skandale und Krankheit geschwächt und in Parlament und Öffentlichkeit angegriffen wegen seiner liberalen Handels- und Wirtschaftspolitik, hatte nicht die Weisheit, sich dem Sog des Krieges zu entziehen, wie er es doch noch lange hätte tun können. Denn einerseits war 1866 alles Entscheidende schon geschehen, andererseits aber hatte Berlin gerade mit Rücksicht auf Paris die äußeren Insignien der neuen Macht, Kaisertitel und Deutsches Reich, nicht wahrgenommen. Wer wollte außerdem sagen, daß nicht, kommt Zeit, kommt Rat, die Süddeutschen es sich noch einmal anders überlegen würden? Vieles sprach dafür, in Ruhe abzuwarten, wie die Dinge sich zwischen Preußen und dem Süden entwickeln würden. Zum besten standen sie nicht, als 1868 zum Zollparlament im Süden gewählt wurde und die Einheitsgegner mit der auf Preußen gemünzten Parole siegten: »Steuer zahlen, Soldat sein, Mund halten«. Kam es dagegen zum Nationalkrieg um die Einheit, dann würde Deutschland durch Blut verbunden.

Napoleon III. manövrierte sich unterdessen in eine Situation, wo – die spanische Thronkandidatur eines fernen Hohenzollern-Prinzen war nur Vorwand – Frankreich um nichts anderes in den Krieg stürzte, als die Geschehnisse von 1866 rückgängig zu machen. Es ging um Frankreichs Veto gegen die preußisch-deutsche Einheit: kein Kriegsgrund für Rußland und Großbritannien. Die Österreicher aber, mit sich selbst beschäftigt und mit den Aufräumungsarbeiten ihrer Niederlagen, verlegten sich aufs Abwarten, bis es zum Eingreifen zu spät war.

Der Krieg, auf Preußens Seite kaltblütig vorbereitet, diplomatisch und militärisch, auf der französischen hitzköpfig herbeigeredet, wurde nicht entschieden durch die blutigen Kavallerieschlachten in Lothringen, auch nicht durch die Sturmläufe von Wörth und Weißenburg im Elsaß. Bei Sedan gerieten der französische Kaiser und seine Hauptarmee in die strategische Umfassung. Damit waren Kaiser und Kaiserreich verloren für Frankreich und gewonnen für Preußen. Mit der Kapitulation von Sedan aber stand der Krieg nicht still, sondern er entgleiste. Die französische Republik, statt zu kapitulieren, kämpfte »à outrance« an der Loire und verteidigte Paris. Die Deutschen bestanden auf Annexion des Elsaß und Lothringens, Traumziele der süddeutschen Nationalisten von 1813, und insistierten auf gewaltiger Kriegsentschädigung.

Am Ende erhob sich – das war der dritte Krieg in einem – das Volk von Paris mit der »Commune« gegen beide, die bürgerliche Regierung von Versailles und die deutschen Belagerer. Das Endspiel lief ab als französischer Bürgerkrieg. Zwei Großmächte, das Frankreich der Dritten Republik und das Deutsche Reich, wurden im Krieg in Schmerzen geboren, und im Krieg und in noch größeren Schmerzen sollten sie untergehen.

Noch im Verlauf des Jahres 1871 aber lernte Bismarck, daß die von den Militärs und vom Volkszorn – bei auffallender Zurückhaltung der Wirtschaft – geforderte Eroberung der »Reichslande« dem Deutschen Reich zur schweren Hypothek werden mußte. Zum französischen Geschäftsträger bemerkte er: »Alsace-Lorraine, c'est la Pologne avec la France derrière.« An anderer Stelle, voller Resignation: »Frankreich ist hoffnungslos.« Im Triumph wurde Bismarck an die Grenzen der Macht erinnert wie die siegreichen römischen Feldherren: »Memento mori.« Seit 1870/71 mußte es daher für Bismarck Staatsraison sein, vom Deutschen Reich die Folgen seiner gewaltsamen Gründung abzuwehren. Am meisten geschah dies durch das von alter strategischer Angst und fast so alten konservativen Instinkten diktierte Bündnis mit Rußland, dem Bismarck wirtschaftspolitisch doch wenig Pflege angedeihen ließ. Aber es wurde auch abgestützt durch das dauernde Werben um England, dem Bismarck weder zu Lande in Afrika noch zu Wasser in der Nordsee noch irgendwo sonst zu nahe trat: anders als jene deutschen Staats-

Der preußisch-deutsche Sieg über Frankreich 1870/71 zeichnete die Mitte des Kontinents neu. Frankreichs Vormacht war zerstört, das »Dritte Deutschland« – die süddeutschen Staaten Bayern, Württemberg und Baden – gab es nicht mehr als eigenständige Macht. Preußen prägte seine Form und Norm den Deutschen auf, Österreich-Ungarn war an den Rand der deutschen Geschichte gedrängt. Berlin war ungewissen, aber gleichen Ranges neben Paris und London getreten. Das Friedenstor, als das das Brandenburger Tor Ende des 18. Jahrhunderts konzipiert worden war, wurde nach 1806 und 1814 zum dritten Mal 1871 zum Siegestor. »Welch eine Wendung durch Gottes Fügung«, telegraphierte Wilhelm I. nach Berlin.

männer, die an der Jahrhundertwende das Heft in die Hand
nehmen sollten. Die deutsche Flotte, so sah es Bismarck voller Respekt vor Englands Macht, hatte Küstenschutz und Sol-
datentransport und sonst nichts zu leisten. Der Chef der
Admiralität war unter dem späten Bismarck kein anderer als
der General der Infanterie von Caprivi, dem das weise Wort
zugeschrieben wurde: »Je weniger Afrika, desto besser.«

»Cauchemar des Coalitions«

Bismarck, der weiße Revolutionär, wurde seit der Reichs-
gründung ein später Schüler des verblichenen Fürsten Metternich. Nachtgesichte suchten ihn heim und kündeten von
Zerstörung und Zerfall: »Mein Schlaf ist keine Erholung. Ich
träume weiter, was ich wachend denke. Neulich sah ich die
Karte von Deutschland vor mir, darin tauchte ein fauler
Fleck nach dem anderen auf und blätterte sich ab.« Das war
1872, der Staatsminister von Lucius hat es überliefert. Ein
Jahrzehnt später, nach den Notizen der württembergischen
Freifrau von Spitzemberg: »Dies Volk kann nicht reiten! Die
was haben, arbeiten nicht. Nur die Hungrigen sind fleißig,
und die werden uns fressen. Ich sage dies ohne Bitterkeit und
ganz ruhig: Ich sehe sehr schwarz in Deutschlands Zukunft.«
   Gehörte Bismarck zu den Siegern der Reichsgründung?
Die Antwort lautet ja und nein zugleich. Er hatte sie gewollt
und durchgesetzt. Aber es kann ihm nicht entgangen sein,
daß dies für Preußen ein verlorener Sieg war und für
Deutschland ein ungeheuerliches Wagnis. Anders aber war
die Stimmung bei Bildung und Besitz:

> »Wodurch hat man die Gnade Gottes verdient, so große
> und mächtige Dinge erleben zu dürfen? Und wie wird man
> nachher leben? Was zwanzig Jahre der Inhalt alles Wün-
> schens und Strebens gewesen war, das ist nun in so unend-
> lich herrlicher Weise erfüllt.«

So jubelte Heinrich von Sybel, nationalliberaler Abgeordne-
ter des Reichstags und Historiker, der nachmals in sieben
Bänden es unternahm, die Gründung des Deutschen Reiches

Zuvor hatten große europäische Kongresse in Paris oder Wien statt-
gefunden; die Machtverschiebung auf dem Kontinent gab sich auch
darin zu erkennen, daß 1878 ein großer europäischer Kongreß nach
Berlin einberufen wurde. Drei Tage lang suchte Bismarck nach der
rettenden Formel vom »ehrlichen Makler« für den Berliner Kongreß
und mußte doch von seinem Bankier Bleichröder erfahren, es gebe
einen solchen nicht. Deutschland wurde zur Friedensmacht in der
Mitte Europas, als die britische Seemacht und die russische Land-
macht im östlichen Mittelmeer aufeinanderstießen. Die Friedensrolle
allerdings kam den Deutschen teuer zu stehen. Denn fortan beklagte
die Führungsschicht Rußlands, sie sei auf dem Balkan um das Hono-
rar der Reichsgründung betrogen worden, während im Westen der
deutsche Friedensdienst ohne Dank quittiert wurde. Deutschland
war seitdem fast unauflöslich an das Schicksal der k.u.k.-Monarchie
gebunden, und Bismarcks Wort war bald vergessen, daß der ganze
Balkan nicht die heilen Knochen eines pommerschen Musketiers wert
sei. Auf den Triumph des Berliner Kongresses – hier auf einem
Gemälde Anton von Werners – folgte der Zwang des deutsch-öster-
reichischen Zweibundes.

unter Wilhelm dem Großen – Bismarck redigierte noch in die Fahnen hinein – zu rühmen.

Einige der Risse von 1848 und 1866 wurden durch die Reichsgründung vertieft, andere überdeckt. Katholiken und Sozialisten und Altkonservative waren die Verlierer. Der Katholizismus legte Verwahrung ein gegen das norddeutsch-protestantische Kaisertum und fand seit 1870 in der Deutschen Zentrumspartei seinen politischen Aktionsausschuß. Die Sozialisten hatten Einheit und Fortschritt gewollt, aber nicht so, wie beides dann kam: ihr Volkstribun August Bebel feierte im Reichstag 1871 die Pariser Commune, den Wohlmeinenden im Lande die Ausgeburt der Hölle, als Vorhut des europäischen Proletariats. Beide, politischer Katholizismus und Sozialisten, wurden seitdem als »Reichsfeinde« vorgeführt und politisch als Unberührbare behandelt. Der »Kulturkampf«, der dann eröffnet wurde, ging vordergründig gegen den politischen Katholizismus. In Wahrheit diente er auch dazu, die altkonservativen und pietistischen Unheilspropheten aus den Parlamenten Preußens und des Reiches zu vertreiben, die die neue Kaiserherrlichkeit cäsaristisch und napoleonisch nannten und das böse Ende prophezeiten.

Das »Sozialistengesetz« von 1878 – als Begründung dienten zwei unbeholfene Attentate auf den Kaiser – verfolgte zum einen den Zweck, die sozialdemokratische Parteiorganisation im Lande zu zerstören, wenngleich unter Schonung der Parlamentsfraktion, zum anderen das Parlament zu spalten und die Linksliberalen zu Helfershelfern des Umsturzes abzustempeln, die Rechtsliberalen aber zu Komplizen des »Eisernen Kanzlers« zu machen. Die deutsche Innenpolitik war, soweit sie nicht die Währungs-, Wirschafts- und Rechtseinheit zusammenzimmerte, vorwiegend Kampfpolitik. Als zur Konjunkturkrise der Schwerindustrie Mitte der siebziger Jahre die Strukturkrise der Landwirtschaft hinzutrat, ging es um zwei miteinander eng verbundene Fragen: Kampf um die Macht zwischen der liberalen Parlamentsmehrheit und der Regierung Bismarck und Entscheidung für Schutzzoll oder Freihandel.

Der kurzen Champagnerstimmung der Reichsgründung folgte ein langer Aschermittwoch: keine gute alte Zeit, sondern wirtschaftliche Depression und scharfe Spaltungen,

Zukunftsangst übersetzt in den Kampf um Gesetzgebung und staatlichen Schutz. Die Zahl der Bevölkerung wuchs von 1871 bis 1913 von 41 auf 68 Millionen Menschen. Bis in die neunziger Jahre wurde dieses Wachstum noch begleitet von hoher Auswanderung, etwa 100.000 junge Menschen gingen jährlich nach Amerika. Die Landwirtschaft stagnierte unterdessen und wurde durch Hochschutzzölle gegen amerikanisches und russisches Getreide und argentinische Fleischimporte geschützt. Im Jahrzehnt 1885 bis 1895 überholte mit Investitionen, Beschäftigtenzahl und Produktionswert die Industrie die Landwirtschaft, aber am schnellsten wuchs bereits der »tertiäre Sektor« der Dienstleistungen aller Art. Das Geld wurde in der Industriegesellschaft verdient. Nach Sozialnormen, Ehrenkodex und Lebensformen indessen blieb die deutsche Gesellschaft in auffallender Weise militärischen Maßstäben verhaftet: eine Art kultureller Militarismus war, mehr noch als in Frankreich, aber weniger als in Rußland, vorherrschende Ausdrucksform der Eliten.

Als Bismarck stürzte, im März 1890, war er nur noch Monument einer vergangenen Zeit. Ein Jahr zuvor hatten Massenstreiks die Bergbaureviere erschüttert und die politischen Parteien das Fürchten gelehrt. Bismarck sprach offen von Staatsstreich, der Kaiser verhandelte unterdessen mit einer Arbeiterdelegation. Als die Reichstagswahlen des Februar 1890 Bismarck eine Mehrheit verweigerten, wollte er alle Figuren auf dem Schachbrett der Reichsverfassung umwerfen: Jetzt redete er nicht nur vom Staatsstreich, jetzt wollte er ihn tatsächlich inszenieren. Kaiser und Generalität indessen versagten ihm zum ersten Mal die Gefolgschaft, der Kaiser mit dem Argument, er wolle nicht seine ersten Regierungsjahre mit dem Blute seiner Untertanen färben. Einmal im Leben war Wilhelm II. weiser als Bismarck. Das Gleichgewicht der Kräfte in Berlin war verändert zugunsten des Reichstags und der Industrie, und beide forderten sozialen Konsensus. Bismarcks Sturz war die Folge.

Der Nachfolger, General v. Caprivi, war mit den Aufräumungsarbeiten der Ära Bismarck beschäftigt. Er predigte Versöhnung nach innen und nahm mehr Rücksicht auf den Reichstag des allgemeinen und gleichen Wahlrechts als auf den preußischen Landtag des Dreiklassenwahlrechts. Er leitete die zweite Stufe deutscher Sozialpolitik ein mit der Anerkennung der Gewerkschaften und der Einführung paritätisch besetzter Gewerbegerichte. Dieser neuen Innenpolitik entsprach eine neue Außenpolitik, vor allem eine aktive Außenwirtschaftspolitik. Caprivi tat, was er konnte, den deutschrussischen Handelskrieg zu überwinden, den Bismarck im Interesse des Großgrundbesitzes ohne Rücksicht auf die Gefahren der strategischen Lage hatte hochkommen lassen. Caprivi suchte auch mittels des Helgoland-Sansibar-Tausches den sichtbaren Ausgleich mit der Weltmacht Großbritannien.

Zwischen 1891 und 1894 war die französisch-russische Entente entstanden, weil Rußland im Ringen um das Erbe der Osmanen in Österreich den Feind sah, während Frankreichs Generalstab auf die blaue Linie der Vogesen blickte und alles tat, um nicht noch einmal, wie 1870, im Ernstfall allein zu stehen. Caprivis neue Handelspolitik sollte um Rußlands Machteliten werben. Sie sollte aber auch der deutschen Exportindustrie in den neuen Leitsektoren des Maschinenbaus, der Elektroindustrie, der optischen und chemischen Industrien die Weltmärkte öffnen. »Entweder wir exportieren Waren, oder wir exportieren Menschen«, so faßte der Reichskanzler vor dem Reichstag 1893 die Logik dieser Politik zusammen. Die deutsche Industriewirtschaft sollte am Aufschwung der industriellen Weltwirtschaft partizipieren. Der zum Kanzler gewordene General verstand auch, daß der Industriestaat in der Mitte Europas es sich nicht leisten konnte, seine Söhne, weil sie keine Arbeit fanden, zu verlieren oder, weil sie sozialdemokratisch wählten, sie sich zu entfremden.

Diese Politik setzte politisch auf die Mitte, wirtschaftlich auf die Industrie. Der »Mann ohne Ar und Halm« wurde damit zum Feind des preußischen Machtkartells. Daß er die sagenhafte Insel Sansibar gegen das englische Helgoland in der Elbmündung getauscht hatte – was der militärischen Logik entsprach –, machte ihn den Nationalisten verhaßt. Im Protest gegen den Inseltausch entstand der Alldeutsche Verband, aus Zorn gegen die Handelsöffnung und die Rücknahme der Agrarzölle der »Bund der Landwirte«, der bald 300.000 Mitglieder zählte. Als der Kaiser 1894, nervös geworden, dem Kanzler die Unterstützung entzog und im Reichstag keine Mehrheit ihn stützte, war es um Caprivi geschehen. Es blieben nur Fragmente der Reform.

Weltpolitik

Die Grenzen der Macht? Das Deutsche Reich stand am Höhepunkt seiner Stellung in Europa. Jetzt ging es um die Stellung in der Welt. Die Kolonialpolitik der achtziger Jahre war von Bismarck noch mit der linken Hand gemacht worden und stets mit Rücksicht auf die europäische Gesamtlage: »Hier ist Rußland, und da ist Frankreich, und wir sind in der Mitte. Das ist meine Karte von Afrika!« So wehrte er einmal die Träume der Kolonialschwärmer ab. 1889 hatte er gar die ganzen Kolonien einem Hamburger Kaufmannskonsortium verpachten wollen um eine symbolische Summe. Die Interessen des British Empire waren immer respektiert, die der Franzosen immer gefördert worden: Je mehr Afrika, desto weniger Revanche. Das Atlas-Gebirge sollte die Franzosen »la ligne bleue des Vosges« vergessen lassen. Niemals vergaß Bismarck, daß das Reich »erst unter dem bedrohenden Gewehranschlag des übrigen Europa ins Trockene gebracht« war, wie er im Alter sagte. Berlin berechenbar machen für das übrige Europa, Deutschland erträglich machen für das Gleichgewicht, in diesem Zweck verbanden sich Bismarcks friedliche Außenpolitik mit seiner friedlosen Innenpolitik.

Deutschland durch Bündnisse immer in die Hinterhand setzen, Krieg vermeiden oder jedenfalls ablenken von der Mitte Europas, das war Sinn der Bismarckschen Bündnispolitik. Sie war weniger ein System als eine Ansammlung von Aushilfen. Bismarck hat auf diese Weise viel erreicht, aber weder hat er Frankreich die Revanche vergessen lassen noch konnte er mit Rußland handelspolitisch ein gedeihliches Verhältnis schaffen oder gar den Streit um das Erbe Österreich-Ungarns und der Osmanen aus der Welt schaffen. Das Reich, wie Bismarck es wollte, konnte nicht dauern. Die Wende unter Caprivi kam zu spät und fand nicht genügend Rückhalt bei den großen gesellschaftlichen Kräften.

Haben aber die Eliten falsch gedacht, die Massen falsch

gewollt? Nicht falscher wohl, im großen und ganzen, in Berlin als in Paris, St. Petersburg oder London. Der Jingoismus der Londoner Music-Hall stand dem Chauvinismus französischer Gazetten in nichts nach, und in den Moskauer Salons regierten Panslawismus und die Lust am Untergang. Ein Imperialismus war des anderen wert. Während die Macht industriell und militärisch neue, gewaltige Form annahm und ihre Besitzer berauschte, fand zugleich ihre Entgrenzung statt: das galt für das innere Staatsleben der Nationen, wo um die Jahrhundertwende überall die rauchenden Industrieschlote die Kirchtürme und Gutshäuser der Vergangenheit verdeckten. Aber es galt auch in der Außenpolitik, wo das europäische Fünf-Mächte-System der Vergangenheit durch den Nationalismus von innen aus den Fugen gehoben, von außen aber, als Japan und die Vereinigten Staaten zu Weltmächten aufstiegen, annulliert wurde.

Wer durfte verzichten, wo es um Rohstoffe und Dampferlinien ging, um Märkte und Investitionen, um Arbeitsplätze und Rendite? Um »Weltmacht durch Seemacht«, wie US-Admiral James T. Mahan postulierte, und um den neuen »scramble for Africa«? Das Donnerwort im Reichstag 1897, auch den Deutschen gebühre ein »Platz an der Sonne«, das der Außenstaatssekretär und spätere Reichskanzler Bernhard von Bülow sprach, bezog sich nicht auf ein deutsches Indien, sondern auf einen unbekannten chinesischen Küstenplatz. Deutschland, das sich spät in den Kreis der europäischen Hauptmächte gedrängt hatte, war im Weltmächtesystem mehr oder weniger ein Habenichts und pochte darauf, Weltmacht zu sein. Das aber geschah durch nichts stärker und gefährlicher als durch den Flottenbau des Admirals Tirpitz. Konzeptionell vorgedacht seit 1892 in geheimen Denkschriften, die den imperialen Endkampf mit England voraussagten, wurde dieser Flottenbau in einem mechanischen, allenfalls durch Geldmangel gebremsten Bewilligungs- und Baurhythmus verwirklicht. Die weltpolitische Torheit lag darin, daß unter den europäischen Hauptmächten bisher allein England der neuen deutschen Machtstellung wohlwollend neutral gegenübergestanden hatte, jetzt aber durch die deutsche Außenpolitik unerbittlich auf die Gegenseite manövriert wurde.

*Das Reichstagsgebäude Wallots, in einem anspruchsvollen »Reichs-
stil« gebaut, der die Zeiten, die Landschaften und die Konfessionen
überwölben sollte, war im 20. Jahrhundert immer wieder Schauplatz von Wendepunkten der deutschen Geschichte. Hier wurde
1917 die Friedensresolution angenommen, hier wurde 1918 die
demokratische Republik ausgerufen. Hitler aber hat hier nicht ein
einziges Mal gesprochen, und als der Reichstag am 27. Februar
1933 brannte, wurde dies Vorwand für die Legalisierung der Diktatur. Stalin befahl seinen siegreichen Truppen, merkwürdiges
Mißverständnis, die rote Fahne nicht auf dem Stadtschloß, nicht auf
dem Brandenburger Tor, auch nicht auf der Reichskanzlei Hitlers,
sondern auf der seit zwölf Jahren leerstehenden Ruine des Reichstags aufzupflanzen. Die großen Freiheitskundgebungen Ernst Reu-
ters vor der Kulisse des Reichstags machten aus den westlichen
Besatzungsmächten zuerst Schutzmächte und später Verbündete. Seit
seiner modernistischen Restaurierung war der Reichstag ein
Gebäude auf der Suche nach einem Daseinszweck. Im Moment der
Wiedervereinigung in der Nacht vom 2. zum 3. Oktober 1990 wurde
er gefunden.*

Das Deutsche Reich gab damit jene Zurückhaltung auf, die unter Bismarck noch Leitlinie deutscher Politik gewesen war, und jene großräumige Zusammenarbeit, die Caprivi noch gepflegt hatte. Der Flottenbau und die wilden antibritischen Ressentiments, die der imperiale Krieg gegen die Burenrepublik im südlichen Afrika ins Kraut schießen ließ, fügten dem französisch-russischen Militärbündnis von 1894 die britisch-französische Entente Cordiale von 1904 hinzu, und bald auch das russisch-englische Bündnis von 1907. Die Einkreisung, von den Deutschen am meisten gefürchtet, war zuletzt Ergebnis deutscher Politik. Hinter den reizenden Matrosenanzügen der kleinen Mädchen und Jungen stieg eine tödliche Realität auf.

Mit dem Modus der Macht und der neuen Unordnung der großen Politik änderte sich auch das Seelenleben der Menschen und Völker, und es ist schwer zu sagen, was Ursache war, was Wirkung. Überall öffneten sich neue, lockende und gefährliche Horizonte, in der Meisterung der Technik wie in der Bloßlegung der Seelenwelten. Als der unsinkbare Luxusliner »Titanic« in einer bitterkalten Aprilnacht des Jahres 1913 im Nordmeer gegen einen Eisberg stieß und binnen Stunden doch sank, war dies für die Technik jenes Menetekel, das für die moralische Zivilisation des bürgerlichen Zeitalters die Schriften des Wiener Psychiaters Dr. Sigmund Freud waren: der Blick in den Abgrund, jenseits aller Sicherheit. Vielleicht waren die Schlüsselereignisse der Jahrhundertwende nicht Weltpolitik und Weltwirtschaft, nicht Burenkrieg, Schlachtflottenbau und Entente – vielleicht wurden die Schlagworte nicht formuliert in der Sprache der Staatsmänner, Strategen und Statistiker, sondern in den Idiomen der Künstler, Dichter, Wissenschaftler, des Theaters und der Architektur. Diese Entgrenzung, die der Politik die Maßstäbe nahm, kam aus den zerfallenden Fundamenten von Kultur und Gesellschaft: nirgendwo stärker war dies zu spüren als in Wien, der Hauptstadt des zerfallenden »Kakanien« (Musil). Was man décadence und fin de siècle nennt, Altwerden der bürgerlichen Kultur und Überdruß der jungen Leute an den Erfahrungen der Alten, das hatte neben dem Raffinement der Lebensformen noch eine abgründige Seite, die niemand stärker als Thomas Mann in den »Buddenbrooks« erfaßte: jenseits aller Kultur und Politikerfahrung jene Dissonanzen von Wahrheit und Konvention, von Zerstörungsdrang und Schöpferkraft, die schon vor dem Weltkrieg da waren, doch noch wenig bemerkt wurden, und nach dem Weltkrieg der Weimarer Republik ihre fiebrige Faszination vermittelten.

Kein Gedanke der zwanziger Jahre, der nicht in den Abschieden und Aufbrüchen vor 1914 seine geheime Entstehung hatte. Die Ahnung, der Weg des Fortschritts verlaufe am Abgrund, eröffnete den europäischen Industriegesellschaften den Blick auf Machtstaat und Bürgerkrieg, auf Imperialismus und Sozialkonsens, auf Massenangst, Identitätsverlust und Totalitarismus. In dieser unbewältigten Modernität hat Stefan Zweig, im jüdischen Wiener Bürgertum verwurzelt und von Sigmund Freud tief beeinflußt, die Signatur des Zeitalters gesehen.

»Herrlich war diese tonische Welle von Kraft, die von allen Küsten Europas gegen unsere Herzen schlug. Aber was uns beglückte, war, ohne daß wir es ahnten, zugleich Gefahr. Der Sturm von Stolz und Zuversicht, der damals Europa überbrauste, trug auch Wolken mit sich. Der Aufstieg war vielleicht zu rasch gekommen, die Staaten, die Städte zu hastig mächtig geworden, und immer verleitet das Gefühl von Kraft Menschen wie Staaten, sie zu gebrauchen oder zu mißbrauchen . . . Wenn man heute ruhig überlegend sich fragt, warum Europa 1914 in den Krieg ging, findet man keinen einzigen Grund vernünftiger Art und nicht einmal einen Anlaß. Es ging um keine Ideen, es ging kaum um die kleinen Grenzbezirke; ich weiß es nicht anders zu erklären als mit diesem Überschuß an Kraft, als tragische Folge jenes inneren Dynamismus, der sich in diesen 40 Jahren Frieden aufgehäuft hatte und sich gewaltsam entladen wollte« (Die Welt von Gestern).

Fortschrittsglaube und Absturzangst aber hatten dieselben Ursachen: Entgrenzung aller Tradition, der Kultur, des Staates und des europäischen Gleichgewichts. Nachträglich gesehen, hätte man gern das eine ohne das andere gehabt, den Fortschritt ohne Hybris, die Weltpolitik ohne Weltkrieg, die

Wissenschaft ohne den Sturz ins Bodenlose. Aber das sind Tröstungen, die die Philosophie nicht gestattet und die Geschichte nicht bereithält. Gefährlich und vielleicht mörderisch mußte der Machtinstinkt der europäischen Nationen werden, wenn Rußland in Revolution versank oder den langen Kampf um das Erbe der Osmanen entscheiden wollte, wenn Österreich-Ungarn gegen seinen eigenen Untergang ein Stahlbad suchte, wenn Frankreich seine Bündnisfähigkeit beweisen, Großbritannien der deutschen Vormachtstellung einen eisernen Riegel vorschieben und wenn das Deutsche Reich aus seinen Beängstigungen den Ausweg in die militärische Lösung suchen würde. Alles dies geschah seit der Jahrhundertwende, und aus der langen Friedensepoche wurde, merklich und unmerklich, Vorkriegszeit. Alle Grenzen, die seit dem Wiener Kongreß der europäische Konservatismus aufgerichtet hatte und die der europäische Liberalismus noch respektierte, waren an der Jahrhundertwende nur noch Linien im Chaos, die ebenso leicht wegzudenken waren. Der europäischen Zivilisation, die so viel erreicht und erobert hatte, blieb nur noch eines, das Werk ihrer eigenen Zerstörung. 1914 begann, mit George F. Kennan zu reden, »the great seminal catastrophe of our century«.

Linien ins Chaos

Die Epoche der Weltkriege von 1914 bis 1945 wird man heute mehr in ihrer Einheit sehen als in ihrer Verschiedenheit: der Dreißigjährige Krieg unseres Jahrhunderts, wie General de Gaulle 1944 in London sagte. Während die wie in Festtagsstimmung ausmarschierenden Truppen überall an kurzen Krieg und schnellen Sieg glaubten, sagte am letzten Tag des Friedens der britische Außenminister Sir Edward Grey voll hilfloser Vorahnung: »The lamps are going out all over Europe, and we shall not see them lit again in our lifetime.«

Als der große Krieg begann, endete das bürgerliche Jahrhundert, mit ihm die lange Fête des Fortschritts. Es begann ein ehernes Zeitalter der Krisen und Katastrophen, der Diktaturen und der Konzentrationslager. Der freie Welthandel, der Goldstandard, die weltverbindenden Telegraphenlinien, die Dampferverbindungen zwischen den Kontinenten, alles endete binnen Stunden, wie vom Tod angerührt. In diesen Stunden verloren die europäischen Nationen an Reichtum mehr, als sie auf dem Schlachtfeld je erringen konnten. Es bleibt letztlich ein Rätsel und ist doch keines, wie die Werke des Menschen, Machtstaat und Krieg, ihren Urheber zum bloßen Objekt machten.

Eigentlich hatte keiner den Krieg, so wie er kam, gewollt. Des deutschen Kaisers martialische Marginalie »Jetzt oder nie!« galt dem großserbischen Nationalismus und der Krise der österreichischen Verbündeten; sie war nicht Aufbruch zu jenem europäischen Großkrieg, den der mächtige Herr in den letzten Julitagen ohnmächtig zu hindern suchte. Der Zar unterschrieb die fatale Mobilmachungsordre für sein Reich, weil er sonst den Umsturz erwarten mußte: »Das Volk will es so.« Frankreich signalisierte Kriegsbereitschaft schon Mitte Juli 1914, weniger aus Revanchelust als vielmehr aus der Angst, sonst nicht mehr bündnisfähig zu sein und allein zu stehen gegenüber dem machtvollen und unberechenbaren Deutschen Reich. Die Wiener Regierung aber taumelte aus Schwäche in einen Krieg, der doch nur, wenn nicht ein Wunder kam, mit dem Zerfall des Donaureiches enden konnte. Und Englands Kabinett hatte längst die Kunst verlernt, den Kontinent zu balancieren, statt ihn stürzen zu lassen. Grenzen der Macht? Es gehört zur Tragik dieser Katastrophe, wie äußerste Macht und äußerste Ohnmacht einander bedingten.

Es müsse aber doch hinter einem so großen Desaster auch ein ebenso großer Plan gestanden haben: Wer so denkt, verkennt den Charakter des Ersten Weltkriegs. Er war nicht geplant, er war sogar schlecht vorbereitet. Daß er so lange durchgehalten werden konnte, beruhte auf den Ressourcen der Industrieländer, ihrer Anpassungs- und Mobilisierungsfähigkeit, ihrer lange geübten Sozialdisziplin. Dazu kam die unbegrenzte Bereitschaft, Leiden heute durch Hoffnung auf morgen auszuhalten. Die Kriegsziele kamen erst im Verlauf des Krieges, wie der Appetit beim Essen. Das Schlachten brauchte einen Sinn. Der Krieg wurde gefochten, um alle Kriege zu beenden.

Dazu kam, daß der Krieg in den Staaten höchste Ordnung schuf, wie er zwischen ihnen zu höchster Anarchie führte.

Die Grenzen der Macht, vormals durch innerstaatliches Recht und zwischenstaatliche Verträge und Systeme festgelegt, galten nicht mehr: jede Macht wollte sich unbegrenzt und total. Das begann mit der Inanspruchnahme der Körper für das Kriegshandwerk, der Geister für die Propaganda, der Besitzer für die Kriegsfinanzierung, der Arbeiter für die Rüstung. Es setzte sich fort mit der Staatslenkung jeder Investition, aller wirtschaftlichen Tätigkeit, jedes Rohstoffes, jedes Produkts. Zugleich ging es darum, den Krieg auszuweiten vom Land auf die See und bald auch in die Luft; von den ältesten Waffen, Messern und Säbeln, auf die neuesten, Gas, Flugzeug und Panzer. Und endlich ging es darum, so viele Länder als möglich auf der eigenen Seite in den Krieg zu ziehen. Das war nicht mehr die »fortgesetzte Staatspolitik mit andern Mitteln« des Generals von Clausewitz. Es war eben das, was dieser Philosoph und Stratege stets widerraten hatte, der »absolute Krieg«.

In Deutschland endete am ersten Kriegstag das konstitutionelle Kaiserreich, und es begann die wirtschaftliche und militärische Diktatur der Obersten Heeresleitung. Der Reichstag kam jahrelang nur noch zusammen, um Kriegskredite zu bewilligen. Als aber der Landkrieg in den schlammigen Gräben von der Nordseeküste bis zur Schweizer Grenze bewegungsunfähig geworden war, als auch der unbeschränkte U-Boot-Krieg die Wende verweigerte und Amerika einzugreifen sich anschickte, begann im Sommer 1917 die Mitte-Links-Mehrheit des Reichstags, zum ersten Mal an die Kreditbewilligung Bedingungen zu knüpfen: eine »Friedensresolution« wurde formuliert, die Annexionen und Kontributionen ausschloß – oder jedenfalls so klang. Der Kanzler Theobold von Bethmann Hollweg wurde gestürzt. Danach aber folgte ein langes politisches Patt zwischen Parlament und Militärdiktatur. Jeder Sieg auf dem Schlachtfeld stärkte die Militärs, und jede Niederlage machte die Aufgabe der Parlamentsmehrheit nur schwerer. Die Militärs kämpften nicht nur um den Sieg an der Front, es ging auch um die Erhaltung des preußischen Dreiklassenwahlrechts und der alten Sozialordnung. Der Sieg sollte nicht nur den äußeren Feind überwältigen, sondern auch den inneren.

Im Oktober 1917 brach die russische Front zusammen; im

November 1917 erschienen die ersten Amerikaner in den Schützengräben der Champagne. Lenin verkündete seine doppelte Botschaft vom Frieden ohne Annexionen und Kontributionen, Friede den Hütten und Krieg den Palästen. Er verkündete Weltfrieden durch Weltbürgerkrieg und Weltrevolution. Eine militärische Atempause brauchten die russischen Kommunisten nun allerdings, und dafür gaben sie den deutschen Militärs, die im Winter und Frühjahr 1918 in Brest-Litowsk hart verhandelten und ganz Osteuropa neu zusammenfügten als deutsche Einflußsphäre, was immer sie verlangten. Lenin beruhigte den zweifelnden und zögernden Armeechef Trotzki, es sei ja nur für kurze Zeit, und dann werde die deutsche Revolution Rußland alles Verlorene zurückgeben.

Unterdessen kam von Westen die Botschaft der »Vierzehn Punkte« des amerikanischen Präsidenten Woodrow Wilson, »to make the world safe for democracy«. Es war dies für die amerikanischen Wähler Rechtfertigung des Krieges, für die Westalliierten Begrenzung ihrer Kriegsziele – denn der deutsche Nationalstaat wurde gegen alle Teilungspläne in Paris und London von Washington garantiert –, gegen Lenin das Programm des Friedens der Demokratien, und gegen die Deutschen ein Kriegsmittel, das zusammen mit der neuen Tankwaffe im Sommer und Herbst 1918 die überdehnte und zermürbte Front zum Einsturz brachte. Die deutschen Militärs, in der Niederlage zuletzt noch einmal nüchterne Fachleute, erkannten im September 1918, daß ihr Spiel verloren war. Die Aufräumungsarbeiten und das Verhandeln überließen sie der parlamentarischen Not- und Mitte-Links-Mehrheitsregierung des Prinzen Max von Baden. Später sagte die »Dolchstoß«-Legende der deutschen Rechten, es sei die zersetzte Heimat dem kämpfenden Heer in den Rücken gefallen. Eher aber kann man sagen, daß die Flucht der Militärs aus der Verantwortung der jungen Weimarer Demokratie den Todeskeim einpflanzte. Die militärische Macht war in der Omnipotenz gescheitert, der Staat hatte die Gesellschaft überwältigt. Jetzt begann die Republik in Ohnmacht, die Sieger sorgten für ihre moralische Demütigung, die wirtschaftliche Dauermalaise leistete den Rest. Erstaunlich, daß die erste deutsche Republik den Schrecken ihrer Geburt noch vierzehn Jahre überdauerte.

Die Monarchie war seit dem 4. August 1914 nur noch Schein und Form gewesen. Man hätte sie in parlamentarischer Form bewahren können, wie der Sozialdemokrat Friedrich Ebert, der spätere Reichspräsident, es wohl vorgezogen hätte, zur Sicherung von Übergängen. Aber die Republik war ausgerufen, gleich zweimal, einmal sozialdemokratisch und einmal kommunistisch, und für ein paar Monate schien die Entscheidung allein dazwischen zu liegen. Die Sozialdemokraten verbündeten sich, um die Wirtschaft in Gang zu halten und das Militär von Verzweiflungstaten abzuhalten, mit den Liberalen und dem Zentrum und vor allem mit der alten Obersten Heeresleitung, die sich auf das Schloß zu Kassel-Wilhelmshöhe zurückgezogen hatte. Die Kommunisten mobilisierten ihre Anhänger. Bürgerkrieg war das unentrinnbare Ergebnis.

Belagerte Civitas

Die Macht lag buchstäblich auf den Straßen Berlins – aber nicht für lange Zeit. Anfang Januar 1919 wurde trotz allen Durcheinanders demokratisch gewählt. Die Wahlen brachten der Mitte-Links-Koalition Dreiviertel der Mandate zur Nationalversammlung, die Sozialdemokraten nahe der absoluten Mehrheit. Die Nationalversammlung wurde nach Weimar einberufen, nicht wegen Goethe und Schiller, die dort gelebt hatten, sondern wegen Putschen und Revolten, die anderswo drohten. Wichtigste Aufgabe war es, der Macht nach innen und außen wieder Form zu geben, Deutschland zur demokratisch-parlamentarischen Republik zu machen und das Reich in das internationale System zurückzuführen.

Die Verfassung, die nun entstand, ist beschrieben worden als Adler mit zwei Köpfen, einander die Augen aushackend. Gemeint war die Doppeldeutigkeit, aus der Legitimität kommen sollte: repräsentative Demokratie mit Parlament auf der einen Seite, direkte Demokratie mit Volksbegehren, Volksentscheid und Volkswahl des Reichspräsidenten auf der anderen Seite. Die Letztentscheidung blieb immer offen. Jenem Machtverfall, der unaufhaltsam zur Auflösung der Republik führte, wurde schon in Weimar 1919 auf perfekte Weise vorgearbeitet.

Dabei hatte in Weimar alles mit besten Absichten begonnen. Jeder wollte die beste Verfassung, aber nicht jeder dieselbe. Die Verfassung wurde Abbild der Kräfte, die sie bestimmten. Liberale und Zentrum erstrebten aus ihrer Tradition ein starkes Parlament, die Sozialisten aus der ihren das uneingeschränkte Verhältniswahlrecht und dazu, weil sie dem Parlamentarismus wenig trauten, Volksbegehren und Volksentscheid als Ausdruck authentischer Demokratie. Das doppelte Mißtrauen, der einen gegen das Parlament und der anderen gegen Volksfronten, fand Ausdruck im »Ersatzkaiser«, wie der sozialliberale Pfarrer und Politiker Friedrich Naumann die Figur an der Spitze nannte, welche Züge des amerikanischen »chief executive« mit denen des Bismarckschen Reichsoberhaupts verband.

So war der Reichspräsident als omnipotenter »Hüter der Verfassung« (Carl Schmitt) konzipiert. Was aber, wenn er selbst Partei war, wie es doch im Parteienstaat unausweichlich geschehen mußte, und zumal in der belagerten Civitas von Weimar? Der Reichspräsident konnte, zusammen mit dem Parlament, Regierungen machen, und er konnte sie auch stürzen. Er war Oberbefehlshaber der Armee und verfügte über den Ausnahmezustand des Artikel 48. Der Sozialdemokrat Ebert hat davon Gebrauch gemacht, nicht anders als der königliche Feldmarschall v. Hindenburg: Ebert zur Rettung der Republik, Hindenburg am Ende überwiegend, wenn auch nur halb willentlich, zu ihrer Zerstörung. Immer haben die Kräfte der direkten Demokratie das Parlament aus der Verantwortung gestoßen oder gelassen. Die politischen Parteien, unter denen außer den schwindsüchtigen Linksliberalen niemand die Republik so wollte, wie sie war, fanden für ihre Verantwortungsflucht und den Partisanenkrieg gegen die Regierung darin stets den Vorwand. Machtverfall, Machtauflösung, Machtvakuum – nach der großen These Karl Dietrich Brachers über das Ende der Weimarer Republik – fanden ihre Bedingungen nicht nur in der strukturellen Dauerkrise des Parlamentarismus, nicht nur in den Verteilungskämpfen der verarmten Gesellschaft, nicht nur in der Umsturzangst der alten Eliten: sie waren auch genuines Produkt der Weimarer Reichsverfassung.

Und doch haben die Verfassunggeber von 1919 ihr Bestes

getan, wie schon einmal 1848, durch den Katalog der Menschenrechte, durch Parlamentarismus und Sozialstaat, Rechtsstaat und Föderalismus Deutschland in die westliche Verfassungstradition einzufügen. Die Weimarer Verfassung sollte Ende jenes Sonderwegs sein, der niemals stärker gefeiert worden war als in den Jahren des Weltkrieges. Die Weimarer Verfassung war eine Huldigung der Deutschen an den Westen zum selben Zeitpunkt, als sich im Osten der Kommunismus zum Weltsystem formierte. Aber diese Liebeserklärung traf auf taube Ohren in Westeuropa und auf eine amerikanische Politik, die ihre europäische Ordnungsrolle mit dem Sieg erfüllt sah und sich, enttäuscht über die Pariser Friedenskonferenz und unwillig, über den Völkerbund zu Stabilität und Gleichgewicht Europas beizutragen, auf die Schiffe zurückzog.

So gab es 1919 keinen Wiener Frieden, sondern unter dem Namen der Vorortverträge von Versailles (mit Deutschland), Trianon (mit Ungarn) und Saint Germain (mit Österreich) nichts als einen europäischen Waffenstillstand. Franzosen und Briten hatten nicht vergessen, daß sie ohne Rußland und ohne die Vereinigten Staaten verloren gewesen wären: Wie sollten sie nach diesem ungewissen Siege abrüsten und mit Deutschland den Ausgleich finden? Wer sollte dann die Kriegskosten bezahlen? Und wer sollte, wenn nicht Deutschland, die Schulderklärung unterschreiben, die die Verantwortung für das Unglück Europas unzweideutig regelte und die Sieger freistellte von aller Schuld und Verantwortung? Es war mithin fast unausweichlich, daß die Nachkriegszeit bald Vorkriegszeit wurde. Kein Geringerer als der britische Ökonom John Maynard Keynes, Mitglied der britischen Delegation in Paris, sah im Frieden von 1919 die Saat des nächsten Krieges.

Was die deutsche Demokratie dem Westen bot, eine Gemeinschaft von Werten und Interessen, ist damals nicht verstanden worden. Und doch war es die einzige Garantie, die es für den Frieden gab. Statt dessen wurde Europa von seiner Vergangenheit eingeholt. Die Weimarer Staatsmänner, ob links oder rechts, suchten das Bündnis mit Sowjetrußland – ungeachtet des Bürgerkriegs, den die deutschen Kommunisten, von Moskau dazu angehalten, im Innern predigten und

Alle großen Friedensschlüsse der Vergangenheit – 1648 zu Münster und Osnabrück, 1713 zu Utrecht, 1814/15 zu Wien – bauten auf »oblivio perpetua et amnestia«, ewigem Vergeben und Vergessen aus christlichem Sündenbewußtsein und politischer Vernunft. Jedes Mal ging es um den Entwurf dauerhafter Ordnung Europas und darüber hinaus. Die Pariser Friedenskonferenz 1919, die den Ersten Weltkrieg in Westeuropa beschließen sollte, schuf nicht mehr als einen Waffenstillstand: die USA, die den Krieg entschieden hatten, wurden nicht Garantiemacht des Friedens. Auch konnte der Friede nur so lange dauern, wie Rußland und Deutschland, allein oder zusammen, unfähig waren zu seiner Revision. Diese Revision begann bereits mit dem deutsch-russischen Abkommen von Rapallo am 16. April 1922.

vorbereiteten und mitunter praktizierten. Das deutsch-sowjetische Abkommen von Rapallo 1922 war eigentlich kaum
mehr als der Verzicht beider Seiten auf Ansprüche aus dem
Krieg: Deutschland würde nicht mit dem Westen gegen die
Sowjetunion gehen, die Sowjetunion nicht gegen Deutschland. Das Abkommen von Rapallo war aber in seiner tieferen
Bedeutung gegen den Versailler Frieden gerichtet, gegen
Frankreichs »kleine Entente« mit Polen, der Tschechoslowakei und Jugoslawien. Es richtete sich gegen die Existenz der
polnischen Republik und gegen den Völkerbund. Und es
zeigte, daß auf die Pariser Bestimmungen von 1919 der europäische Frieden nicht zu gründen war.

Der Weimarer Republik waren die Grenzen der Macht eng
gezogen, nach innen durch den Verfassungsstaat, nach außen
durch den Siegfrieden des Westens. Aber so machtlos war die
Republik nicht, wie es den Deutschen damals schien: das Pro-
duktionspotential war durch die Anstrengung des Weltkriegs
hochmodern, und zum ersten Mal seit Bismarck Rußland
wieder mit Deutschland verbündet. Aber wie der sprichwört-
liche rote Faden durch die Taue der britischen Marine, zieht
sich durch die Weimarer Geschichte beides, Verfall der
Macht im Innern und Ausweitung der Macht nach außen.
Das begann 1922 in Rapallo und setzte sich 1923 nach Westen
fort durch Anlehnung an die Vereinigten Staaten von Amerika, die die Gläubiger der Gläubiger Deutschlands waren
und damit den Schlüssel in der Hand hielten, das ruinöse
internationale Schuldenkarussell ruhigzustellen. Im Dawes-
Plan 1924 nahm die amerikanische Stabilisierungspolitik für
Deutschland und Europa finanzpolitisch Gestalt an: Amerika
stützte die deutsche Währung, Finanzkredite flossen in das
verarmte Land, und die Reparationen wurden der deutschen
Leistungsfähigkeit angepaßt. Wichtiger noch war, daß Amerika in Deutschland den europäischen Partner suchte für eine
große Stabilisierungs- und Rekonstruktionspolitik, nicht
zuletzt gegen die bolschewistische Drohung aus dem Osten.

Dann folgten die deutschen Grenzgarantien nach Westen
im Vertrag von Locarno 1925, verbunden mit dem deutschen
Beitritt zum Völkerbund und Aufnahme in dessen Rat. Hat
Deutschland damals seine westliche Bestimmung gefunden?
Sie wurde sogleich wieder aufgehoben und aufgefangen

durch den Berliner Vertrag von 1926 mit der Sowjetunion, welche ältere Rechte auf deutsche Bündnistreue geltend machte. Die deutsche Außenpolitik weitete die Grenzen der Macht, aber sie tat es durch eine Schaukelpolitik nach Ost und West, die mehr Respekt erwarb als Vertrauen. Als 1929/30 Amerikas Banken panikartig ihre Kredite aus Deutschland zurückzogen, kurz gegeben und lang angelegt, und als 1931 die Amerikaner wie gebannt auf Japans Ausgreifen in China starrten, brachen die alten Bitternisse unter den Europäern wieder auf. Frankreich verhinderte die deutsch-österreichische Zollunion, England suchte in der Sterlingabwertung das Heil gegen den Hauptkonkurrenten Deutschland. Beide, Frankreich und Großbritannien, mauerten bei der Abrüstung. Europa wurde, noch bevor Hitler triumphierte, Opfer seiner Geschichte und der alten Dämonen. Das Chaos tat sich auf, und es ging tiefer als Depression und Schuldenlast.

»Es ist wohl ein Bewußtsein verbreitet; alles versagt; es gibt nichts, das nicht fragwürdig wäre; nichts Eigentliches bewährt sich; es ist ein endloser Wirbel, der im gegenseitigen Betrügen und Sichselbstbetrügen durch Ideologien seinen Bestand hat. Das Bewußtsein des Zeitalters löst sich von jedem Sein und beschäftigt sich mit sich selbst. Wer so denkt, fühlt sich zugleich selbst als Nichts. Sein Bewußtsein des Endes ist zugleich Nichtigkeitsbewußtsein seines eigenen Lebens. Das losgelöste Zeitbewußtsein hat sich überschlagen.«

Als der Philosoph Karl Jaspers 1930 in seinem Heidelberger Hörsaal diese Diagnose gab – 1931 publiziert als Band 1000 der Reihe Göschen: »Die geistige Situation der Zeit« –, da beschrieb er eine Lage, in der alles möglich war: Zerfall des Staates, Bürgerkrieg und Massenmord, Krieg und Vernichtung, Macht ohne Grenzen. Damals vollzog sich nicht allein die Auflösung der Weimarer Republik, sondern auch der Zerfall der bürgerlich-liberalen Werteordnung, aus der sie entstanden war und die die erste Republik noch mit älteren Epochen deutscher Geschichte verband: mit Rechtsstaat und Föderalismus, mit den alten Stadtrepubliken und dem Geist aufgeklärter Verwaltung, mit der moralischen Ökonomie der Zünfte und dem Sozialstaat des 19. Jahrhunderts.

Es bedurfte nicht ihrer Katastrophe, um zu beweisen, daß die deutsche Republik kaum Freunde hatte, bei den Eliten nicht und nicht bei den Massen, bei den Rechten nicht und nicht bei den Linken. Seit 1929 stand die belagerte Civitas von Weimar vor Zerfall und Kapitulation. Der wüste Tanz der Weltwirtschaftskrise zerrüttete nicht nur die europäischen Volkswirtschaften, sondern auch das System des Welthandels, das den Deutschen zuvor noch schwache Prosperität gesichert hatte. Mehr noch: Die weltweite Krise konzentrierte die Geister und die Kräfte auf die Innenpolitik. Die größeren Erfordernisse der internationalen Stabilität gingen verloren, zuerst in Fernost und dann in Europa.

Revolution wider alle Revolutionen

Hitler ante portas. »Einer aus Niemandsland« (Golo Mann), war er Virtuose der Macht, von scharfer und böser Intelligenz. Er war ihr Prophet und am Ende auch das schuldigste ihrer Opfer. Die »Dämonie der Macht«, wie der Historiker Gerhard Ritter das Phänomen Hitler resümierte, fand in ihm den Inbegriff. Die Revolution, um alle Revolutionen zu beenden, war ihm Ausgangspunkt und Endpunkt, von den Tiraden des Reichswehragitators 1919 bis zu den letzten Phantasien im Bunker 1945. Der Krieg, um alle Kriege zu beenden, war Telos der wüsten Heilsidee vom »Tausendjährigen Reich«, vom Millennium, dessen Ruhm noch in fernsten Zeiten seine Ruinen künden sollten. Und für den Fall, daß all dies im Blutsumpf versank, hatten für den »Führer« die Deutschen versagt, und sie verdienten nichts als die Katastrophe: grenzenlose Macht oder grenzenloser Untergang, ein Drittes gab es nicht.

Hitler hatte die Ohnmacht der untergehenden Republik, den Zustand der Desorganisation und des kalten Bürgerkriegs vorgefunden. Er organisierte sie nach innen in den Stufen der »Machtergreifung«. 1938 erreichte er den Punkt, wo er mit der Wehrmachtspitze auch das letzte Gegenpotential unter die eigene Gewalt gebracht hatte. Vom ersten Tage an war die Macht abgestützt auf Verführung und Gewalt und auf das kollektive Verbrechen, von dem jeder ahnte und von dem

Nie war die Zustimmung zu Hitlers Regime unter den Deutschen größer als nach dem Ende des Westfeldzuges. Frankreich hatte im Urteil der Fachleute als die stärkste Militärmacht Europas gegolten. Doch die Besiegung Frankreichs war nicht Endziel, sondern nur Etappe auf dem Weg zur Herrschaft über Europa. In Hitlers Planung spielte der Revanchekrieg gegen Frankreich keine entscheidende Rolle, war lediglich unumgänglicher Schritt zur Auseinandersetzung mit der östlichen Gegenmacht. Insofern waren der Sieg im Westfeldzug und Hitlers persönlicher Triumph unter dem Eiffelturm nur Station auf einem ganz anderen Weg.

keiner zu sprechen wagte: zuerst die Verfolgung und dann die Vernichtung der Juden. Hitler nutzte zugleich Auflösung und Zerstörung aller überlieferten Bindungen, die Macht zu festigen: die Geschichte, das alte Preußen und die Tradition. Aber auch Germanien und das Alte Reich mit seinen Ottos und Heinrichen, das alles war nichts als Gaukelei. In Wahrheit hat Hitler alles durcheinandergewirbelt und die Vergangenheit neu konstruiert, so wie er die Gegenwart durcheinanderschüttelte und neu konstruierte. Alle deutsche Geschichte, die vor ihm und die nach ihm, nahm Hitler in seinen Bann.

Die Parteien wurden zerstört und verfolgt wie die Gewerkschaften, die Verbände und das ganze Gefüge der Pluralität. Statt dessen hilflose Sozialatome, führungs- und betreuungsbedürftig geworden und solchermaßen eingefügt in die neuen Bindungen der Partei und des totalen Staates. Jeder Jugendverband zerschlagen, dafür HJ (Hitler-Jugend) und BDM (Bund Deutscher Mädel); den Bauern nützte ihre hoffende Verzweiflung nicht, ihre Verbände wurden aufgelöst und eingeschmolzen in den Reichsnährstand. Der Verfügbarkeit jedes einzelnen entsprach die Tötung jeder Individualität. Unverhohlene Drohung stand neben geschickter Täuschung, der 1. Mai, der Betriebsausflug, das Grün in der Kantine, das Eintopfessen und die KdF-Betreuung neben der Uniformierung und der Unterdrückung, dem Konzentrationslager und dem Blockwartsystem, der totalen Erfassung und dem Vierjahresplan.

Zeitlich versetzt aber verlief der Stufenplan der äußeren Machtorganisation. Am Anfang standen Friedensreden und versöhnliche Gesten, das Konkordat mit dem Vatikan 1933; ein Jahr danach der Nichtangriffspakt mit Polen. Krachend aber wurde unterdessen, schon Oktober 1933, die Tür zum Völkerbund und zur Genfer Abrüstungskonferenz zugeschlagen, um die Alliierten auf die Probe zu stellen – sie taten nichts. Es folgten Wiederherstellung der allgemeinen Wehrpflicht und Einmarsch, tastend erst und dann mit klingendem Spiel, ins demilitarisierte Rheinland, begleitet von dem triumphalen Flottenabkommen mit England 1935 und dem Scheitern der vom italienischen Duce Benito Mussolini vergeblich geförderten Stresa-Front gegen das »Dritte Reich«.

Jeder Schritt auf dem Weg war so abgemessen, daß er notfalls, wenn der Westen aufwachte oder gar mobil machte gegen das anfangs militärisch fast hilflose »Dritte Reich«, als Mißverständnis nachgeordneter Stellen und bedauerlicher Übereifer hätte klargestellt und desavouiert werden können. 1936 lud das Reich zur Olympiade nach Berlin und Garmisch-Partenkirchen als bedrohlich-triumphalem Völker- und Körperfest, nur ein Jahr nach den »Nürnberger Gesetzen«, welche die Juden proskribierten: so schnell vergißt die Welt. Dann der »Vierjahresplan« 1937, um Deutschland wirtschaftlich kriegsbereit zu machen, was doch nur dafür hinreichte, Blitzkriege zu führen, von denen der eine immer den nächsten ernähren sollte.

Die europäische Geschichte des 20. Jahrhunderts – hätte sie ohne Hitler denselben Verlauf genommen? So sehr man Giolitti, Clemenceau, Lloyd George oder Stresemann bewundern mag, Europa wäre wahrscheinlich auch ohne sie denselben Weg gegangen. Vielleicht gilt dies auch noch, auf je verschiedene Weise, für Churchill, Trotzki oder selbst für Stalin. Ohne Lenin und Hitler aber wäre vieles anders gekommen. Dem europäischen Kommunismus oder dem europäischen Faschismus waren diese Figuren nicht vorgegeben. Betrachtet man die Dinge unter der Frage Jacob Burckhardts, wer der Entwicklung einen Stoß gab und für alle Nachwelt niemals wegzudenken ist, so gehört der deutsche Diktator zu den folgenreichen Gestalten des Jahrhunderts. Was aber die Voraussetzungen anbelangt, so hat er sie nicht gemacht, sondern vorgefunden in der Auflösung der Weimarer Republik und der Brüchigkeit des internationalen Systems, von dem sie ein Teil war. Sein Ort in der europäischen Geschichte bemißt sich ebenso nach den geschichtlichen Voraussetzungen wie nach den politischen und moralischen Folgen. Und weil viele dieser Folgen noch nicht abgeschlossen sind, kann es heute so wenig wie gestern oder morgen ein letztes, abschließendes Wort geben. Kein Schlußstrich ist zu machen.

War aber Hitler, wie die NS-Propaganda es den Massen einhämmerte und die alliierte Kriegspropaganda es nachsprach, Ziel und Ende der deutschen Geschichte, ein Führer zum Heil oder zur Hölle? Oder waren Hitler und alles, was mit ihm an die Oberfläche gespült wurde, Fäulnisprodukte des 19. Jahrhunderts und des Ersten Weltkriegs? Warum aber in Deutschland mehr als anderswo? An ähnlichen Gestalten gab es keinen Mangel: aber in Deutschland gewann er die Macht uneingeschränkt und unter dem Jubel großer Massen. Vielleicht hätte er, als der Vollbeschäftigung die diplomatischen Triumphe folgten, sogar eine demokratische Volkswahl gewinnen können.

Man muß auf der Suche nach dem historischen Begreifen dieser Katastrophe absehen von allen Mythen der Nazis, aber auch von den spiegelbildlichen Gegenmythen. Eher muß man wohl fragen, ob nicht in gesellschaftlichen Krisenzuständen und massenpsychologischen Wahnideen schon früher eschatologische Hoffnung, totalitäre Herrschaft, Krieg und Massenvernichtung ihre politische Wechselwirkung entfalteten und ob nicht die Erinnerung die Menschen hätte warnen müssen. Der britische Historiker Norman Cohn hat – »The Pursuit of the Millennium« – auf die chiliastischen Bewegungen des ausgehenden Mittelalters verwiesen, von den Geißlerzügen bis zum Reich der Wiedertäufer zu Münster. Konservative sahen seit Edmund Burke in der Französischen Revolution Anfänge totalitärer Demokratie, des Klassenmords, der innerweltlichen Selbsterlösung des Menschen, die zur Selbstvergottung führt; noch der Sozialdemokrat Carlo Schmid hat vor einem »demokratischen Totalitarismus« gewarnt.

Oder entstand der Entwurf des »Dritten Reiches«, als an der Jahrhundertwende Parlamente, Vernunftglauben, Staatsvertrauen und Geschichtsgewißheit von den Fieberkrisen der bürgerlichen Welt geschüttelt wurden? Waren Wagner und Nietzsche unverstanden geblieben, die den Boden der Rationalität aufrissen und die Selbstgewißheit des bürgerlichen Jahrhunderts aus den Fugen hoben? In den politischen Verwahrungen, die von Sorel bis Peguy eingelegt wurden gegen den liberalen Zeitgeist, in den Elitetheorien von Pareto bis Michels, im revolutionären Syndikalismus und in den politischen und intellektuellen Sehnsüchten, die den neuen Staat, den neuen Menschen, die neue Geschichte entwarfen, kündigte sich die Umwertung aller Werte an: Symptome einer großen Krise, in die die Menschen sich blindlings hineinstürzten.

Monumentalität der Macht und Auslöschung des Individuums im totalitären System kamen auf den Nürnberger Reichsparteitagen am deutlichsten zum Ausdruck; in den Jahren unmittelbar vor dem Krieg trat aber das militärische Element immer deutlicher in den Vordergrund. Der Parteitag für das Jahr 1939 war als »Parteitag des Friedens« vorgesehen; wegen des heraufziehenden Krieges wurde er abgesagt. Die Kulisse des pathetischen Rituals gaben jene Monumentalbauten ab, die nach tausend Jahren, wie Hitler von Speer forderte, noch als Ruinen von der Größe des Reiches zeugen sollten.

Quer zu diesen langen Linien der Geschichte aber, die alles und nichts erklären, stehen die großen Brüche: der Erste Weltkrieg und die tiefe Spaltung der deutschen Gesellschaft, die er nach sich zog; die russische Revolution samt allen Ängsten und Hoffnungen, die sie erweckte; Kriegsende, unverstandene Niederlage und deutsche Revolution; die Depossedierung der Geldbesitzer in der Inflation, die Führungs- und Verantwortungsschwäche der Weimarer Parteien, die Stimmung der Gefahr und das Klima des latenten Bürgerkriegs, die strukturelle Dauerkrise des Parteienstaats. Schließlich aber kam 1929/30 die Weltwirtschaftskrise und demoralisierte die Arbeiterbewegung, trieb die Bauern in Auflehnung und die Mittelständler in Panik. Wann wäre je die Zeit so reif gewesen für einen höllischen Messias?

Als Person war Hitler insignifikant, in besseren Zeiten nichts als ein Lumpenproletarier oder bürgerliche Randexistenz. Seit dem großen Krieg von 1914 aber fand er zu seiner Wirkung – wie Hans-Bernd von Haeften 1944 vor dem Volksgerichtshof sagte: »eine Inkarnation des Bösen«. Wie aber konnte so viel Folge aus so wenig Ursache kommen? Kein Cromwell, kein Napoleon, kein Bismarck: Jeder solche Vergleich wäre maßstablos und würde den Genannten zu nahe treten. Der totalitäre Massenführer des 20. Jahrhunderts war aus minderem Holz geschnitzt. Und doch: An der welthistorischen Rolle ist nicht vorbeizukommen. Er war ein Täter von der ungeheuren Art, und ohne ihn wäre vieles anders abgelaufen. In der Epoche des Faschismus in Europa hätte es wahrscheinlich auch in Deutschland den autoritären Staat gegeben, Unterdrückung und militante Politik. Aber war der Massenmord an den Juden denkbar ohne Hitler? Der Zweite Weltkrieg? Die politische und moralische Selbstzerstörung Deutschlands und der Deutschen? Hitler zu subtrahieren von der deutschen Diktatur, ohne daß Ziel und Verlauf, Ende und Folgen sich anders zusammensetzen, ist noch keinem Historiker gelungen.

Bedingung seines Aufstiegs war, so hat schon Konrad Heiden in den zwanziger Jahren beobachtet und in den dreißiger Jahren geschrieben, daß jene Welt, die ihn zurückgestoßen hatte, auf das Niveau des Nachtasyls herunterkam. Die Wurzeln seiner Weltanschauung lagen im Außenseitertum zur

Welt vor 1914 in deren k.u.k.-Variante, der Haß auf die Juden eingeschlossen, im Gewalterlebnis des Krieges, im Trauma der Leninschen Revolution und in der Revolte gegen die zivilisatorische Modernität des 20. Jahrhunderts. Lange bevor Hitler den Zweiten Weltkrieg eröffnete, hatte er schon allem den Krieg erklärt, was das 20. Jahrhundert charakterisierte: der Demokratie, der Technik, den Gesellschaftswissenschaften und der Geschichte. Und doch hat er alle diese Elemente pervertiert und sich ihrer kalt bedient.

Homme revolté des zwanzigsten Jahrhunderts, baute er Haß auf wie ein magnetisches Feld. Der Wolfsinstinkt war ihm zu eigen für das, was nur noch gestoßen werden mußte, um zu fallen. Wolf wollte er genannt werden und nicht Adolf, sein Autowerk hieß Wolfsburg, Wolfsschanze sein Hauptquartier. So fremd er seiner Gefolgschaft blieb – kaum einem war es erlaubt, ihn zu duzen – so täuschend war er seinen Feinden. Die Konservativen hielten ihn für einen Trommler und wollten das Spiel mit ihm machen, bis er sie entmachtete. Die Kommunisten sahen in den Sozialfaschisten – gemeint war die SPD – den Feind, bis sie eines Besseren belehrt wurden. Die Sozialisten glaubten, wer Bismarck überdauert hatte, brauche Hitler nicht zu fürchten. Die Katholiken waren bewegt ob des Konkordats, die Protestanten ob des Schulgebets. Die Preußen lauschten ergriffen den Potsdamer Glockenklängen von Treu' und Redlichkeit. Zu Hitler falle ihnen nichts ein, spotteten die Intellektuellen der Republik, bis es ihnen verging. Später hat man gefragt, ob keiner denn sein Buch gelesen habe. Aber eigentlich: Warum sollte einer Haß- und Omnipotenzphantasien lesen, die nicht des Lesens wert waren – und dann blieb immer die Hoffnung, die Verantwortung werde ihn zivilisieren, nichts werde so heiß gegessen, wie gekocht. Hitler aber meinte, was er schrieb und redete. Am Ende der dreißiger Jahre konstatierte der britische Publizist Malcolm Muggeridge: »Vielleicht lag Hitlers entscheidender Vorteil in dem Unglauben, den seine Absichten fanden.« Bis heute gilt, daß die Geschichte Hitlers weitgehend die Geschichte seiner Unterschätzung ist.

Hitler war Virtuose der Macht. Kälteste Fremdheit und ekstatische Vereinigung wußte er zu verbinden. Diese Ambiguität war ihm Herrschaftsinstrument. Immer blieb er auf

Distanz: zur eigenen Partei, zur Tradition, zur Politik, zur Wehrmacht und allemal zu Kirchen und Industrie. Keiner von den Helfern und Verbündeten wußte heute, woran er morgen mit ihm war: nicht die alten Spießgesellen, nicht die schwarzen Paladine, nicht die Gesellschaftsdamen und nicht die Generale. Zwar hat er, anders als Stalin, auf Schauprozesse verzichtet. Aber die Drohung mit Tod, Qual und KZ war allgegenwärtig, nicht anders als die Verführung durch Gemeinschaft, Grausamkeit und Gier.

Hybris und Nemesis

Der Krieg war total, und so war die Katastrophe, die ihm folgte. Die Revolution wider alle Revolutionen endete als Bruch aller Tradition. Am ersten Tag des Polen-Krieges hat man noch Kavallerie-Säbel geschärft. Am Ende verglühten zwei japanische Industriestädte im nuklearen Feuer. Was als Stufenfolge von Blitzkriegen geplant war, endete in einem neuen Weltsystem, in dem Europa nur noch nach dem Maß seiner Bedeutung für das globale Gleichgewicht zählte. Deutschland, 1941/42 vom Nordkap bis zur Sahara triumphierend, war 1945 nur noch, wie Stalin in Potsdam sagte, »ein geographischer Begriff«. Die deutsche Widerstandsbewegung hatte zuletzt noch, mehr moralisch als politisch, die Identifizierung von Hitlerdiktatur und Deutschland aufbrechen wollen. Oberst Claus Graf Stauffenberg starb mit dem Ruf »Es lebe das Heilige Deutschland!« 1945 aber stürzte mit der deutschen Diktatur auch das Deutsche Reich, und mit der Zerstörung der europäischen Mitte war es auch auf lange Zeit um die Chance eines ungeteilten Europa geschehen. Denn wer Deutschland von Europa abzieht, wie zuerst Hitler und dann die Sieger, dem bleibt nicht mehr viel.

Hitler hatte die Macht aller Fesseln ledig gemacht. Es gab keine Grenze mehr, weder in Recht und Moral noch in Diplomatie und Strategie. Seine weltpolitische Bedeutung liegt darin, daß mit den Mitteln des modernen Industriestaates die abgründige Barbarei herrschte, die Macht in ihrer wildesten Form, auf Entscheidung und Extrem gestellt. Als er sich im Bunker erschoß, war er gescheitert: die großgermanische

Das viele Monate dauernde Ringen um das Industrie- und Ver-
kehrszentrum Stalingrad an der Wolga symbolisierte der Mit- und
Nachwelt die Kriegswende im Ringen Hitlers und Stalins. Die Krise
vor Moskau im Dezember 1941 war noch einmal überwunden wor-
den. Seit Stalingrad aber ging es nur noch um Rückzüge oder Flucht.
Der Griff des »Dritten Reiches« nach der Weltmacht war im russi-
schen Schnee und im afrikanischen Wüstensand endgültig geschei-
tert. Was zweieinhalb Jahre lang noch folgte – Millionen von Toten,
Massenmorde, verwüstete Städte, zerstörte Länder – war nur noch
gewaltsame Agonie. An der Wolga und am Nil hatte das Deutsche
Reich die Grenzen seiner Macht erreicht.

Weltreichsidee nichts mehr als ein wüster Traum; die Unterwerfung Rußlands fehlgeschlagen, die Sowjetunion auf dem Weg zu nuklearer Supermacht. Dem Judenmord folgte die Gründung des Staates Israel. Selbst der Plan, aus Deutschland verbrannte Erde zu machen, ist ihm mißglückt, im Westen wurde die Bundesrepublik ein Zentrum der Prosperität, im Osten die DDR vierzig Jahre lang Eckpfeiler des Sowjetimperiums.

Und doch bleibt viel an Folgen. Ohne Hitler hätte es nicht das Treffen der alliierten Panzerspitzen an der Elbe gegeben, nicht das Ringen um Deutschland zwischen Russen und Amerikanern im Kalten Krieg, nicht die gewaltsame Beschleunigung der Technik durch den Zweiten Weltkrieg bis hin zu Düsenjets, Nuklearwaffen und Raketen: sie wären erfunden worden, aber später. Es hätte auch nicht die Verzweiflung des Menschen vor sich selbst gegeben, der nach Auschwitz fragen muß, wo denn Gott war, und dem vor seinen eigenen Abgründen schaudert. Hitler hatte begriffen, daß die Chance seines weltpolitischen Umsturzes nur kurze Zeit bestand: danach wäre Rußland zu stark, Amerika zu dominant gewesen für den deutschen Auf- und Ausbruch aus der Mitte Europas. Und, was er nicht wissen konnte, die Entwicklung nuklearer Waffen hätte den Kontinent zu zerbrechlich gemacht für seinen Krieg. Seine Zeit war seine Epoche auch insofern, als vorher sein Aufstieg, später seine Wirkung schwerlich denkbar waren.

Zu dieser Wirkung aber ist auch zu zählen, daß die Deutschen seinen Schatten nicht loswerden: im »Antifaschismus« fand die DDR in ihrer Zeit eine Art Siegerrolle auf der Seite der Sowjetunion, und der westliche »Antitotalitarismus« entdeckte die alte Wahrheit der dreißiger Jahre wieder neu, daß Hitler und Stalin, der Machttraum der Bolschewiki und das Millennium der Nationalsozialisten aus ähnlichen Abgründen kamen, zu ähnlichen Katastrophen trieben. Aber im Gegensatz zu der DDR, die alle Last der Vergangenheit dem Westen zuschob, hat die Bundesrepublik Deutschland vieles getan, den Wiedergängern die Tür zu versperren, am wenigsten in der strafrechtlichen Abrechnung mit den Tätern und Mittätern und am meisten mit dem Grundgesetz, das eine große Summe der deutschen Geschichtserfahrung wurde.

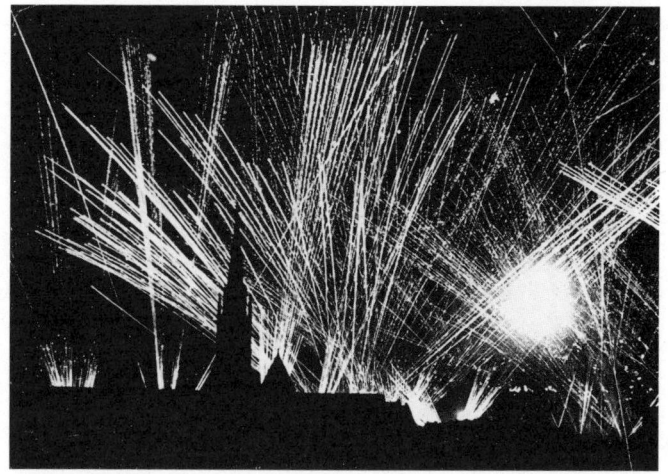

Tödliches Filigran der Flak irgendwo über Deutschland in einer
Nacht des Zweiten Weltkrieges. Der Krieg zu Lande und zu Wasser
war im Grunde noch immer der des Ersten Weltkrieges, erst in der
Luft erreichte er eine neue Qualität. Die Stuka-Angriffe der Luftwaffe in der ersten und die Bomberflotten der Alliierten in der zweiten Kriegshälfte bezogen zum ersten Mal das Hinterland des Geg-
ners in das Kriegsgeschehen ein, ohne aber das Industriepotential
tödlich zu treffen. Was mit den Bombardements Warschaus und Rot-
terdams begonnen hatte, endete mit der Katastrophe Dresdens und
Berlins. Die deutsche Raketenwaffe V1 und V2 blieb militärisch
sinnlos, da sie konventionelle Bomben ins Ziel trug. Erst nach dem
Ende des Krieges in Europa riß die nukleare Zerstörung der japanischen Industriestädte Hiroshima und Nagasaki eine neue Dimension
der Kriegführung auf. Als Raketentechnologie und nukleare Sprengköpfe Anfang der fünfziger Jahre zusammengefügt wurden, war ein
neuer Abschnitt der Kriegsgeschichte erreicht.

Innenpolitisch blieb lange Zeit und bleibt bis heute der Vorwurf, es heimlich mit den braunen Machthabern gehalten, diese Vergangenheit unzureichend bewältigt, der Bußfertigkeit nicht hinreichend Ausdruck gegeben zu haben, eine mächtige Waffe der Verdachtsschöpfung, bis hin zum sogenannten »Historikerstreit« des Jahres 1986, der mit Historie wenig, mit der Themensetzung der Bundesrepublik viel zu tun hatte. Im internationalen Aktionsfeld blieb die Bundesrepublik vierzig Jahre lang, vom Viermächtestatus Berlins bis zur Abwesenheit eines Friedensvertrages, den Folgen Hitlers ausgesetzt. Sie beschrieben die Grenzen ihrer Handlungsfähigkeit.

Hitlers Ort in der europäischen Geschichte wird mit zunehmendem Abstand unscharf werden. Denn alle Gegenwart wird unausweichlich Geschichte. »Was einst Jubel und Jammer wird, muß nun Erkenntnis werden« (Jacob Burckhardt). Aber es wird auf lange Zeit noch eine Geschichte sein, die nicht Schulweisheit ist, sondern den Gemütern der Menschen und der Gestalt Europas eingebrannt bleibt.

Hitler hat nicht nur das Deutsche Reich zerstört. Er hat auch die deutsche Zukunft auf lange Zeit und weit jenseits seines Selbstmords im Bunker noch unterworfen. Und selbst die Vergangenheit stand noch in seinem Bann: Denn es gab keinen Winkel, der nicht dem Verdacht ausgesetzt war, dem Übel Herberge gegeben zu haben. Der Historiker Ludwig Dehio fand im Angesicht der Katastrophe den Boden wanken, »erschüttert bis weit zurück in die Jahrhunderte von derselben Katastrophe, die uns gegenwärtig erschüttert ... Unsere Geschichte ist zweideutig, vieldeutig wie kaum eine – die Deutung aber, die uns anvertraut worden und uns nun vertraut geworden ist, ist in sich zusammengestürzt« (»Gleichgewicht oder Hegemonie«, 1948).

Schwankender Boden

Was aber blieb den Deutschen von dem Jahrhundert des Nationalstaats und dem ruhelosen Reich? Die deutsche Geschichte erschien zerrissen, ihre Gehäuse und Formen wirkten unordentlich, willkürlich und ohne tieferen Sinn. Die Summe dieser Abbrüche, Aufbrüche und Zusammenbrüche

– das alles hat dazu beigetragen, daß unter den Deutschen der Nachkriegszeit der Zweifel am Nationalstaat tiefer geht, die Bereitschaft zur übernationalen Integration stärker ist als bei den meisten ihrer Nachbarn. Darin sind aber auch ältere europäische Prägungen zu spüren – Erinnerung mag man sie kaum nennen –, vor allem aus dem Alten Reich. Die Epoche von Aufstieg und Fall fügte die Erfahrung hinzu, daß Größe und Gewicht, Lage und Geschichte Deutschlands in national-staatlicher Form die Deutschen überfordert und die Nachbarn auch. Bis heute wirkt die Überanstrengung des Natio-nalstaats vielfach nach, der zu groß war für das europäische Gleichgewicht und zu klein für die Hegemonie, der unter den Deutschen nur selten als abgeschlossen galt und bei den Nachbarn nur selten Vertrauen fand. Europäische Integra-tion und Atlantisches Bündnis boten und bieten neben allen wirtschaftlichen und strategischen Benefizien den Deutschen vor allem politische und moralische Rückversicherung. In der Innenpolitik Meister des spannungsreichen Konsensus, ist doch die Außenpolitik den Deutschen ein Metier geblie-ben, das eher unheimlich als fremd ist. Macht im internatio-nalen System erscheint, wenn nicht als das Übel schlechthin, so doch als sein bevorzugtes Werkzeug. Die Macht ist den Deutschen tief suspekt geblieben, deshalb der Zähmung bedürftig in Allianzen und Konferenzen. Jene immerwäh-rende deutsche Rede von Dialog und Zusammenarbeit mit jedermann, Gerechten und Ungerechten, welche in den Staatskanzleien älterer imperialer Mächte mitunter nachsich-tige Blicke auf sich zieht, ist nicht Ausdruck mangelnder Urteilsschärfe, sondern Ausdruck tiefen Zweifels an Wir-kung und Recht der Macht: älter als der deutsche National-staat, Erbe des Alten Reiches, aber durch zwei verlorene Weltkriege erneut eingebrannt in Lebens- und Verhaltensfor-men des Landes. »Von der Machtbesessenheit zur Machtver-gessenheit« nannte der Historiker Hans-Peter Schwarz einen Essay über die »gezähmten Deutschen«.

Aber die Geschichte des nationalstaatlichen Jahrhunderts hinterließ nicht nur Narben und Wunden. Sie hat auch den älteren deutschen Prägungen neue, bleibende hinzugefügt. Seit 1848 ist der Verfassungsstaat die Norm des Zusammenle-bens; politische Parteien füllen ihn aus. Die Industrie- und Handelskammern seit der nach-napoleonischen Epoche, die wirtschaftlichen Interessenverbände seit der Großen Depression nach der Reichsgründung, die großen Ligen und Massenverbände seit der Jahrhundertwende: Es gibt wenig organisierte Interessen im heutigen Deutschland, die nicht auf mehr als hundert Jahre Geschichte zurückschauen. Deutschland war früh das Land, wo die Verbände blühen.

Das allgemeine Wahlrecht datiert von 1848, und es diente, geliebt oder ungeliebt, dem Staat als einheitliche Legitimationsbasis – und selbst Preußens verhaßtes Dreiklassenwahlrecht, das erst 1918 fiel, war, wenngleich nach Steuerleistung abgestuft, noch immer ein allgemeines Wahlrecht. 1919 wählten, im Ersten Weltkrieg an das Fließband geholt, nun endlich auch die Frauen. Und selbst unter Hitler blieb das Ritual des allgemeinen Abstimmens erhalten, wenn auch Überraschungen nicht vorgesehen waren.

Die Verflechtung zwischen Staat und Wirtschaft hatte seit 1890 nicht mehr nur zwei Partner, sondern deren drei. Die Gewerkschaften traten hinzu, schwankend zwischen revolutionärem Donner und den Vorteilen industrieller Kooperation mit den Arbeitgebern. Die paritätisch besetzten Gewerbegerichte ergänzten noch vor der Jahrhundertwende die zwangsgenossenschaftliche Sozialversicherung. 1916 bot das »Vaterländische Hilfsdienstgesetz« den Gewerkschaften ein großes politisches Geschäft, von dem sie bis heute zehren: Betriebsräte und damit industrielle Mitbestimmung auf der einen Seite, patriotische Unterstützung der Unternehmer und vor allem des Staates in der Kriegsanstrengung und der Rüstungswirtschaft auf der anderen. Die »Zentrale Arbeitsgemeinschaft« zwischen dem Industrieführer Stinnes und dem Gewerkschaftsführer Legien hat 1918/19 die gesellschaftliche Grundlage geboten, auf der die Weimarer Reichsverfassung und die ganze Republik gezimmert werden konnten. Als zehn Jahre später die Verteilungskämpfe sich in der Großen Depression verschärften und Gewerkschaften und Unternehmer nicht mehr miteinander sprachen, war es um die Republik schon fast geschehen. Dem Sturz der Großen Koalition, die unter dem SPD-Kanzler Hermann Müller-Franken 1928/1930 noch einmal Gewerkschaften und Unternehmer zusammengeführt hatte bis ins Krisenfrühjahr 1930, folgten nur noch Präsidialkabinette. Ihnen folgte Hitler.

Nach 1945 war es Adenauer, beraten vom Kölner Privat-
bankier Dr. Robert Pferdmenges, der vom »Aalener Programm« der Union in der britisch besetzten Zone über die
Montanmitbestimmung, die dynamische Rentenversiche-
rung und die Lohnfortzahlung im Krankheitsfall dieses alte
Bündnis in neuen Formen fortführte. Es war dies die entscheidende wirtschaftliche Bedingung des Wiederaufstiegs
nach Währungsreform und Preisfreigabe 1948/49. Die Lehren der Brüning-Jahre 1930-32 waren darin aufgehoben. Der
Konsum wurde wichtiger als die Macht.

Zugleich hat die wirtschaftliche Dynamik des Landes tiefe
Wurzeln, die im Vergleich zu Ost und West auf unterschiedli-
che Weise zutage treten. Der Schwäche der Kapitalbildung
entsprach bis in die Bismarckzeit der starke Kapitalimport
nach Deutschland vor allem aus Großbritannien, Frankreich
und Belgien. Die Hoffnung der Weimarer Zeit beruhte darauf, daß dieser Kapitalimport noch einmal kam, diesmal aus
Amerika; als er stockte und in die andere Richtung ging, nach
dem Schwarzen Börsenfreitag des Oktobers 1929, war es um
Weimar geschehen. Nach dem Krieg noch einmal derselbe
Vorgang, auf paradoxe Weise gefördert durch Kriegszerstö-
rung und Demontagen. Da es wenig oder nichts mehr zu
reparieren gab, blieb nur radikaler technischer Neuanfang,
der bald zum Vorsprung auf den offenen internationalen
Märkten wurde. Die ständigen Impulse der Innovation aber
wurden noch beschleunigt durch ein Steuersystem, das auf
rasche Abschreibung und damit schnelle Erneuerung fette
Prämien setzte. Die aufeinanderfolgenden Brüche der deutschen Geschichte hatten zur Folge, daß Trennungen und
Abschiede schneller und kälter erfolgten als anderswo, routi-
nemäßig durch Sozialpolitik abgefangen, und daß ohne Sentimentalität auf die Dynamik des Wachstums gesetzt wurde.

Dazu kam das währungspolitische Trauma aus zwei Infla-
tionen, das nur durch Erneuerung von Vertrauen aufgefangen werden konnte, und die Unmöglichkeit für die Regierung, sich der Notenpresse zu bedienen. Sonst wären Lohn-
Preis-Spiralen, Kapitalflucht und Investitionsverweigerung
die Folge gewesen. Eine Währung ist nicht eine Anhäufung
von Geld, sondern ein Kosmos von Rechtsnormen, Vertrauen und gesellschaftlicher Stabilität. Dahinter stand,

gegen die ältere deutsche Tradition, die Schaffung einer den politischen Launen des Finanzministers und der Regierungskoalition entzogenen Zentralbank, die zwar föderalistisch aufgebaut ist, aber in der Geldpolitik das Gewissen des Landes und das Gegengewicht zur Regierung sein soll – nach allgemeinem Konsens. Grenzen der Macht wurden aufgerichtet, nach der Erfahrung der Machtkonzentration, durch ihre Balancierung.

Die meisten unter den europäischen Völkern haben die Grenzen der Macht erfahren: die Schweizer bei Marignano 1515, als Franz I. von Frankreich Mailand eroberte, das spanische Weltreich im Untergang der Armada 1588, die Osmanen 1683 vor Wien, die Schweden bei Poltawa 1709 im Nordischen Krieg gegen Peter den Großen, die Briten im langen Niedergang des Empire, die Franzosen in den Dschungeln Vietnams und in Algerien. Kein Volk Europas aber hat die Ohnmacht so traumatisch erfahren wie die Deutschen zur Zeit des Dreißigjährigen Krieges und der napoleonischen Epoche, und kein Volk Europas hat die Grenzen der Macht so vorgeschoben wie die Deutschen im 19. Jahrhundert. Nach außen war es damals den Deutschen erlaubt, in den Machtwährungen des Handels, der Industrie und der Banken ihre Macht auszudehnen. Zu Lande konnten sie Großmacht unter Großmächten sein, das lehrte die Bismarckzeit. Zu Wasser aber war äußerste Vorsicht geboten, denn dort wurde das europäische Gleichgewicht gewonnen, wie in der Vergangenheit, oder verloren, wie seit der Jahrhundertwende. Welches bizarre Mißverständnis, daß dieselben Menschen, die mit wachsendem Erfolg die Werkstatt der Welt betrieben, seit der Jahrhundertwende sich einredeten, nicht Händler zu sein, sondern Helden: heroische Illusion, die nirgendwohin führen konnte als in den Untergang.

Die Helden sind verdorben und gestorben, wie die Athener der sizilianischen Expedition in den Steinbrüchen von Syrakus. Stalingrad und Workuta sind schauerliche Worte für die Deutschen so wie, auf andere Weise, Sobibor und Auschwitz. Die Macht aufs äußerste gesteigert, über die Menschen hinwegschreitend, über die Geschichte wie über Moral und Vernunft, hat ihre Grenzen erfahren. Der Schauder vor dem eigenen Spiegelbild bleibt den Deutschen, aber nicht ihnen allein.

IV. Das Deutschland
der Weltmächte

*W.S.C.: »What will lie between the white
snows of Russia and the white cliffs of Dover?«
Perhaps, however, the Russians would not
want to sweep on to the Atlantic or something
might stop them as the accident of Genghis
Khan's death had stopped the horsed archers of
the Mongols, who retired and never came back.
Question: »You mean now they will come
back?«
W.S.C.: »Who can say? They may not want to.
But there is an unspoken fear in many people's
hearts.«
(Winston S. Churchill zu John Colville am 23.
Februar 1945.)*

Berlin im Sommer 1945: Der britische Journalist und
Geheimdienstoffizier Malcolm Muggeridge betrachtete, was
einst die Hauptstadt des Deutschen Reiches gewesen war:
»There remained the drama's centrepiece – blitzed Berlin.«

»Niemand, der dieses außerordentliche Schauspiel sah,
wird es je vergessen. Ein weit gedehntes Trümmerfeld,
darin hoch aufragend das Brandenburger Tor; eine
Wüstenlandschaft von äußerster Trostlosigkeit, wie die
Berge des Mondes, auf den ersten Blick vollkommen ent-
blößt von allem Leben – keine lebende Kreatur, groß oder
klein, kein Vogel, nicht einmal ein Insekt, kein Zweig oder
Blatt, nichts verband die Szene mit der conditio humana
oder der menschlichen Existenz. Nichts gab es als die gro-
tesken Skelette von dem, was einst Gebäude gewesen war
– vielleicht das Hotel Adlon, Unter den Linden, der
Reichstag, wer konnte das wissen? Über allem aber, lange
nach dem Ende der Kämpfe, ein Gestank von verwesten
Leichen, süßsauer; der Kadaver-Aspekt unserer Sterblich-
keit, und übelriechend . . . War alles dies, so fragte ich

mich, die Erfüllung unserer Kriegsziele? Was this the triumph of Good over Evil?«

Zur selben Zeit inspizierte der amerikanische Präsident Harry S. Truman auf der Avus, wie er im Tagebuch notierte, »Fünf Millionen Dollar in Form von Panzern und Kanonen«. Die Reste Berlins, die im südwestlichen Sektor die Amerikaner seit dem 4. Juli 1945 vereinbarungsgemäß von der Sowjetarmee übernommen hatten, gegen Preisgabe Thüringens und großer Teile Sachsens, erschienen ihm als Inbegriff von Hybris und Nemesis. Ein klassisch gebildeter Mann, dachte er an die Zerstörung Ninives und Karthagos. Wenige Stunden später begrüßte der amerikanische Präsident den sowjetischen Diktator in Potsdam. Der Moskauer US-Botschafter Averell Harriman beglückwünschte den Roten Zaren dazu, in Berlin als Sieger zu stehen. Dessen ominöse, von Harriman festgehaltene Antwort, wohl bedacht: »Zar Alexander kam bis Paris!«

Als die »Großen Drei«, neben Truman und Stalin der britische Kriegspremier Winston S. Churchill, nicht aber ein Vertreter Frankreichs, im unzerstörten »Cecilienhof«, vor dem Ersten Weltkrieg im weitläufigen englischen Landhausstil der Edwardians gebaut und 1916 fertiggestellt, zusammentrafen, da hatte am Vorabend ein Lichtblitz in der Wüste von Neu-Mexiko ein neues Zeitalter eröffnet: die nukleare Epoche. Stalin gratulierte wie beiläufig dem amerikanischen Präsidenten zu dem Ereignis, von dem er wissen mußte – Sowjetphysiker arbeiteten seit 1942 mit aller Kraft an der nuklearen Bombe –, daß es alle traditionelle Militärmacht revolutionieren würde. Vielleicht hat Stalin in Potsdam geahnt, daß die nukleare Waffe in den Händen der Amerikaner ihm den ungeteilten Triumph über Europa versagen würde.

Gezählt, gewogen, geteilt

In Potsdam trat man zusammen, um über das besiegte Deutschland abschließend zu entscheiden und das Endspiel in Fernost zu koordinieren: Die Amerikaner wollten die Sowjets zum Einsatz gegen Japan bewegen, weil ihnen ein

In einem feierlich-pathetischen Akt, der an antikes Zeremoniell erin-
nert, senkte die siegreiche Rote Armee die Fahnen und Standarten
von Wehrmacht und Waffen-SS bei der Moskauer Siegesparade in
den Staub. Die Szene wiederholt, bewußt oder unbewußt, jenen Akt
der Huldigung bei der Parade anläßlich Hitlers 50. Geburtstag am
20. April 1939 in Berlin, als eine breite Front von Fahnenträgern
auf die Tribüne des Gewaltherrschers zumarschierte, abrupt halt-
machte, die Fahnen senkte und damit jene Selbstentmachtung symbo-
lisch vollendete, welche die Wehrmacht seit 1933 in Stufen vollzogen
hatte.

Krieg auf dem chinesischen Festland langwierig, blutig und ungewiß erschien. Dafür waren sie bereit, den Sowjets einen Preis zu zahlen, in Fernost gewiß, in Europa vielleicht.

Aber Japan war weit weg. Im Zentrum Mitteleuropas ging es um die Zukunft dessen, was einmal das Deutsche Reich gewesen war. Es ging, mit anderen Worten, um die künftige Gestalt Europas und, in dessen Mitte, die künftige Gestalt Deutschlands. So wie die Erbfolge des spanischen Weltreichs den Hegemonialkampf zwischen England und Frankreich im 18. Jahrhundert nach sich zog und die Erbfolge der Osmanen im Ersten Weltkrieg mündete, so mußte, wenn nicht ein Wunder geschah, der Kampf um die Erbfolge Deutschlands die Siegerkoalition zerstören. Dieser Zerstörungsprozeß erhielt seit 1947 den Namen des »Kalten Krieges«.

Am Anfang der Potsdamer Konferenz stand die Frage, was eigentlich Verhandlungsgegenstand sei. Stalin, der alles getan hatte, Frankreich und de Gaulle – ungeachtet der jüngst in Moskau unterzeichneten »bonne et belle alliance« zwischen Paris und Moskau vom 10. Dezember 1944 – vom Verhandlungstisch fernzuhalten, und der auf dem Kontinent die ungeteilte und unbegrenzte Macht wollte, sagte über Deutschland, es sei, was es geworden sei, und »nichts als ein geographischer Begriff«. Churchill hatte sich schon in Jalta auf die Degradierung Frankreichs zum hilflosen Status Nachkriegs-Polens nicht eingelassen. Er wollte nach britischer Tradition ein Kernelement europäischen Gleichgewichts erhalten – wozu auch eine Europa-Karte gehörte, welche Deutschland in Nord-Süd-Richtung teilte mit Preußen und Hannover im Norden, Süddeutschland, Österreich und Ungarn im Süden. Das war das Europa des Prinzen Eugen und des Duke of Marlborough, des britischen Kriegspremiers berühmtester Vorfahre. Im musealen Teil des Schlosses Cecilienhof zu Potsdam kann man sehen, was von diesem Deutschland-Plan Churchills geblieben ist: eine sorgfältig gezeichnete Karte Mitteleuropas auf geduldigem Papier.

Truman wies die Deutschland-Definition Stalins zurück. Er wollte in der juristischen Tradition amerikanischer Außenpolitik exakt definiert wissen, was nun zur Disposition stand. Aber wo sollte ein »Normaljahr« liegen in den Katarakten des 20. Jahrhunderts? So kam die Formel von »Deutschland in den Grenzen vom 31.12.1937« zustande: nicht Bestandsgarantie des Deutschen Reiches, sondern Beschreibung der Konkursmasse, über die anschließend zu verfügen war. Ein »Ausgangspunkt« oder – im englischen Text – »starting point«, mehr nicht und weniger auch nicht. Erst 1990, am Ende von »Zwei plus Vier«, war der Endpunkt erreicht.

Die Politik Hitlers, vom Angriff auf Polen am 1.9.1939 und dem »Unternehmen Barbarossa« gegen die Sowjetunion am 22. Juni 1941 bis zur deutschen Kriegserklärung an die USA am 11. Dezember 1941, wenige Tage nach dem japanischen Überfall auf Amerikas stärkste pazifische Flottenbasis auf Pearl Harbour, hatte das seit 1917 Unmögliche zustande gebracht: die Sowjetunion und die Vereinigten Staaten von Amerika zu Verbündeten zu machen. Aber im Verlauf des Krieges schien es, als hätten die Amerikaner vergessen, wer der Architekt dieser Allianz war: im Londoner Zonenprotokoll vom 12. September 1944 setzten sie zwar ihren Anteil an der Besetzung Berlins durch, um sich gegen den alleinigen sowjetischen Zugriff auf die Zentrale des Deutschen Reiches zu sichern. Indem sie aber zugleich die künftige Zonengrenze an Elbe und Werra verlaufen ließen, schufen sie für Groß-Berlin eine Insellösung. War Ahnungslosigkeit im Spiel? Tatsächlich verriet das konfliktschwangere Arrangement nur, daß man in London 1944 an die Fortdauer des alliierten Kondominiums glaubte, daß man die Zonen- und Sektoreneinteilung nur für provisorisch hielt und daß man jedenfalls nicht vorbereitet war auf den Weltkonflikt um Deutschland. Indessen sicherte man sich eine Sperrminorität in Berlin. Auch hätte man gewarnt sein können im Westen. Denn die Rote Armee hatte im Spätsommer 1944 unmittelbar vor Warschau ihren Siegeslauf angehalten und kalt zugeschaut, wie Wehrmacht und SS den Aufstand der polnischen Heimat-Armee niedermachten, und Moskau hatte sogar den alliierten Hilfsflügen aus Süditalien Landerechte hinter der russischen Front verweigert. Danach war das Strafgericht über jene Polen gefolgt, die nicht von Stalins Art waren. In Jalta hatte sich dann im Februar 1945 Stalin über den national-polnischen Kampfgeist der in den alliierten Reihen in Frankreich und Italien kämpfenden Polen beschwert, und Churchill versprach, etwas beflissen, kriegsgerichtliche Ahndung.

Der Doppeldeutigkeit des Zonenprotokolls vom September 1944 wurden die Widersprüche des Potsdamer Abkommens hinzugefügt: Deutschland sollte zusammenbleiben, westlich der Oder und der Lausitzer Neiße, in Berlin sollten Zentralbehörden entstehen, das Land entnazifiziert, entmilitarisiert und demokratisiert werden. Jeder Sieger sollte für sich Reparationen aus seiner Zone holen; ein Ausgleich den Sowjets zuteil werden durch industrielle Lieferungen in West-Ost-Richtung, Nahrungsmittellieferungen in Ost-West-Richtung gehen. Aber was bedeuteten Entnazifizierung und Demokratisierung? Für die Amerikaner free enterprise, für die Sowjets das Gegenteil. Jeder wußte, daß in Osteuropa eine gesellschaftliche Revolution in Gang war mit Erschießungen, Verschleppungen, Vertreibungen und Enteignungen. Deutschland war längst in Begriffen des Rechts und des Eigentums in der Teilung begriffen. Die Amerikaner würden kaum Demontagen vornehmen; die Russen alles wegschleppen, was ihnen nützlich erschien, und Briten und Franzosen etwa die Mitte einhalten. Nahrungsmittel aus den deutschen Ostprovinzen? In Potsdam wußten die Alliierten, daß dort mit Feuer und Schwert die Deutschen vernichtet und vertrieben wurden. Das Zonenprotokoll vom 12. September 1944 enthielt den Keim eines Krieges um die deutsche Erbfolge in sich; die Potsdamer Beschlüsse das Potential eines Konflikts um die Macht über Europa und die Vorherrschaft in der Welt.

Grenzen der Macht? Es gab keine deutsche Macht mehr, und ob es Deutschland noch gab, war unter den Siegern umstritten. Und dennoch: 1946 sagte der französische Außenminister Georges Bidault, als die Kriegsallianz in Stücke fiel, Deutschland sei der Entscheidungspunkt, der die Welt entweder vereinigt oder entzweit.

Wie aber konnte Deutschland – nach dem Bibelwort gezählt, gewogen, geteilt – die Sieger gegeneinander führen? Am 8. Mai 1945 hatte die Wehrmacht kapituliert, unconditional surrender, einmal in Reims vor den Westalliierten, ein zweites Mal in Karlshorst vor den Sowjets. Als die Briten die letzte Reichsregierung unter dem Oberbefehlshaber der Kriegsmarine und von Hitler per Testament zum Nachfolger bestimmten Großadmiral Dönitz in der Marineschule Mürwik bei Flensburg am 23. Mai 1945 verhafteten, gab es nicht einmal mehr dem Namen nach eine deutsche Regierung, um einen Friedensvertrag zu unterschreiben. Es gab keine deutsche Souveränität mehr, außer in den Händen der Alliierten, kein Recht, keinen Staat. Deutschland war handlungsunfähig, die deutsche Nation proskribiert in der Charta der Vereinten Nationen als – zusammen mit Japan – »enemy nation«. Das Schicksal des Landes und seiner Menschen lag in den Händen der Sieger, und dort allein.

Aber die Sieger hatten von Anfang an verschiedene Kriege gekämpft, Stalin einen im Osten mit dem Ziel Atlantikküste; Briten und Amerikaner im Norden, Süden und zuletzt im Westen mit dem Ziel eines befreiten Europa. Das Mißtrauen war nur für kurze Zeit gewichen. Schon im Krieg ging es um die Positionen des Nachkriegs an den türkischen Meerengen, in Iran, in Griechenland, in Jugoslawien – und am meisten in der Mitte Europas.

Deutsche Erbfolge

Und deshalb stellte sich auch die Deutsche Frage damals, Deutschland nur noch Objekt der Sieger, auf neue Weise: Wem würde Deutschland gehören und wohin die Deutschen? Die Frage wog weit schwerer als die nach der Zukunft Polens – die der Westen beantwortete, als habe 1939 der Kriegsgrund nicht in der Freiheit der polnischen Republik gelegen – oder die Karte der Donauländer, die in Jalta zum Status sowjetischer Satelliten verdammt worden waren. Der Westen hatte zwar in Jalta im Februar 1945 durch die »Declaration on Liberated Europe« noch moralisch Verwahrung eingelegt mit schönen Sätzen über Demokratie und Freiheit – und hat es dann dabei bewenden lassen. Als der jugoslawische Partisanenführer Milovan Djilas in jenen Wochen Stalin in Moskau aufsuchte, erklärte dieser ihm die Natur dessen, was vorging: Dieser Krieg sei nicht wie andere zuvor; wer die Panzer schicke, der erlege dem Besiegten auch sein gesellschaftliches System auf. 1904 hatte der britische Geograph Mackinder einen weiten Blick in die Zukunft getan und die Zweiteilung der Welt vorausgesagt und hinzugefügt, in Europas Mitte werde sich entscheiden, wer die Erde erbt.

Was von Deutschland blieb, war die Deutsche Frage. Sie war, bedingt durch die Geographie Europas und das Gewicht Deutschlands, die große europäische Gestaltungsfrage. So wie 1945 das Ringen um Deutschland in den Brennpunkt der großen Auseinandersetzung zwischen Ost und West rückte, so hat 45 Jahre später, als die deutsche Einheit friedlich und demokratisch erreicht wurde, das europäische System andere Gestalt gewonnen. Der »Zwei-plus-Vier«-Prozeß des Jahres 1990, der den Kalten Krieg beendete, hat noch einmal die Welt daran erinnert, daß die Deutsche Frage nicht Eigentum der Deutschen ist und niemals war.

1945 aber war die Deutsche Frage Eigentum der Sieger, und ihr Eigentum allein. Die Deutschen, die den Schrecken überlebt hatten, waren froh, daß sie noch einmal davongekommen waren. Der Sieg versprach den Siegern die abschließende Antwort auf die Frage, wem Deutschland gehörte: den Siegern, ohne Zweifel, wenn sie einig blieben. Aber wie sollten sie einig sein? Die Macht über Deutschland mußte am Ende darüber entscheiden, wem der europäische Kontinent gehörte und welche Seite im Ringen um Weltmacht oder Gleichgewicht den Sieg davontragen würde. Deshalb wurde Deutschland der Streitpunkt, der die Sieger trennte.

Die Ideologien waren wichtig: noch einmal Lenins Vision vom Weltfrieden durch Weltrevolution; noch einmal Wilsons Vision des Weltfriedens der Demokratien. Wichtiger aber als die Ideologien war die Macht über die Deutsche Frage. 1945 stellte sich die alte Frage in der neuen Form, daß jeder der Sieger dem anderen das Deutschland seiner Wahl verweigerte. Stalin versagte dem Westen das ungeteilte Deutschland und das ungeteilte Europa, welches die »Declaration on Liberated Europe« von Jalta noch versprochen hatte. Truman gestand Stalin zwar noch vertragsgemäß Thüringen und Sachsen zu und zog amerikanische Truppen zurück, aber Teilung und Besetzung der Ruhr – die Sowjets boten die Dienste von 200 000 Rotarmisten am Rhein – und die Straße nach Paris blieben Stalin vorenthalten.

Die Deutschen aber, nicht mehr Subjekt ihrer Geschichte, waren nur noch Objekt. »Abschied von der bisherigen Geschichte« – überschrieb der Soziologe Alfred Weber sein

Panjewagen und Panzer, so marschierte die siegreiche Rote Armee in die Hauptstädte Mitteleuropas ein. »Asien beginnt an der Elbe«, schrieb Konrad Adenauer im Juni 1945. Zur selben Zeit beobachtete der amerikanische Außenminister Byrnes, wie Stalin und Molotow alles daransetzten, die Ruhr unter sowjetische Mitkontrolle zu bekommen. Die Bedrohungsgefühle des folgenden Jahrzehnts im Westen kamen aus den Szenen der Eroberung wie aus der Angst, der sowjetischen Expansion seien keine dauernden Grenzen gesetzt.

Buch von 1948. War das alte deutsche Sonderbewußtsein der Mitte ausgebrannt und mit ihm auch der alte Entwurf des deutschen Sonderwegs, irgendwo zwischen russischer Weite und westlicher Libertinage, zwischen der asiatischen Despotie und dem Naturrecht? Würden die Deutschen im Osten Identität, Geschichte und Zukunft suchen oder im Westen? Schwerlich war, als zwischen der Kapitulation der Wehrmacht 1945 und der Blockade Berlins 1948 das Nachkriegssystem entstand, ein eigenständiges deutsches Dasein als Machtstaat in der Mitte Europas noch denkbar. Was immer die Potsdamer Konferenz 1945 noch an Formelkompromissen zuwege brachte, wie immer deutsche Patrioten auf der Rechten oder der Linken in den ersten Nachkriegsjahren die Mitte als Brücke erstrebten, was immer die Ministerpräsidenten der deutschen Länder auf die Tagesordnung ihrer ersten und letzten Einigungskonferenz in München im Sommer 1947 setzten: Waren die Sieger einig, dann blieb Deutschland, geteilt oder ungeteilt, lange Zeit Objekt ihrer Herrschaft. Wenn sie sich aber entzweiten, wie sollte dann die Einheit halten? Wem würde dann Deutschland gehören? Die Deutschen der Nachkriegszeit waren außerstande, die Deutsche Frage zu stellen, geschweige sie zu beantworten. Die Antwort würde sich entscheiden zwischen Moskau und Washington, nicht aber in der Mitte Europas.

Je mehr seitdem der Kampf um Deutschland die Sieger des Weltkriegs entzweite und je schärfer das Ringen um China und seine Randgebiete, das östliche Mittelmeer und den Nahen Osten zwischen die Vereinigten Staaten und die Sowjetunion trat, desto deutlicher wurde, daß in Deutschland, dem besiegten, verstümmelten, in vier Besatzungszonen aufgeteilten und ruinierten Land, die Entscheidung über den Besitz Europas lag. Jeder der – zuerst drei, nach Potsdam dreieinhalb – Sieger erhoffte damals das Deutschland seiner Wahl: Stalins UdSSR ein sowjetisiertes Deutschland als Schlüssel zu Westeuropa; die USA ein durch Umerziehung, demokratische Institutionen und Prosperität stabilisiertes Deutschland als Mittelstück des freien Europa; die Briten wollten die Ruhr und Sicherheit an der Elbe, garantiert durch die USA; und die Vierte Republik Frankreichs wollte, napoleonischer Rheinbund-Traum, viele Deutschländer.

Die Frage, wer damals Deutschland teilte und warum die Deutschen sich dem nicht widersetzten, ist historisch falsch gestellt. Die deutsche Einheit, darauf läuft alles hinaus, hing 1945 allein noch von der Fortdauer des Kondominiums der Sieger ab. Der Viermächtestatus Groß-Berlins blieb bis 1990 dessen auffälligster Rest: Er überdauerte die Gründung der beiden deutschen Staaten, und in Berlin war es, wo bis 1990 die Rest-Souveränität des weiland Deutschen Reiches in den Händen der Sieger lag, die auch bis dahin für »Deutschland als Ganzes« Verantwortung trugen, für ein Land mithin, das im übrigen längst von den Landkarten verschwunden war. Das Kondominium der Sieger über Deutschland ging 1948 in die Brüche. Seitdem war die deutsche Einheit allein noch um den Preis des Krieges zu sichern. Wer aber wollte ihn um der Deutschen willen führen? Nicht einmal die deutsche Einheit und damit Deutschland als Ganzes schien diesen Preis wert, und man muß hinzufügen, daß die Deutschen jener Jahre dankbar waren, daß dem Zweiten Weltkrieg nicht der – noch lange gefürchtete – dritte folgte. So rückte, als die Einheit der Sieger zerbrach, die Frage nach der deutschen Zukunft Deutschland in den Mittelpunkt des Kalten Krieges.

Denn wer unter den Supermächten im ideologischen Welt-konflikt die Antwort auf die Deutsche Frage formulieren konnte, der würde den Schlüssel Europas besitzen. Niemals in ihrer langen Geschichte waren die Deutschen weniger Herr ihres Schicksals als in jener kurzen historischen Phase, als aus Verbündeten Feinde wurden: das waren die tausend Tage von der Kapitulation der Wehrmacht bis zur Berliner Blockade. Trotzdem aber mußte sich Europas Schicksal in Deutschland entscheiden: vierzig Jahre lang in der Spaltung und dann, seit 1989, durch die Wiedervereinigung.

Wenige Tage nach der bedingungslosen Kapitulation der Wehrmacht sprach Winston S. Churchill, Kriegspremier Englands, schon vom »iron curtain«, den die Sowjets vor ihrer Besatzungszone niedergelassen hatten und der alles, was jenseits davon vorging, den Blicken und dem Einfluß des Westens entzog (12. Mai 1945). Konrad Adenauer schrieb, noch bevor die Potsdamer Konferenz begonnen hatte, daß er angesichts der in Gang kommenden Teilung der Welt nicht an die Funktionsfähigkeit der gemeinsamen alliierten Verwaltungsbehörden für Deutschland glaube. Ihm entging es nicht, daß die Uneinigkeit der Sieger den Deutschen die Chance zuschob, vom Objekt noch einmal zum Subjekt der Politik aufzusteigen. Im weltpolitischen Gewicht der Deutschen Frage und der strategischen Bedeutung Mitteleuropas für die Sicherheit des Westens erkannte der frühere Oberbürgermeister die Bedingung jedes deutschen Wiederaufstiegs. Die Teilung hielt er für unaufhebbar auf lange Zeit: »Asien steht an der Elbe.« Er wollte daher, wie er schrieb, »dieses Restdeutschland« zusammenhalten und rechnete dabei nicht auf westliche Sympathien, sondern auf den Zwang der strategischen Schlüsselrolle, die das westdeutsche Potential für Westeuropa und selbst für die USA noch besaß. Denn das Gleichgewicht Europas, ja seine weitere Existenz ließen sich nur sichern mit den Westdeutschen, nicht gegen sie. Im Sommer 1945 war dies die kühne Einsicht eines einsamen alten Mannes, 1948 strategische Grundidee des wichtigsten CDU-Führers der Westzonen, seit dem Korea-Schock die politische Konzeption des ersten deutschen Bundeskanzlers und, noch wichtiger, des amerikanischen Präsidenten.

Adenauer hat, indem er von Anfang an die Antwort auf die Deutsche Frage in den westeuropäischen Einigungsprozeß verlegte, die Zugehörigkeit der Deutschen zum Westen als Bedingung künftiger Wiedervereinigung erkannt und daraus konsequent und ohne nationale Sentimentalität die Folgerungen gezogen. Trauer um das Reich war ihm, anders als national-neutralistische Kritiker danach und immer wieder anmerkten, nicht fremd. Aber das Überleben der deutschen Nation setzte die Existenz eines westdeutschen Staates voraus, der sich unentbehrlich machen mußte für den Westen, für den aber auch der Westen unentbehrlich war. Die Rekonstruktion der deutschen Rolle in der Welt war unmöglich, solange das Kondominium der Sieger bestand. Von der Fortdauer dieses Kondominiums aber hing der Rest an Einheit des besiegten Landes ab. So entstand ein Zwiespalt tragischen Charakters, unauflöslich für die Besiegten, unüberbrückbar für die Sieger. Je eher das Kondominium zwischen Ost und West zerfiel, desto besser für die Deutschen auf der westlichen Seite der Katastrophe, desto bitterer aber für die Ostdeutschen und desto fataler für die Einheit.

Doppelte Eindämmung

Deutschlands Schicksal entschied sich damals nicht am Rhein, nicht an der Seine, nicht an der Themse, sondern an der Moskwa und am Potomac. Im Juli 1947 hatte der Planungschef des State Department, George F. Kennan, unter dem Pseudonym »X« in der Zeitschrift Foreign Affairs eine Studie unter dem Titel »The Sources of Soviet Conduct« (Die Antriebskräfte sowjetischer Politik) veröffentlicht. Eindämmung der sowjetischen Expansion wurde die Formel, die seitdem zum Leitmotiv amerikanischer Weltpolitik aufstieg. Kennan beschrieb Eindämmung als »a long-term, patient but firm and vigilant containment of Russian expansive tendencies« (langfristige, geduldige, aber entschiedene und wachsame Eindämmung des russischen Ausdehnungsdranges). Kennan selbst wollte Amerika aus den europäischen Konflikten heraushalten. Er war kein Ingenieur der Diplomatie, sondern ein Gärtner, und er war sich gewiß, daß nach dem »mellowing of Soviet power« die Sowjetunion eines Tages verhandeln und ihre Truppen zurückziehen werde. Aber das konnte lange dauern. Bis dahin bedurfte es der Eindämmung, und sie war, so Kennan, nicht anders zu bewirken als durch den Einsatz der USA und jene »moralische und politische Führung, welche die Geschichte ihnen offenkundig zugedacht hat«.

Das ältere europäische Mächtesystem war 1945 nicht zu rekonstruieren: Kein Wiener Kongreß war vorgesehen, kein Gleichgewichtssystem, keine Ruhelage Europas, kein Metternich war da, kein Castlereagh auf der Siegerseite, kein Talleyrand auf der Verliererseite. Niemand konnte die Uhren zurückstellen und die Weltkriege ungeschehen machen, und niemand konnte die Sowjetmacht ignorieren. Als Stalin die Berliner Westsektoren im Frühjahr und Sommer 1948 zu blockieren begann, nutzte er eine Situation, in der die Vereinigten Staaten in Europa fast ohne Panzertruppen und Luftwaffe standen. Noch mehr zeigte der Korea-Krieg 1950, daß Westeuropa moralisch und materiell nicht stark genug war, die Eindämmung selbst zu leisten, selbst nicht unter Aufbietung deutscher Truppenverbände, die seit 1949/50 aus dem Bereich des Undenkbaren in den des Wünschbaren traten, für die Administration in Washington Teil einer realistischen Abschreckungsstrategie in Europa, für den ersten Bundeskanzler Konrad Adenauer Element der Rückversicherung und Tauschobjekt für Souveränität und Eintrittskarte in den Club des Westens. Diese amerikanische Eindämmungsstrategie hatte begonnen mit der Zusicherung von Außenminister Byrnes im September 1946, amerikanische Truppenverbände würden in Europa bleiben, solange sie gebraucht würden und solange in Osteuropa sowjetische Truppen stünden. Sie setzte sich fort mit dem Marshall-Plan, der 1947 angekündigt wurde und seit 1948 als »European Recovery Program« wirksam wurde; mit der deutschen Währungsreform des 20. Juni 1948, die von den Amerikanern organisiert und garantiert wurde, der alliierten Berliner Luftbrücke 1948/49 und schließlich, während des Korea-Krieges, mit der Doktrin massiver Truppenpräsenz in Europa, abgedeckt durch die atomare Übermacht der USA.

In alledem hatte die Berlin-Krise der Jahre 1948/49 katalytische Funktion. Nicht nur, daß sie im Sommer 1948 die Weltmächte in eine unerbittliche Konfrontation zwang, die erst zehn Monate später durch nuklear abgestützte amerikanische Verhandlungsdiplomatie überwunden wurde. Sie ermöglichte auch moralisch und politisch die Einbeziehung der Deutschen in die westliche Welt. Denn in Berlin zeigte sich, daß aus den Gefolgsleuten der deutschen Diktatur standfeste Demokraten geworden waren. So hat Stalin in Berlin nicht den Anfang vom Ende des freien Europa eingeleitet, sondern die Deutschen auf die Seite des Westens getrieben und zugleich den westlichen Nationen die Unentbehrlichkeit des deutschen Potentials vor Augen geführt. Nicht Menschenfreundlichkeit bewegte den Westen, als die Bundesrepublik Deutschland entstand, sondern aufgeklärter Egoismus.

Was Amerika indessen damals zu leisten hatte, war »doppelte Eindämmung« (W. Hanrieder). Das bedeutete Schutz vor der Roten Armee, die vor den Toren stand, aber auch Schutz vor der Macht des Deutschen Reiches, das es doch nicht mehr gab. In Westeuropa erinnerte man sich der Zwischenkriegszeit und fürchtete das deutsch-russische Gespenst von Rapallo 1922 und Moskau 1939. Man fürchtete jedes Deutschland, das nicht fragmentarisiert war und noch über die Ruhr verfügte. Die Westeuropäer hatten die Sprengkraft nicht vergessen, die immer in der Deutschen Frage lag, und sie hielten die Lage von 1948 nur für dauerhaft, wenn sie im Kondominium der Supermächte aufgehoben war – das doch zugleich Frankreich und England als Mächte zweiten Ranges klassifizierte. So mußte die Eindämmungspolitik der USA, um zu wirken, beides herstellen: Sicherheit vor den Deutschen und Sicherheit vor den Russen. Die Westeuropäer zahlten, indem sie Deutschlands Wiederaufstieg hinnahmen; die Westdeutschen zahlten mit der Hinnahme der Teilung. Es war noch einmal der Preis des verlorenen Krieges. Die Westalliierten allerdings milderten ihn auf Insistieren Adenauers, indem sie immer wieder bekräftigten – am deutlichsten im Artikel 7 des Deutschland-Vertrages von 1954 – , daß sie das Ziel der nationalen Einheit der Deutschen unterstützten. Zwar blieb deren genaue geographische Erstreckung unausgesprochen, insbesondere die bittere Wahrheit, daß jenseits von Oder und Neiße Deutschland verloren war. Aber es lag darin für die deutsche Innenpolitik die entscheidende moralische Voraussetzung der Westbindung, für die deutsche Außenpolitik ein Wechsel auf die Zukunft.

Der Parlamentarische Rat, der 1948/49 das Grundgesetz für die Bundesrepublik Deutschland beriet und verabschiedete, gab dieser Lage Ausdruck, indem er einerseits die »Vollendung der deutschen Einheit« der Präambel des Grundgesetzes als Staatsziel einfügte, gebunden an Frieden und Freiheit und europäische Einigung, und andererseits alles tat, damit der westliche, größere und wirtschaftlich kräftigere deutsche Staat stabilisiert werden konnte. Daß darin auch die Chance der Deutschen im Osten sei, wurde im Westen gehofft, und die Massenflucht der Bewohner der sowjetischen Zone bestätigte es Tag für Tag. Aber ein Zweifel blieb. Die Anziehungskraft des Westens reichte nicht aus, den Eisernen Vorhang aus der Welt zu schaffen. Und der Druck der Sowjetunion auf die westlichen Sektoren Berlins reichte ebenfalls nicht aus, die Grenze durch Deutschland zu verschieben. So wurde Mitteleuropa geteilt zwischen dem sowjetischen Landimperium im Osten und dem atlantischen Seebund im Westen.

Die Deutsche Frage hatte eine doppeldeutige Antwort

gefunden: Das Grundgesetz verkörperte den Anspruch des neuen Staates, daß das moralische Haus der Deutschen größer war als ihr politisches, die Einheit der deutschen Nation nicht untergegangen mit dem »Dritten Reich«. Zugleich wurde die Staatsräson der Bundesrepublik auf die Sicherheitsgarantie der USA gegründet und auf die Integration des Landes in das sozial-moralische Normensystem und die wirtschaftlichen Lebensformen des Westens. Souveränität und Wiedervereinigung, die Kurt Schumacher, SPD-Vorsitzender der ersten Jahre und Adenauers wichtigster Gegenspieler, zur Voraussetzung des Westbündnisses hatte machen wollen, konnten für den ersten deutschen Bundeskanzler nur Folge dieses Bündnisses sein: eine Hoffnung für die ferne Zukunft, ein deutscher Vorbehalt im Bündnis und ein Element der Versöhnung nach innen, dringend geboten in einem Land, wo von fünf Bewohnern einer aus dem Osten kam. Daß Schumachers Weg, zuerst die deutsche Einheit zu sichern und dann nach Westeuropa zu gehen, mehr war als ein nationales Traumgebilde, muß im Licht des Ost-West-Gegensatzes, des deutschen Traumas der Europäer und des imperialen Machtstrebens der Sowjetunion bezweifelt werden. Schumachers Partei hat 1960 Adenauer recht und ihrem eigenen Vorsitzenden unrecht gegeben.

Das Grundgesetz hat 1948/49 die Normen und Institutionen des neuen Staates in der westlichen Verfassungstradition des Naturrechts und der Gewaltenteilung verankert und bewahrte aus der deutschen Tradition Föderalismus, Rechtsstaat und den starken Sozialstaat. Die Bindung an den Westen wurde nicht allein auf Sicherheit und Prosperitätsinteresse gegründet, sondern ebenso auf den Konsens, daß es mit deutschen Sonderwegen in Machtpolitik und Denken ein Ende haben müsse. Die Hoffnung, die verlorene Einheit, die auf direktem Weg nicht zu retten war, auf dem langen Weg über den Westen zu erreichen, versöhnte die Deutschen mit beidem, Teilung der Nation und Westintegration des neuen Staates. Die Antwort auf die alte, durch den Zusammenbruch des Reiches tief veränderte Deutsche Frage wurde 1949 im Westen und durch die Westmächte gesucht, und dort allein.

Die liberale Demokratie von Bonn war *eine* Garantie, daß die Deutschen auf der Seite des Westens stehen würden, die

Integration der Wirtschaft und der Sicherheit eine *andere*. Am Ende des dreißigjährigen europäischen Bürgerkriegs waren die Lehren der Geschichte so zweideutig wie das Orakel von Delphi: Deutschland teilen oder die Deutschen integrieren, beides ließ sich für die Nachbarn aus der Lage lesen, und beides geschah. Die Hoffnung auf europäische Einigung war stark und ging tief, auch in Kreisen der französischen und italienischen Résistance. Sie nährte sich aus der Hoffnung auf ein demokratisch geeintes Europa und aus der Abneigung der Europäer, nur noch Figuren auf dem Schachbrett der Supermächte zu sein. Ohne den sowjetischen Druck auf Berlin und damit auf die USA, ohne die Angst der Deutschen, ein zweites Korea zu werden, und ohne die Sorge der Europäer, Atlantikwall des Sowjetimperiums zu werden, hätte es allerdings wohl der Integration Westeuropas an politischem Nachdruck gefehlt. Auch gehörte zu den Bedingungen, daß die Deutsche Frage in der »doppelten Eindämmung« aufgehoben blieb. Die USA wollten ein starkes, prosperierendes, verteidigungsfähiges westliches Deutschland und, wenn möglich, das Gesamtdeutschland der Potsdamer Kompromißformel, aber unter westlichen Bedingungen. Das war ohne Krieg nicht zu haben. Was blieb, war die Konsolidierung der Besatzungszonen im Westen. Damit wurden alle Teilungspläne der Westeuropäer hinfällig, der Industrieniveauplan von 1945 beiseite geschoben, die Demontagen liefen aus.

Die Westeuropäische Union von 1948, auf den Dünkirchener Vertrag der Briten mit den westeuropäischen Nachbarn Deutschlands zurückgehend, war noch ein westeuropäischer Regionalpakt, der die deutsche Gefahr in den Vordergrund stellte. Der Nordatlantikpakt von 1949 gab den Westeuropäern die amerikanische Sicherheitsgarantie im Gegenzug zur westdeutschen Staatsgründung und identifizierte die Sowjetunion als Gefahr Nummer eins.

Der Prager Staatsstreich, die Blockade Berlins, die kommunistische Machtergreifung in China, Deutschlands Teilung und doppelte Eindämmung änderten die Lagebeurteilung der Westeuropäer. Für Frankreich stellte sich die Lage des Jahres 1949 anders dar als die des Jahres 1944/45: Das Konzept der »Deutschländer« war im Westen gescheitert und im Osten realisiert, aber sehr bedrohlich. Denn nun hatte die sowjetische Macht das deutsche Vakuum mit 20 Divisionen erster Ordnung gefüllt. Frankreichs Entente mit der Sowjetunion erwies sich als Traumgebilde, in Indochina bröckelte das Kolonialreich unter dem Druck kommunistischer Partisanen, in Europa schien nur noch die Wahl offen zwischen einem amerikanisch-britischen Bündnis mit der künftigen Bundesrepublik Deutschland und der Einbindung des neuen deutschen Staates in ein von Frankreich geführtes Westeuropa.

Ein Grand Dessein

So kam 1949/50 die Geburtsstunde des Schuman-Plans für die Integration der Schwerindustrie, der 1952 die Montanunion zur Folge hatte, und des Pleven-Plans für die integrierten Streitkräfte der europäischen Verteidigungsgemeinschaft. Der Kampf darum hat von 1950 bis 1954 Frankreich, den halben Sieger, so tief erschüttert wie fünfzig Jahre zuvor die Affäre Dreyfus.

Montanunion und Verteidigungsgemeinschaft hatten nach dem Willen der Gründerväter Robert Schuman und Jean Monnet, Konrad Adenauer und Alcide de Gasperi ein Dach erhalten sollen, die Europäische Politische Union. Die Montanunion kam zustande, die Militärunion scheiterte. So fehlte dem kühnen Plan einer an die USA angelehnten Großmacht Europa die militärische Grundlage. Die Leidenschaft der frühen Europäer, die in der Katastrophe des Zweiten Weltkriegs zu Politik geworden war, fand keine Erfüllung in der Wirklichkeit. Die Integration des westdeutschen Heeres, der Marine und der Luftwaffe in die NATO, die 1955 dem Scheitern der Europäischen Verteidigungsgemeinschaft folgte, verstärkte zwar die Bindungen der USA an Europa. Doch gehörte es zu den Folgen, daß der Druck des Ernstfalls von Europa genommen wurde und die Europäer ihren nationalen Zielen noch einmal folgen konnten: die Briten dem Traum vom Empire, der 1956 im Landungsunternehmen von Suez scheiterte; die Franzosen der Idee des *sanctuaire,* einer »Schutzzone« zwischen Rhein und Atlantik, und die Deutschen der Hoffnung auf nationale Einheit. Zu den Folgen ist auch zu zählen, daß die NATO-Strategie sich auf »massive Vergeltung« verließ und die westeuropäischen Truppenkontingente so mager blieben, daß Sowjetgeneräle niemals zweifeln konnten an der Gewißheit eines atomaren Gegenschlags auf konventionellen Angriff. Solange die Übermacht der USA bei Atomwaffen, Fernbombern und Interkontinentalraketen außer Frage stand, war das Gleichgewicht gesichert. Europa war militärisch unterlegen, aber durch das amerikanische Bündnis beruhigt. Die Deutsche Frage war entschärft: Das Kondominium der Sieger war dem Antagonismus der Blöcke gewichen, und die Deutschen waren auf beiden Seiten eingebunden.

Die Sicherheitsfrage Westeuropas hatte eine globale Antwort erhalten, die Integration der Wirtschaft sollte eine europäische Antwort finden. Sie bestand, da die Montanunion nur Abschlagszahlung auf die europäische Einigung wurde, in der Europäischen Wirtschaftsgemeinschaft und der Europäischen Atomgemeinschaft seit dem 1. Januar 1958. War dies nur ein langer Umweg zur Europäischen Politischen Union der Gründerväter? Die Deutschen hofften es damals in ihrer Mehrheit. Oder war dies ein anderer Weg zu einem anderen Ziel, Freihandelszone und Interessenausgleich zwischen der industriestarken Bundesrepublik, die offene Märkte für ihre Industriegüter wollte, und dem agrarischen Frankreich, das Schutz für seine Landwirte suchte? Die europäische Integration gab der Bundesrepublik, nachdem der weltweite Korea-Boom Anstoß des Wirtschaftsaufschwungs geworden war, im Westen bald eine wirtschaftliche Hegemonialstellung. Nach Osten entlastete sie den größeren Teil Deutschlands vom psychologischen und politischen Druck der Sowjetunion, gab ihm zum erstenmal wieder Anwartschaft auf internationales Verhandlungsgewicht und erlaubte ihm, ein wenig seitab der Vergangenheit zu treten. Die Deutsche Frage hatte nicht eine Antwort erhalten, sondern deren zwei. Im übrigen blieb sie suspendiert zwischen Ost und West.

Gab es Alternativen? 1952 bot Stalin, mitten im Koreakrieg, den Westmächten Verhandlungen mit dem Ziel an, Gesamtdeutschland zu neutralisieren. Würde es freie Wahlen in der DDR geben? Stalin ließ sich auf verbindliche Zusagen nicht ein. Wie hätte aber ein solches zu drei Vierteln westliches, zu einem Viertel östliches Deutschland Sicherheit, innere Stabilität und Prosperität finden sollen? Die Frage hat sich in Wahrheit nie gestellt. Stalins Angebot, wenn es denn mehr war als politisches Spielmaterial, sollte den offenen Prozeß der westeuropäischen Integration durchkreuzen und der amerikanischen Eindämmungspolitik die westeuropäische Verankerung nehmen. Die Westalliierten gingen nicht darauf ein, Adenauer nicht, und der Deutsche Bundestag auch nicht. Adenauer hatte immer die Doppelgesichtigkeit der Weimarer Außenpolitik kritisiert, die im gewagten Spiel zwischen Ost und West die deutsche Großmachtrolle neu zu gründen suchte. Jetzt scheute er, und mit Recht, die Gefahr, daß die Deutschen zwischen die Fronten des Kalten Krieges gerieten, auf allen Seiten von Mißtrauen umstellt. Sollten die Deutschen den Zug der westeuropäischen Einigung anhalten und die amerikanischen Garantien ausschlagen? Dann wäre die Bundesrepublik in den Machtschatten Moskaus eingetaucht: *finis Germaniae.*

Hat danach der Tod Stalins 1953 noch einmal die Tür zur deutschen Einheit geöffnet? Das war zu keinem Zeitpunkt der Fall. Wohl aber gab es Hoffnungen – starke in der DDR und verhaltene in der Bundesrepublik –, die Sowjetführung nach Stalin werde ihr deutsches Besitztum vielleicht in einen neutralen Status entlassen, ähnlich dem finnischen, dafür aber von der Bundesrepublik einen hohen Preis verlangen. Der Volksaufstand des 17. Juni 1953, der erste im Ostblock, hat solchen Bewegungen, wenn es sie denn gab, wider Willen ein Ende gesetzt.

Warum aber gab es keine Österreich-Lösung für das ganze Deutschland – so wurde seit dem österreichischen Staatsvertrag 1955 im Westen oft gefragt. Auch die Republik Österreich war 1945 von den vier Siegermächten besetzt worden, Wien eine Viersektorenstadt. 1955 zogen die Russen ab, Österreich wurde ein neutraler, zentral verwalteter Staat. In Mitteldeutschland aber blieben zwanzig Divisionen der Roten Armee. Für den Weg Österreichs in die Neutralität aber war Deutschland, auch das um die Provinzen östlich der Oder und der Lausitzer Neiße verringerte, zu groß, zu wichtig, zu sehr ein Teil des europäischen und damit des weltpolitischen Gleichgewichts. Was wog die Alpenrepublik von acht Millionen Einwohnern gegen das Zentrum Europas mit 70 Millionen, mit der Ruhr und mit den Heerstraßen, über die von jeher die Armeen der europäischen Staaten gezogen waren?

Für die Auflehnung zuerst gegen das Kondominium und dann gegen die Teilung aber fehlten dem besiegten Deutschland alle Voraussetzungen. Da half es nichts, daß nach 1945 das intellektuelle, das sozialistische und das konservative Deutschland noch die Einheit ersehnten und erstrebten. Die Einheit Deutschlands implizierte, als der Kalte Krieg der Sieger begonnen hatte, den Krieg um Deutschland. Wer konnte den wollen? Hier liegt der reale Kern jener lange Zeit heftig diskutierten Frage, ob die Deutschen nicht damals, bis 1949 und vielleicht noch bis ans Ende der fünfziger Jahre, leidenschaftlicher die Einheitsfrage hätten stellen müssen, und ob es dafür Ansatzpunkte in der Politik gab. Die Sozialdemokratie unter Ollenhauer hat eben dies zum Ausgangspunkt ihrer Deutschlandpolitik gemacht, aber vergeblich. Denn was, außer ihrer Trauer, ihrem Trotz und ihrer Leidenschaft, sollte die Waffe der Besiegten sein? Seit 1949 gab es wahrscheinlich nichts außer ihrer Existenz, was die Bundesrepublik für die Einheit bieten konnte. Damit aber stand die Integration Westeuropas auf dem Spiel, zusammen mit der Sicherheit der Bundesrepublik Deutschland.

Warum aber nicht eine österreichische Lösung für die DDR allein? Oder eine Finnland-Lösung? 1958 hat Konrad Adenauer vorsichtig sondiert, ob die Sowjetunion für die DDR eine Österreich-Lösung – Neutralität nach außen, liberale Demokratie im Innern – bewilligen könne gegen Anerkennung der Kriegs- und Nachkriegsgewinne des Sowjetimperiums in Osteuropa. Franz Josef Strauß hat ihm im Bundestag unter dem Beifall der Regierungsparteien vorsichtig sekundiert. Die Sowjets winkten ab: Die DDR war Teil des östlichen Paktsystems geworden, und nach den Aufständen von 1956 in Ungarn und Polen war sie wichtiger als je zuvor für die Rote Armee. Die DDR aus dem Sowjetimperium zu entlassen, hätte in ganz Europa Hoffnungen geweckt, die die Sowjetunion zu keinem Zeitpunkt zu erfüllen gedachte.

Wahrscheinlich hat es nie die Chance einer solchen Lösung gegeben, jetzt jedenfalls war es zu spät. Statt einer neuen Deutschlandpolitik begann eine neue Eiszeit im Kalten Krieg.

Grenzen der Macht? Deutschland nach dem Zweiten Weltkrieg war in der Tat nichts als ein geographischer Begriff, eine belastete Erinnerung, hoffnungsloser Entwurf einer leeren Zukunft. Nicht nur das Morgen war im Nichts versunken, sondern mit ihm auch das Gestern und alle Vergangenheit. Die Doppelgötter des 19. Jahrhunderts, Nation und Machtstaat, hatten sich den Deutschen als Führer ins Verderben erwiesen. Faust hatte mit dem Teufel paktiert. Aber kein Gott, keine Erlösung bewahrte ihn davor, Mephisto die blutige Unterschrift zu honorieren.

Gebrannte Kinder

Die Literatur der ersten Nachkriegsjahre – politisch, historisch oder schöngeistig – war ein Chor der Abkehr und Abwehr. Distanzen zur Macht, zur Geschichte, zu Deutschland. »Die deutsche Katastrophe« nannte der 90jährige Friedrich Meinecke die Summe seiner Geschichtserfahrung. »Die Dämonie der Macht«, so resümierte Gerhard Ritter die Verführungen des europäischen Geistes. Ludwig Dehio (»Gleichgewicht oder Hegemonie«) sah die jüngste Vergangenheit wie jene römische Schreckenszeit, die Tacitus in seiner Historie zu bewältigen strebte, und er suchte, noch einmal deutscher Idealismus, in der historisch-philosophischen Deutung des zurückliegenden Dramas nach einem Punkt der Orientierung. Kein »Krieg und Frieden« über den Zweiten Weltkrieg ist je erschienen; kein Napoleon-Kult hat je Hitler rehabilitieren wollen. Selbst die Klage der Vertriebenen um die verlorene Heimat jenseits von Oder und Neiße klang leise und verhalten – anders als die wütende Auflehnung der Weimarer Jahre gegen Versailles – mehr Trauer um das Unwiederbringliche als Forderung nach Rekonquista. Zu tief war die Katastrophe eingegraben in die Seelen und die Geister; zu tief die Angst vor dem letzten und endgültigen Akt der deutschen Katastrophe, der noch kommen konnte.

Die Deutschen von 1945 waren gebrannte Kinder, und sie

scheuten das Feuer. Dem Parlamentarischen Rat, als er die Summe deutscher Geschichtserfahrung in die Form einer Verfassung brachte, war es zur Erleichterung aller Beteiligten erspart geblieben, über Militär und Ausnahmezustand zu beschließen. Kernfragen des Staates und Staatsdenken blieben damit jenseits des politischen, aber auch des moralischen Horizonts – mit weitreichenden Folgen für die ganze Republik und ihr Verhältnis zu sich selbst, zu den Vereinigten Staaten und zum Problem der Macht. In den Geisteswissenschaften wurde die amerikanische Political Science nach Deutschland re-exportiert, eine Demokratie-Lehre, die sich mit dem Innenleben der Staaten befaßte, während die Soziologie sich für zuständig erklärte für das Innenleben der Gesellschaft. Wo von der Macht zwischen den Staaten die Rede war, sprach man sanft von den »internationalen Beziehungen«, so wie man die Toten des Krieges allenthalben die Gefallenen nennt. Das Verhältnis der Deutschen zur Macht war von einer viktorianischen Prüderie geprägt. Darüber zu sprechen oder nachzudenken, mußte Anstoß erregen, ja begründete den Verdacht, es habe einer die Lektionen der Geschichte mangelhaft begriffen. Dem Deutschlandlied wurde seine von Hoffmann von Fallersleben wahrhaftig nicht imperial, sondern gegen Metternich gedichtete erste Strophe genommen. In den Städten wurden die Schlösser geschleift, die Dekorationen der Bürgerhäuser von den Fassaden geschlagen, die ausgebrannten Höhlen der Vergangenheit dem Erdboden gleichgemacht.

In der Geschichtswissenschaft allerdings, aus älterer Tradition lebend, hielt sich das Interesse an »Staatskunst und Kriegshandwerk« – so der Titel von Gerhard Ritters Opus magnum. Aber Mitte der sechziger Jahre war es auch damit vorbei, und die »Gesellschaft« wurde zum alleinseligmachenden und karrierefördernden Gegenstand der neuen, der kritischen Geschichtswissenschaft. Das Jahrhundert Lenins und Hitlers, die Epoche der Weltkriege wollte von den welthistorischen Individuen und Großtaten nichts wissen – es dauerte bis 1973, als die Hitler-Biographie eines Außenseiters, Joachim Fest, die Deutschen erfaßte und bewegte. Auch die Geschichtswissenschaft unterdessen wollte vom Drama der Geschichte nichts mehr wissen: Es wurde in sozialhistorische Statistik und Trendmeldungen aufgelöst.

Seit Bismarck hatten die Deutschen eine Leiter an den Himmel gestellt. 1914 wurde der Anstieg mörderisch, und 1945 stürzte der Himmel ein. Nach den Exzessen der Vergangenheit, wen wunderte es, daß die Deutschen von Macht und Machtpolitik nichts mehr zu wissen begehrten? Es gab einen heimlichen, unausgesprochenen Konsens, diesen Teil der Vergangenheit auf sich beruhen zu lassen und, wenn es denn noch einmal sein sollte, alles ganz anders zu beginnen. 1945 begann man in Machtlosigkeit. Damals hatten die Deutschen nichts als die alte geostrategische Schlüsselposition in der Mitte Europas. Die Ironie der Geschichte wollte es, daß diese Mittellage und die mit ihr verbundene Teilung diesmal den Deutschen nicht zum Unheil ausschlug, sondern zum Heil: Jedenfalls galt das für die Deutschen auf dem westlichen Ufer des allgemeinen Desasters und für diejenigen aus dem Osten, die sich dorthin zu retten wußten. Nach dem totalen Machttraum die absolute Ohnmacht: Sie war es, die jedes Schaukelspiel verbot und jedem Traum von »Brücke« und »Mitte« die Grundlage nahm. Es war da nichts mehr auszuspielen außer der Tatsache, daß mit den Westdeutschen der Westen wirtschaftliche Zukunft und strategische Tiefe hatte gegen Stalins imperialen Druck; ohne die Westdeutschen aber, in den lakonischen Worten Harry S. Trumans, die Verteidigung des Westens nichts sein würde als »a rearguard action on the shores of the Atlantic Ocean«.

So war es logisch und selbstverständlich, und es geschah unter Zustimmung wachsender Mehrheiten, daß Konrad Adenauer seit 1949 den von den Siegern angebotenen Tausch Zug um Zug abwickelte: Jeder Machtzuwachs beantwortet durch Souveränitätstransfer auf übernationale Allianzen. Schon die Entstehung der Bundesrepublik Deutschland selbst folgte diesem Modus: Die neue Machtbildung in der Mitte Europas, die unweigerlich mit der Staatsbildung der Bundesrepublik verbunden war, war nur denkbar und den Westeuropäern hinnehmbar in Form der parlamentarischen Demokratie mit mehr – denkt man an den expansiven Föderalismus und die Autonomie der Bundesbank – »Checks and Balances«, als dem europäischen Normalmaß der Demokratien entsprach, und dem selbstverständlichen Verzicht auf klassische Staatsattribute wie bewaffnete Macht und Ausnah-

Politik und Macht finden ihren Ausdruck in symbolischen Gesten. Die alliierten Hochkommissare hatten vorher festgelegt, der deutsche Bundeskanzler habe bei seinem Antrittsbesuch den Teppich der Sieger nicht zu betreten. Konrad Adenauer, im Bundestag von der Opposition als »Kanzler der Alliierten« apostrophiert, ließ sich auf das demütigende Protokoll nicht ein und trat auf den Teppich. Niemand wagte, den alten Herrn vor laufenden Kameras zu korrigieren. Ein symbolischer Schritt in Richtung Souveränität war leise, nachdrücklich und unübersehbar vollzogen.

mezustand. Und als seit 1950 den Siegern und den Besiegten des Weltkriegs das Undenkbare denkbar wurde und – unter dem Eindruck des Korea-Kriegs – auch wünschbar, da wurde die neue deutsche Streitmacht am stärksten unter allen europäisch und atlantisch eingebunden, man kann auch sagen unter Vormundschaft gestellt: Dem Atomwaffenverzicht folgte der Verzicht auf einen nationalen Generalstab, nationale Führung und nationale Streitkräfte, aus der Not machte die Integration eine Tugend.

Das Prinzip Macht-Transfer gegen Macht-Erwerb galt 1952 für die Montan-Union, 1955 für den Beitritt zur atlantischen Allianz, und 1958 für Euratom und am meisten für die Europäische Wirtschaftsgemeinschaft. Jedesmal dienten Allianzsysteme dazu, den Saldo auszugleichen, und die Deutschen waren es zufrieden. Dazu kam, daß die wachsende wirtschaftliche Stärke immer ausgeglichen wurde durch die angeborene Schwäche im atlantischen Bündnis. Den martialischen Künsten schworen die Deutschen ab; in den zivilen wurden sie Meister. Das Volk, das so lange über seine Verhältnisse zu leben suchte, »Helden oder Händler« nach den fulminanten Worten des Kulturhistorikers Werner Sombart aus dem Ersten Weltkrieg, fand seine bessere Berufung. Seit dem Vietnam-Krieg war es die deutsche Friedensbewegung, die unter Berufung auf die Vergangenheit und die gelernten Lehren das moralisch höhere Gelände besetzte und, ohne die Rücksichten der Väter zu nehmen, die Amerikaner, die in Vietnam kämpften und mit nuklearen Waffen das Weltgleichgewicht hielten, davon vertrieb.

Der Nukleare Friede

Wo aber von Macht die Rede ist, muß auch von nuklearen Waffen gesprochen werden. Sie spielten seit 1945, obwohl niemals wieder im Zorn abgefeuert, eine strukturbildende Rolle im Ost-West-Verhältnis wie im West-West-Verhältnis. Im Winter 1938 war die Atomspaltung in Berlin entdeckt worden. Es dauert nur Tage, bis die Physiker in der ganzen Welt die zivilen und militärischen Konsequenzen erfaßten. Die Kraft aus dem Atom würde alle militärischen Vorstellun-

gen von Grund auf ändern, sagte eine Woche vor dem 20. Juli
1944 der von den Verschwörern designierte Staatschef
Generaloberst Beck. Seit 1945 lag alle Politik im gleißenden
Licht der atomaren Explosion von Hiroshima und Nagasaki.
Ohne das amerikanische Nuklearpotential – anfangs sehr
klein und nicht von strategischem Gewicht gegenüber der
Sowjetunion, aber dort wußte man das nicht – hätte es weder
eine amerikanische Eindämmungspolitik gegeben für Europa
noch die Existenz der Bundesrepublik Deutschland als deren
strategisches Mittelstück. Zugleich aber blieb es Bedingung
der deutschen Wiederkehr, daß Deutschland nuklear nur
Objekt war und nicht Subjekt wurde. Das blieb die entscheidende Voraussetzung für die Mitgliedschaft im westlichen
Club: Verzicht auf nukleare Macht und jeden nuklearen Ehr-
geiz.

Organisierendes Prinzip westlicher Sicherheit war seit
1945 die Drohung aus dem Osten, zu Zeiten real wie in der
Berliner Blockade-Krise und im Korea-Krieg, zu Zeiten eher
imaginär. Stets war der Westen an Truppenzahl unterlegen
und mußte durch nukleare Waffen die Unfähigkeit wettma-
chen, der Sowjetunion und ihren Hilfsvölkern Mann für
Mann und Rohr für Rohr entgegenzutreten. Das war so lange
vertrauenerweckend, als die Vereinigten Staaten von Amerika das nukleare Monopol hatten: Die Toten von Hiroshima
und Nagasaki hatten nicht nur die Kapitulation Japans 1945
entschieden. Ihr Schicksal wog auch schwer in den politischen, strategischen und moralischen Gleichungen der Nachkriegszeit. In der Tat war die Zahl amerikanischer Bomben
noch in der Zeit der Berliner Blockade sehr gering – kaum
mehr als ein Dutzend – aber das war das bestgehütete
Geheimnis der Vereinigten Staaten, und jedenfalls reichte die
Zahl, um Stalin zu beeindrucken. Erst mit der Verbesserung
der V-Raketentechnologie in interkontinentale Dimensionen
wurde die nukleare Waffe zum strategischen Rückgrat
nuklearer Abschreckung.

Zugleich aber taten die sowjetischen Generäle alles, ihre
eigenen Waffen, an denen seit 1942 fieberhaft gearbeitet
wurde, dagegenzustellen. 1949 testeten sie die erste Atombombe, 1953 die Wasserstoffbombe, und 1957 kündeten die
Funksignale des »Sputnik« genannten ersten Satelliten im All,

daß die Sowjetunion die Technik interkontinentaler Raketen zu meistern begann. Amerika war nicht nur im wissenschaftlichen Wettlauf zurückgefallen, Gottes eigenes Land war auch, zum ersten Mal in seiner Geschichte, nicht mehr unverwundbar. Fortan mußte die Pax Americana sich ändern. Die Strategie der »massiven Vergeltung«, ohnehin eher ein Konstrukt von Denkschulen als ein Rezept des Überlebens, verlor ihre Glaubwürdigkeit bei Freund und Feind. Einer der besten amerikanischen Fachleute, General Maxwell Taylor, nannte sie nach seinem Ausscheiden aus dem aktiven Dienst in einem vielbeachteten Buch »The Uncertain Trumpet«, die zitternde Trompete.

John F. Kennedy, der 1960 zum amerikanischen Präsidenten gewählt wurde, hatte gegen seinen Vorgänger »Ike« Eisenhower mit dem Argument Ängste geschürt, es habe sich eine »Raketenlücke« aufgetan und das Land sei in Gefahr. Als er ins Weiße Haus einzog, machte er Maxwell Taylor zum Vorsitzenden der Joint Chiefs of Staff und gab ihm damit die Schlüsselposition für die Neuformulierung amerikanischer Strategie und damit des Rahmens für das Weltgleichgewicht – und damit auch für die Bedingungen der deutschen Existenz am östlichen Rand der westlichen Allianz. In Bonn empfing man, ohne ihnen Glauben zu schenken, beruhigende Hinweise. Es öffneten sich düstere Visionen, allein gelassen zu werden oder als Objekt des großen strategischen Ausgleichs zwischen Ost und West zu enden.

Das geschah nicht ohne Grund. Denn die Bundesrepublik Deutschland war, als sie entstand, nicht ein Land auf der Suche nach einer Außenpolitik, sondern Ergebnis einer Außenpolitik – der Vereinigten Staaten von Amerika – auf der Suche nach einem Land. Damals hatten die Vereinigten Staaten die Europäer überredet, sich mit der neuen deutschen Machtbildung abzufinden, und sie hatten dafür einen doppelten Modus gefunden: Zum einen engagierten sie sich, anders als 1919, als Garantiemacht der doppelten Eindämmung, gegen Deutschlands Vergangenheit und Stalins Gegenwart, auf dem europäischen Kontinent; zum anderen drängten sie Franzosen und Deutsche in die wirtschaftliche Integration und fanden auf beiden Seiten die Architekten und Bauarbeiter dieses Grand Dessein.

Der Staat Bundesrepublik zeigte auf der Landkarte, solange es ihn gab, eine Gestalt, die keinen Betrachter je vergessen ließ, daß er aus Katastrophen entstanden war: der Kern des Kalten Krieges im Moment seiner Erstarrung. Staatsräson der Bundesrepublik nach innen aber war Versöhnung aller Kräfte und Offenhalten der Hoffnung, daß es ungeachtet der Stärke der Sowjetmacht ein größeres Deutschland gebe jenseits des Kalten Krieges; nach außen erwarb der junge Staat Handlungsfähigkeit allein in dem Maß, wie er bündnisfähig wurde. Dies geschah auf doppelte Weise: durch das Grundgesetz, die demokratische Summe deutscher Geschichtserfahrung und Garantie künftigen Wohlverhaltens, durch tätige Reue angesichts der Vergangenheit, insbesondere gegenüber dem Staat Israel, durch den Aufbau des Sozialstaats und einer Wirtschaftsmacht, die zur Integration zwang und schon Ende der fünfziger Jahre ein entscheidender Teil der Weltwirtschaft wurde. Zugleich aber durch Verflechtung und Integration, Machttransfer und Souveränitätsverzicht. Bündnisfähigkeit mußte daher Ziel und Mittel deutscher Staatsräson werden.

Aber während Adenauer in den frühen Jahren vom Oppositionsführer Kurt Schumacher in der unvergessenen und unerbittlichen Rhetorik der zwanziger Jahre als »Kanzler der Alliierten« im Deutschen Bundestag apostrophiert wurde, war der alte Mann sich doch selbst stets bewußt, »Kanzler der Besiegten« zu sein. Staatsmann der Sorge, wie Golo Mann ihn einst nannte, vergaß Adenauer niemals, daß der Bonner Staat beides brauchte, ein Maß an Antagonismus der Supermächte und ein Maß an Kooperation. Wie der General de Gaulle das Trauma von Jalta mit sich trug, wo Frankreich nicht zugegen war, so wurde Adenauer von den Gespenstern von Potsdam heimgesucht. Die Bundesrepublik Deutschland war im Potsdamer Abkommen nicht vorgesehen, aber als seine Protagonisten zu Antagonisten geworden waren, da konnte auf der westlichen Seite des allgemeinen deutschen Unglücks der Staat entstehen, den niemand stärker prägen sollte als Konrad Adenauer. In Bonn und in Deutschland gab es Anlaß zur Sorge, wenn die Supermächte nicht mehr miteinander sprachen; ebensoviel Sorge aber auch, wenn sie zuviel miteinander sprachen und ohne die Minderen ihrer Verbündeten zu konsultieren. Der Aufstieg der Sowjetunion zu nuklearer Parität enthielt beides, das Kondominium der Mächtigen wie ihren Konflikt. Wie auch immer die Sache ausgehen würde, ein neues Weltsystem war damit im Entstehen. Wohl oder übel würde die Bundesrepublik dabei umgegründet werden von innen und außen.

»Krieg unwahrscheinlich, Friede unmöglich«

Der Volksaufstand in der »Zone« genannten DDR – in mehr als 250 Städten des sowjetisch besetzten Territoriums waren die Menschen am 17. Juni 1953 auf die Straße gegangen – und die blutige Abrechnung des Regimes mit den Aufständischen hatten im Westen zur Folge gehabt, daß Adenauers Westintegration den meisten Deutschen als Rettung erschien. Ludwig Erhard, anfänglich wenig populär, wurde Inbegriff des Wirtschaftswunders der fünfziger Jahre. In den Bundestagswahlen 1957 gewannen die Unionsparteien die absolute Mehrheit. Die Ära Adenauer erlebte ihren Höhepunkt. Zugleich aber geriet sie außenpolitisch in Bedrängnis, als die Sowjetunion zur Weltmacht aufstieg.

Die Bundeswehr war als »Verteidigungsbeitrag« vom Westen gewünscht und von den Deutschen im Gegenzug gegründet worden. Damit verschaffte sich die deutsche Politik eine Eintrittskarte – wenn auch nur in minderem Rang – zu den strategischen Konzilien des Westens. Aber Bundeskanzler Adenauer und Verteidigungsminister Franz Josef Strauß wollten mehr: nukleare Beteiligung und vor allem ein Veto in nuklearen Fragen. Ähnlich dachte die politische Klasse in Frankreich und England, die seit 1945 die Imperien vergeblich zu bewahren suchte, 1956 am Suezkanal die Grenze ihrer Macht erfuhr, als Gamal Abdel Nasser den Kanal verstaatlichte, die Russen mit Raketen drohten und die Amerikaner dem Debakel ihrer Verbündeten zuschauten. England suchte die »special relationship« im Nuklearen, Frankreich die Sicherheit in den eigenen Atomwaffen der »Force de Frappe«.

Der deutsche Verteidigungsminister Franz Josef Strauß, der die architektonische Bedeutung nuklearer Waffen für das westliche System im allgemeinen und die Stellung der Bundesrepublik Deutschland im besonderen am schärfsten begriff, suchte seitdem die nukleare Entente mit Frankreich. Im Februar 1958 unterzeichnete er mit seinem französischen Kollegen Jacques Chaban-Delmas – Vertrauter de Gaulles aus der Résistance – einen Vertrag über nukleare Studien, die in Algerien stattfinden sollten. Gemeint war, daß deutsches Geld und deutsche Technologie in die französische Nuklearrüstung eingebracht würden. Das Abkommen war in den Rahmen breiter konventioneller Rüstungskooperationen gestellt und sollte Frankreich wirtschaftlich stärken, Deutschland eher politisch. Aber wenig später, als die Vierte Republik an sich selbst und dem schmerzlichen Abschied von den Kolonien scheiterte, kehrte Charles de Gaulle als Retter aus Colombey-les-deux-Eglises zurück in den Elysée-Palast. Er sah in der unabhängigen Nuklearwaffe einen strategischen Trumpf gegen sowjetische Drohungen, amerikanische Rückzüge und »incertitudes allemandes« und zugleich einen moralischen Ausgleich für den Verlust des Empire: »Il faut faire le travail d'un psychiatre«, sagte der General. Das war das Ende des deutsch-französisch-italienischen Nuklearprojekts. Den Deutschen blieb, ihre Enttäuschung herunterzuschlucken, den breiten Fächer der konventionellen Kooperationen einzuklappen und, mehr als je zuvor, auf die amerikanische Karte zu setzen.

In der Tat gingen, als die »massive retaliation« ins Wanken geriet, die Amerikaner dazu über, Kurz- und Mittelstreckensysteme an der Peripherie der UdSSR zu stationieren. Die »nuclear warheads« allerdings blieben strikt unter amerikanischer politischer Kontrolle und martialischer Bewachung. Trotzdem lag hier ein Mittel der Deutschen, nukleare Teilhabe zu gewinnen und mit ihr beides, Mitsprache über Strategie und Ziele ebenso wie im Notfall ein Veto. Beteiligung an Rüstungskontrolle trat erst später zu den älteren Motiven hinzu. Die deutsche Bundeswehr, die auf dem Boden zunächst mit ausgedientem amerikanischem Material minderer Qualität ausgerüstet worden war, erhielt in der Luft eine Waffe, die für Infanterieunterstützung wenig geeignet war, wohl aber im nuklearen Krieg für nukleare Missionen und im nuklearen Frieden dafür, den neuen deutschen Rang in der

Allianz zu erhöhen: den Starfighter 104 G, wobei das G für German stand. Wenn es je eine politische Waffe gab, dann war es dieser deutsche Jagdbomber mit seiner amerikanischen Bewaffnung. Zusammen mit der Wirtschaftskraft des Leistungsbogens von München über Stuttgart, Frankfurt und Düsseldorf bis Hamburg war es die strategische Lage Deutschlands und die militärische Allianzpolitik, die am Ende der fünfziger Jahre die Bundesrepublik zu einer neuen Mittelmacht erhob. »Wir sind wieder wer« – soll Ludwig Erhard damals gesagt haben.

Würde aber das Regime auf der anderen Seite der Ost-West-Demarkationslinie dem zunehmenden Gewicht der Bundesrepublik, der Anziehungskraft des Wohlstands und der Bonner Politik der Alleinvertretung Deutschlands standhalten? Das Ulbricht-Regime, statt die Menschen sich durch Milde zu gewinnen im Namen von »Frieden und Antifaschismus«, ruinierte die Reste des Mittelstands, kollektivierte die Höfe der Bauern, überwachte alle und jeden und wurde Ende der fünfziger Jahre von Tag zu Tag, da die Menschen über die halboffene Berliner Sektorengrenze flohen, schwächer. Was der Westen indessen an wirtschaftlichem Gewicht gewonnen hatte, gewann die UdSSR in der strategischen Dimension.

Als Nikita Chruschtschow, der sowjetische Generalsekretär, im November 1958 verkündete, ganz Berlin liege auf dem Boden der DDR, der Westteil der Stadt müsse einen neuen Status erhalten, die Viermächtekontrolle sei überlebt, mit der DDR werde nun Frieden geschlossen, und die Alliierten hätten sechs Monate Zeit, die Bedingungen ihres Abzugs zu vereinbaren – da eröffnete der sowjetische Führer eine neue Ost-West-Krise. Was er sagte, klang wie ein Ultimatum. Was er wollte, war wenig deutlich jenseits der Tatsache, daß er einerseits sowjetisches strategisches Verhandlungsgewicht umzusetzen suchte in eine veränderte strategische Landkarte Mitteleuropas, andererseits den unaufhaltsamen Aufstieg der Bundesrepublik anzuhalten und die DDR, Hauptgarnisonstaat der Sowjetarmee westlich der sowjetischen Grenzen, am Zusammenbruch zu hindern suchte. Was dem Westen als strategische Offensive erschien, mag aus der Sicht des Kreml-Herrn strategische Defensive gewesen sein.

Damit überschichteten sich drei Krisen, und alle fanden

ihren Brennpunkt in Berlin, und bis zum Bau der Mauer war niemand sicher, ob es nicht tatsächlich zum Brennen kommen würde. Die erste Krise war die Veränderung der nuklearen Strategie der massiven Abschreckung. Die zweite Krise lag darin, daß Ziele, Reichweite und Mittel des sowjetischen Revisionsanspruches offen waren und von Chruschtschow offenbar im freien Experiment getestet wurden: seine Sprache wurde drohend, Sowjetmarschälle sprachen vom Vernichten, Reserven wurden mobilisiert, die Zeit verrann. Und endlich gab es die deutsche Krise: die DDR, die von der Implosion bedroht war, und die Bundesrepublik, deren Nerven, innere Stabilität und Bündnissicherung einer Belastungsprobe entgegengingen.

Würde die Bundesrepublik die Grenzen ihrer neu gewonnenen Macht erfahren? Ein großer Kompromiß über Berlin mußte das Land tief verändern. Wenn es aber nicht zum Kompromiß kam – was würde ein Ost-West-Krieg von Berlin, Deutschland und Europa übriglassen? Im Juni 1961 begegneten Kennedy und Chruschtschow einander in Wien, erprobten Gipfeldiplomatie und nahmen einer das Maß des anderen. »Es wird ein harter Winter«, war Kennedys Summe nach den »sehr düsteren Gesprächen«. Die Krise eskalierte weiter. Mehr Flüchtlinge in Ost-West-Richtung, mehr militärische Mobilisierung, mehr Angst kennzeichneten einen Sommer, der unter schwefelgelber Gewitterstimmung lag. Kennedy verkündete die drei »essentials«, und er sprach sie allein für die drei Westsektoren der belagerten Stadt aus: freier Zugang der Alliierten, Lebensfähigkeit der Stadt, Erhaltung der Bindungen an die Bundesrepublik Deutschland. War das ein Signal an die Russen?

An einem strahlenden Sonntagmorgen, 13. August 1961, geschah das Unerwartete: Ein Stacheldrahtverhau wurde von Volkspolizisten an der Sektorengrenze entlanggezogen. Keine Nationale Volksarmee, keine Rotarmisten, kein Beton, als wolle man erst einmal prüfen, wie der Westen reagierte. Als die Westmächte lediglich Proteste schickten, dann ihr eigenes Zugangsrecht in den Ostteil der Stadt testeten und endlich als Zeichen moralischer Unterstützung 1.500 Mann einer amerikanischen Kampfbrigade in Marsch setzten und den legendären Helden der Blockade, General Lucius D.

Clay, entsandten, war das Drama abgeschlossen. Aber noch wollte es niemand glauben.

Es war eine Stunde der Wahrheit. Die Bundesrepublik Deutschland und ihre politische Klasse hatten die Grenzen ihrer Macht gesehen. Wie Willy Brandt, Regierender Bürgermeister des Westteils der durchmauerten Stadt, bitter feststellte: »Der Vorhang ging auf, und die Bühne war leer.« War die Mauer das Ende der Krise in ihrem dramatischen Teil? Niemand wußte es, doch ahnen konnte man es schon. Statt daß die Sowjetunion eine kühne Vorwärtsstrategie entfaltete, für die es im Westen Horrorszenarien gab, hatte die DDR sich eingemauert. Gemessen an den Ungewißheiten und Gefahren, die man sich zuvor ausgemalt hatte, war das ein minderes Übel – und es hatte den Nebeneffekt, daß das Ost-West-Verhältnis nicht durch den Zusammenbruch der DDR in nächster Zukunft getestet wurde. Es war eine Lösung, mit der alle leben konnten – außer den Ostdeutschen, und selbst die mußten es lernen.

Der Bau der Mauer in Berlin war für die Deutschen eine Erinnerung an die reale Lage des Landes: Hier endete nicht nur der amerikanische Sektor, hier endete auch die neu gewonnene Macht. Was aber den Deutschen eine Wahrheit von der bittersten Art war, bedeutete für die Weltpolitik, ungeachtet des grimmigen Panzeraufmarschs am Checkpoint Charlie an der Friedrichstraße, einen Moment der Klärung und der Frontbegradigung, ja der Beruhigung. Wie sich bald zeigen sollte, war allerdings das Kräftemessen der nuklearen Weltmächte noch nicht zu Ende. Nur die deutsche Szenerie war neu eingerichtet – und wie es schien, auf Dauer. Die DDR war da, um zu bleiben – jedenfalls solange die Kreml-Herren es für zweckmäßig hielten, dem SED-Staat die militärische Bestandsgarantie zu geben. Es schien 1961, als habe die Nachkriegszeit ihre feste und endgültige Form gefunden. In den Worten von Raymond Aron: »Guerre improbable, paix impossible« – Krieg unwahrscheinlich, Frieden unmöglich.

Den Deutschen in Ost und West erschien es bald klüger, sich mit der Mauer einzurichten, als gegen sie anzurennen. Fortan mußten die Deutschen in der DDR sich mit dem über sie verhängten Regime abfinden, und eine ganze Generation hat das wohl auch getan, bis in die Mitte der achtziger Jahre.

Sowjetische und amerikanische Panzer, Rohr gegen Rohr, am Checkpoint Charlie nach dem Bau der Mauer am 13. August 1961. Im symbolischen Vordergrund die Panzer, an deren Zahl der Westen dem Osten immer unterlegen war; im realen Hintergrund, dem Betrachter verborgen, die Fernwaffen des nuklearen Gleichgewichts, das in der zweiten Berlin-Krise und der damit verbundenen Kuba-Krise 1961 jene doppeldeutige Form gewann, die seitdem durch »Abschreckung und Entspannung« gekennzeichnet war und 1989/90 zur Aufhebung des bipolaren Systems führte.

Im Westen des geteilten Landes kam bald nach der Mauer ein Neologismus auf, die »Bundesdeutschen«, der auch als Adjektiv eine peinliche Karriere machte. Er quittierte sprachlich, daß der Westen sich in der Realität einrichtete, daß Deutschland ein geteiltes Land war und daß für viele der Rechtsstatus der einheitlichen deutschen Staatsbürgerschaft nichts mehr war als eine juristische Fiktion. Die DDR hörte bald auf, die »Zone« zu heißen oder in Anführungsstrichen auf Distanz gebracht zu werden. In Berlin herrschte Ratlosigkeit, was mit dem Tiergartenviertel und dem Baugrund westlich des Reichstags geschehen sollte, der nach seiner lieblosen Restaurierung wegen der sowjetischen Verwahrungen immer weniger der Parlamentsarbeit dienen durfte. In Bonn begann die Bundesbauverwaltung, eine Hauptstadt für den westlichen Teilstaat zu planen und in Beton zu gießen, als sei die Mauer für immer und ewig da. In der Mauer von Berlin lag eine herbe Lektion über die Macht der Verhältnisse, die Ohnmacht der Deutschen, die Tugend der Realpolitik. Allerdings, wie sich zeigen sollte, lag darin auch eine Lektion über die Notwendigkeit der Entspannung.

Die Berlin-Krise und die Kuba-Krise bildeten 1961/62 für das Weltsystem des Kalten Krieges eine Schwelle der Veränderung. Bis dahin war die Sowjetunion in Schach gehalten worden durch amerikanische Eindämmungspolitik, nukleargestützt. Fortan ging es darum, in nuklearer Parität miteinander auszukommen, ohne die Welt in die Luft zu sprengen. Die Doppelkrise selbst war eine Phase des Maßnehmens, der Anpassung des Weltsystems gewesen: In Berlin hatte Chruschtschow den Westen getestet, in den Worten an den Rand des Krieges tretend, mit den Werken aber noch Sicherheitsabstand bewahrend. In der Kuba-Krise aber ging der sowjetische Führer einen entscheidenden Schritt zu weit und tat etwas, was Amerikas älteste historische Instinkte wachrief. Er war nicht nur ideologisch in die westliche Hemisphäre eingebrochen durch Stützung des »maximo leader« Fidel Castro auf der Zuckerinsel. Er hatte auch Amerika die neue nukleare Verwundbarkeit vor Augen geführt – so wie die USA durch Mittelstreckensysteme in der Türkei und in Oberitalien die Sowjetunion in Schach zu halten suchten. Das Ergebnis war der Dreizehn-Tage-Nervenkrieg um Kuba, bekannt als kubanische Raketenkrise, der mit dem Abdrehen der sowjetischen Frachter und der Zusage der Amerikaner endete, in der Türkei und in Oberitalien auf »Jupiter«-Raketen zu verzichten.

Waren in Berlin die europäischen Machtlagen festgelegt worden, in denen der Osten West-Berlin respektierte, der Westen aber die Teilung der Stadt und die Befestigung der DDR hinnahm, so war im Golf von Mexiko ein neuer Zustand des Weltsystems erreicht. Hier wie dort waren die Weltmächte an den Abgrund des dritten Weltkriegs getreten und hatten nicht nur das Fürchten gelernt, sondern auch die Grund- und Hauptlektionen des nuklearen Friedens. Was folgte, war stabile Konfrontation, begleitet von einem neuen Modus der Krisenbegrenzung und des Konfliktmanagement.

Das Kind von Furcht und Vernunft: Entspannung

In der Spätphase Adenauers mußte deutsche Politik alles tun, den Anschluß an die USA zu halten: daher die NATO-Priorität der deutschen Sicherheitspolitik, darin eingeschlossen die Schmerzen und Gefahren der Entspannung; daher der Elysée-Vertrag mit Frankreich, um Paris von Sonderwegen nach Moskau abzuhalten und Europa von innen auf der Linie Bonn-Paris zu festigen; daher auch die »Stille Allianz« mit Großbritannien, zwischen Verlust des Empire und Aufbruch nach Europa. Daher aber auch, mit mehr Behutsamkeit als Vision, die Annäherung an etwas, was einmal Ostpolitik werden würde. Bis dahin war der Osten Europas auf den geistigen Landkarten der Deutschen beschrieben wie die unbekannten Weltgegenden auf den Atlanten der alten Weltentdecker: »Hic sunt leones«.

Die Ambivalenz der Entspannung hat in ihrem Hin und Her die folgenden drei Jahrzehnte geprägt und am Ende die Überwindung möglich gemacht. Die Entspannung begann noch 1962 mit dem »heißen Draht« zwischen Moskau und Washington zur Verhütung strategischer Mißverständnisse. Sie setzte sich 1963 fort mit dem Vertrag über das Verbot nuklearer Tests in der Erdatmosphäre (»Test Ban Treaty«). Endlich folgte 1968 der Atomwaffensperrvertrag (Non Proliferation Treaty), der eine Art Kartell der Nuklearbesitzer gegen die Weitergabe nuklearer Geheimnisse und Materialien an Nicht-Besitzer etablierte. Die deutsche Politik wurde von alledem nicht nur getrieben. Sie wurde auch in einen neuen, offenen Rahmen gestellt. Die Idee materieller deutscher Nuklearbeteiligung erlitt nach der Wende des Generals de Gaulle noch einmal eine harte Zurückweisung, als die Amerikaner nach der kubanischen Raketenkrise darauf verzichteten, in Deutschland Mittelstreckensysteme zu stationieren. Danach spielte die amerikanische Regierung unter Präsident Johnson eine Zeitlang mit der Idee der Multilateral Force – einer nuklear bewaffneten Flotte mit gemischter NATO-Besatzung, die einen bescheidenen Teil des amerikanischen Potentials an Bord haben sollte. Aber die amerikanischen Planer trennten sich bald wieder von diesem Konzept, zumal Frankreich und Großbritannien das Aufrücken der Deutschen in die nukleare Mittelklasse nicht schätzten. Statt mit den Deutschen Proliferationspolitik zu machen, machten die Amerikaner mit den Sowjets Non-Proliferationspolitik. Die Multilateral Force, so sagte man damals, war die erste Flotte der Welt, die sank, bevor sie zu Wasser gelassen war. Die Deutschen blieben bei ihren nuklearen »Plattformen« – Artillerie, F 104 G »Starfighter«, Kurzstreckensysteme. Aber alle nuklearen Sprengköpfe blieben fest unter amerikanischem Verschluß. Was strategisch nicht lösbar war, nukleare Teilhabe und nukleares Veto, wurde statt dessen politisch angeboten, durch Beteiligung an der nuklearen Planungsgruppe der NATO (NPG), die Einsatzgrundsätze und Zielplanung beriet – und sich später als wichtiges Instrument erwies für die Beteiligung der nuklearen Nicht-Besitzer an der strategischen Rüstungskontrolle zwischen den nuklearen Supermächten.

In dem Jahrzehnt nach der Berlin-Krise wurde der weltpolitische Rahmen der deutschen Politik gründlich verändert. Zwischen Konfrontation und Kooperation der Supermächte gab es eine Zone, die zu gestalten war. Wollte Bonn nicht zum Störenfried der internationalen Politik werden, mußte die deutsche Außen- und Sicherheitspolitik Mitspieler im großen Spiel der Entspannung werden – und dies vor allem dort, wo die Konfrontation am meisten schmerzte und die DDR mit Schikane und Härte daranging, auf dem Fundament sowjeti-

Im Nuklearzeitalter ist souverän, wer über Nuklearwaffen verfügt. Der F 104-G Starfighter aus amerikanischer Produktion war ein nuklearfähiger Jagdbomber für eine Armee ohne Nuklearwaffen, die Bundeswehr. Das hochmoderne System sollte nur zwei Jahrzehnte nach der bedingungslosen Kapitulation den Deutschen Mitsprache in nuklearen Fragen geben, ohne daß die Amerikaner ihnen jemals die Waffe anvertrauten.

scher Parität und dem Beton der Mauer sich zum anderen –
und anerkannten – deutschen Staat zu machen: in Berlin.

Als Kind von Furcht und Vernunft entstand ein neuer
Modus von Konfrontation und Kooperation, den man Entspannung nannte. Die Bundesrepublik Deutschland, deren
Verhandlungsgewicht aus der Ost-West-Konfrontation kam,
aus Westintegration und Wirtschaftsleistung, mußte nun den
schwierigen Part lernen, dieses Gewicht im Westen zu bewahren und zugleich nach Osten zu nutzen, um mit dem Druck
der sowjetischen Vormacht, der Realität der Oder-Neiße-
Grenze, der Teilung Berlins und der widrigen Existenz des
kommunistischen Gegen-Deutschland fertig zu werden.
Bonn durfte nicht Störenfried der Entspannung sein und so
tun, als sei vom Sputnik 1957 bis zum amerikanisch-sowjetischen Nuklearkompromiß 1962 nichts geschehen. Doch
zugleich galt es, jedes Doppelspiel zwischen Ost und West zu
vermeiden, die lebenswichtige Bindung an die USA zu pflegen, die unterdessen deutlich Distanz suchten; und mit den
Osteuropäern, vor allem der Sowjetunion und notfalls selbst
mit Ulbricht in Ost-Berlin einen Modus vivendi zu finden.

Versprach Entspannung den Europäern mehr Bewegungs-
freiheit? Die Deutschen fürchteten ein neues Kondominium,
und der ruhmlose und unerwartete Untergang der »Multi
Lateral Force« und die kalte Vernunft des »Nonproliferati-
ons-Vertrags«, der Nuklearbesitzer und Nichtbesitzer in zwei
Klassen teilte und Verzichte einforderte zugunsten des Super-
macht-Kartells, mußte jede Bonner Regierung darin bestär-
ken. Oder war Entspannung ganz anders zu lesen? Anfang
des Zerfalls der Blöcke, erhöhte Risiken und verminderte
Sicherheitsgarantien für die Deutschen? So oder so, die Bundesregierung mußte der großen Westpolitik der Gründer-
jahre nun eine kleine Ostpolitik im Zeichen des Wandels folgen lassen. Bonn war sich des Wagnisses bewußt, im Osten
nichts als Feindschaft zu finden und im Westen nichts als
Mißtrauen. Henry Kissinger beobachtete die deutsche Lage
und die daraus resultierenden Schmerzen:

»Darin zeigte sich das in der deutschen Nachkriegspolitik
verheerende Dilemma. Unter den europäischen Mächten
war die Bundesrepublik die einzige, deren nationale Ziele

sich nach dem Kriege nicht erfüllt hatten. Das Verlangen nach Wiedervereinigung drückte sich in der Weigerung aus, mit der ostdeutschen Regierung zu verhandeln oder diplomatische Beziehungen mit Regierungen aufzunehmen, die solches taten. (Das war die sogenannte Hallstein-Doktrin.) Aber keine andere europäische Regierung stellte sich hinter dieses deutsche Verlangen, denn bei ihnen allen weckte die Vorstellung von einem wiedervereinigten Deutschland alte Alpträume von der deutschen Vorherrschaft. Für sie galt das Scherzwort Clemenceaus, der gesagt hatte, er liebe Deutschland so sehr, daß er sich zwei deutsche Staaten wünsche. Sie wußten außerdem, daß sich die deutsche Wiedervereinigung, wenn überhaupt, dann nur nach einer massiven Konfrontation mit der Sowjetunion erreichen ließe. Es bestand deshalb eine tiefe Kluft zwischen dem erklärten Ziel der Bundesrepublik, der Wiedervereinigung Deutschlands, und den Aktionsmöglichkeiten, das zu erreichen. Diese Kluft versetzte die Sowjetunion in die Lage, die Bundesrepublik Deutschland immer wieder zu Konfrontationen in der Berlin-Frage zu zwingen, unter anderem mit dem Ziel, die Zustimmung der Bundesrepublik zur Beibehaltung des Status quo zu erzwingen und die Verbündeten Deutschlands in der NATO zu veranlassen, sich von den nationalen Zielen Deutschlands zu distanzieren.«

Um dieses Dilemma zu bewältigen, schickte die Bundesregierung unter Erhard eine werbende Friedensnote nach Moskau und begann in der Großen Koalition Kiesinger/Brandt einen ersten, vorsichtigen Dialog mit der DDR. Vor allem setzte sich das offizielle Bonn im westlichen Bündnis für eine Bestandsaufnahme der Ziele und Mittel der NATO ein, die 1967 im knappen Bericht des belgischen Außenministers Harmel zusammengefaßt wurde. Der Inhalt: Die atlantischen Nationen erstrebten Entspannung, aber erwarteten von der Schutzmacht Amerika, trotz Vietnam, unverändert Abschreckung und Verteidigung. Dahinter stand die Erwartung, das nukleare Verhältnis zu rationalisieren, Rüstungslasten zu vermindern und mit den Osteuropäern mehr als nur einen Dialog der Schwerhörigen zu führen.

Die europäischen NATO-Staaten, darunter vor allem die Bundesrepublik Deutschland, lasen in der Weltlage die doppelte Botschaft. Auf der einen Seite stand das Ende amerikanischer Hegemonie und der Übergang zum Gleichgewicht der Supermächte, damit verbunden die Gefahr, daß Amerika seine Garantien der »extended deterrence« für Westeuropa verminderte. »Chicago tauschen für Bonn?« Die amerikanische Frage klang schrill in europäischen Ohren und wurde vor allem in Deutschland gehört. Auf der anderen Seite war unübersehbar, daß der ferne Krieg in Vietnam immer mehr Truppen der USA einsaugte, den Dollar schwächte und die Vereinigten Staaten in den westeuropäischen Universitäten, Medien und Akademien zum Angriffsziel machte. Würden die Amerikaner, in Südostasien zur Verständigung mit den Russen gezwungen, in Europa den Preis bezahlen? Am Ende der sechziger Jahre war vieles offen, am meisten die Frage, wie die Bundesrepublik Deutschland nach Osten Handlungsfähigkeit gewinnen konnte, ohne im Westen Bündnisfähigkeit zu verlieren. Hier setzte, als die Große Koalition 1969 ihre Ziele erschöpft hatte, im Zeichen der sozialliberalen Koalition mit Emphase der bald »Neue Ostpolitik« genannte Versuch an, der weltpolitischen Lage ein Stück eigene Gestaltungsfähigkeit abzugewinnen und ebenso behutsam wie zielstrebig die Grenzen der Macht nach Osten zu erweitern.

Ostpolitik

Die Außenpolitik eines Landes ist im allgemeinen Ausdruck seiner Lage in Zeit und Raum, Summe der nationalen Interessen, Erinnerung an viele Vergangenheiten und Zielsetzung für künftige Zeiten. Als am Ende der sechziger Jahre Planungsstäbe in Bonn und Leitartikler im ganzen Land begannen, nach einer konstruktiven Ostpolitik zu fragen, da entsprach dies einem tiefgreifenden Wandel der Generationen, der Werte, des inneren Konsensus. In den Universitäten nahmen die Demonstrationen gegen den Krieg in Vietnam Kreuzzugscharakter an. Die NPD, als Wiederkehr des Nationalsozialismus gefürchtet, zog in einige Landtage ein. Wer am meisten erschreckt war, waren die Deutschen. Während sie alles taten, der Geschichte zu entkommen, fühlten sie sich von ihren Gespenstern eingeholt und verhöhnt. Sie wollten nicht nur beweisen, daß sie für Entspannung waren. Sie mußten es auch.

Zur selben Zeit geschahen in Deutschland wie in den westlichen Nachbarländern tiefe Wandlungen aller Lebensformen. Wohlstand wie nie zuvor, die Menschen lebten länger, die Frauen machten Karriere, das Verhältnis der Geschlechter veränderte sich, die Zahl der Ehescheidungen wuchs, die der Kinder sank. Ein Generationenkonflikt brach auf, der den wunden Punkt der Älteren zum Ziel nahm, die Vergangenheit der Jahre 1933 bis 1945, die zu »bewältigen« war, und doch niemals bewältigt werden konnte: »Unter den Talaren der Muff von 1000 Jahren«. Zuvor war das Ende der Ideologien in Universitäten und Redaktionen verkündet worden. 1968 zeigte sich, daß dem nicht so war. Die Rebellionen der Studenten und Schüler und das Unbehagen weiter Schichten erinnerte daran, daß die Verzweiflung an der Vergangenheit auch Zweifel an Gegenwart und Zukunft umfaßte.

Der Wandel des Weltsystems in den sechziger Jahren und die Veränderung des öffentlichen Diskurses in Deutschland hatten viel und wenig miteinander zu tun: wenig, weil das materielle Leben und die große Politik unterschiedliches Maß und Gewicht haben, weil die neue Unruhe aus der Tiefe des Generationenkonflikts kam und nicht aus dem neuen weltpolitischen Schachbrett, und weil es sich nur um eine deutsche Variation über ein westliches Thema handelte. Viel aber auch, denn mit dem wachsenden Abstand von den Schrecken des Jahres 1945 und der sinkenden Angst vor der Sowjetunion wurde die innere Debatte freigesetzt von den Lasten, die sie bis dahin bestimmt hatten. Zugleich entstand eine neue Ungeduld, sich der Vormundschaft der Amerikaner über Ideen und Politik zu entziehen. So wurde die 68er Bewegung der Bundesrepublik beides, Aufstand gegen die Väter und Emanzipation von den Amerikanern. Die Affinität zwischen dem Umbruch der Werte der Innenpolitik und der Werbekraft einer durch Entspannung veränderten Außenpolitik – auch wenn dies auf dringliches Anraten, ja Mahnen der Amerikaner geschah – war unübersehbar.

Wie Adenauer im entscheidenden ersten Jahrzehnt der

Bundesrepublik Deutschland Wahlen und Innenpolitik mit dem Druck der Außenpolitik gelenkt hatte – legendär wurde sein oft wiederholtes Wort »die Lage war noch nie so ernst« – so wurde seit 1969 die »Neue Ostpolitik« Sinnachse der Regierung Brandt/Scheel aus Sozialdemokraten und Freien Demokraten, zumal die innenpolitischen Probleme der Koalitionspartnerschaft unübersehbar blieben. Die Ostpolitik war den Deutschen von der Weltpolitik aufgegeben, wollten sie nicht das tun, was sie immer am meisten vermeiden mußten: sich selbst isolieren. Zugleich aber war sie das Instrument, die Grenzen der Macht zu erweitern.

Jede Bundesregierung seit Adenauer hatte operieren müssen in einem tief veränderten strategischen und ideologischen Rahmen der Weltpolitik. Je mehr nukleare Parität und Konsolidierung des Sowjetimperiums ein neues Weltgleichgewicht heraufführten, desto mehr geriet das alte Konzept der Wiedervereinigung durch Anschluß der DDR in Widerspruch zu dem ebenso alten Axiom, die Außen- und Innenpolitik der Bundesrepublik niemals vom Westen zu trennen. General de Gaulle sprach, werbend nach Osten, erkältend nach Westen, von »entente, détente, coopération« und meinte nicht die Verbündeten jenseits des Atlantik, sondern den mächtigen Gegner jenseits des Eisernen Vorhangs. Schon die Große Koalition hatte seit 1966, um nicht allein zu bleiben im westlichen Verbund, tragende Teile der adenauerschen Ostpolitik preisgeben müssen. Das Auswärtige Amt begab sich, indem es die Einbeziehung der DDR in ein gesamteuropäisches Sicherheitssystem vorschlug, auf den Weg zur Zweistaatentheorie. So widrig Ulbricht und die Seinen blieben, war doch Gebot der Realpolitik, die Existenz des SED-Staates zu respektieren, wenn die Bundesrepublik etwas Konstruktives für Berlin und für die stets gefährdeten Verbindungen zu der geteilten Stadt tun wollte, und wenn sie Anwalt der Deutschen im Osten bleiben wollte.

In Deutschland war der Weltgegensatz noch immer am schärfsten. Um so mehr mußten die Deutschen alles tun, die Gefahr der Konfrontation zu mindern, um sich selbst der Gefahr der Isolation zu entziehen. Der »Prager Frühling« 1968, als Reformsozialisten sich gegen das stalinistische Regime erhoben und von den verbündeten Truppen des

Warschauer Pakts niedergeworfen wurden, änderte die Geschäftsbasis der Entspannung nicht. Für den Westen unterstrich die Prager Aktion eher die Notwendigkeit der Entspannung, definierte aber auch ihre Grenzen. Wenn man Frieden haben wollte, dann ging, was jenseits der Blockgrenze vorging, den Westen nichts an. Er konnte protestieren, im übrigen mußte er verhandeln über die Einhegung nuklearer Macht.

Die neue Kräftekonstellation im Ost-West-Verhältnis, aber auch das neue Kräfteverhältnis der deutschen Innenpolitik trieben seit den Wahlen 1969, die der sozial-liberalen Koalition eine schmale Mehrheit gaben, in die Neue Ostpolitik. Es ging darum, abgesichert durch die amerikanische Vormacht, soweit wie möglich eigenen deutschen Manövrierraum vis-à-vis der Sowjetunion zu schaffen. Man mußte von Bonn aus mit der Sowjetunion beginnen, ohne auf Abwege zu geraten oder dem Sowjetimperium und der DDR mehr Anerkennung zu zollen, als der Westen insgesamt zu geben bereit war. Die Befreiung aus den engen Gehäusen des Kalten Krieges durfte den Deutschen niemals zum nationalen Sonderweg geraten. Egon Bahrs vieldeutige Formel von Tutzing 1962 »Wandel durch Annäherung« war dafür eher von delphischer Doppeldeutigkeit als von pragmatischer Bestimmtheit. Er wurde nunmehr Sonderbotschafter für die östlichen Verhandlungen. Ihm war jedenfalls seit dem Mauerbau deutlich, daß mit der Sowjetunion nur dann in ein ernsthaftes Verhandlungsverhältnis zu kommen war, wenn die Bundesrepublik die DDR hinnahm. Umgekehrt war deutlich, daß mit der DDR niemals intimer verhandelt werden konnte, als es Moskau gefiel. Die Grenzen der Macht erweitern, hieß 1970 zuerst und vor allem, das Maß der weltpolitischen Wirklichkeit zu nehmen. Sie wurde bestimmt von nuklearer Parität, von der Mauer in Berlin und dem Interesse des Kreml, das äußere Imperium durch den Westen, vor allem Amerikaner und Deutsche, anerkannt zu sehen für heute und auf alle Zeit.

1970 wurde der alte Anspruch, die Bundesrepublik spreche für ganz Deutschland und alle Deutschen, preisgegeben. Es blieb allerdings die juristische Position, daß es nur eine deutsche Staatsbürgerschaft gab, was sich dann im Jahr 1989 als entscheidend erwies. Und es blieb auch der Anspruch aller folgenden Bundesregierungen, daß es in Deutschland nur eine demokratisch gewählte Regierung gebe. Allerdings, seit der Mauer war deutlich, daß die DDR da war, um zu bleiben, und ein Faktor, der nicht mehr wegzuwünschen war. Die Grenzen in Osteuropa, das hieß für Polen die Oder-Neiße-Linie, für die Sowjets der Bug, mußten unterschrieben werden.

Die Ostpolitik konnte niemals weiter reichen, als sie im Westen Vertrauen hatte. Stets blieb den Alliierten die Macht über Berlin und – nach der Potsdam-Formel – über »Deutschland als Ganzes«. So sehr die Deutschen weltpolitisch gehalten waren, ihren Beitrag zur Entspannung zu leisten, so deutlich blieb die deutsche Aktionsfähigkeit begrenzt. Diese Doppeldeutigkeit mußte der Ostpolitik im Westen scharfe Aufmerksamkeit sichern. Begleitet von enger Konsultation in der amerikanisch-britisch-französisch-deutschen »Vierergruppe«, wurden seitdem die Verträge vorbereitet.

An erster Stelle stand der Moskauer Vertrag mit der Sowjetunion, der 1970 einen allgemeinen Rahmen setzte. Ihm folgte der Warschauer Vertrag, der Polen Beruhigung schaffen sollte über die Oder-Neiße-Grenze, ohne doch deren Endgültigkeit in aller Form schon anzuerkennen: Gewaltverzicht und keine Gebietsansprüche. Der Kniefall des Bundeskanzlers Willy Brandt in Warschau vor dem Ghetto-Denkmal war ein Symbol des neuen Deutschland. Es folgten die Verträge der vier Mächte über Berlin 1971 und der deutsch-deutsche Grundlagenvertrag 1972. Sie waren das Kernstück der deutschen Ostpolitik, beide waren aufs engste aufeinander bezogen. Der Berlin-Vertrag mußte schon deshalb dem Grundlagenvertrag vorausgehen, weil er das Berlin-Problem außerhalb der Reichweite deutsch-deutscher Verhandlungen halten sollte. Der Berlin-Vertrag der Vier Mächte hatte solchermaßen eine doppelte Funktion. Er sollte einerseits den beiden deutschen Staaten deutlich machen, daß Berlin nicht zu ihrer Verfügung stand, sondern Kern der alliierten Vier-Mächte-Kontrolle über Deutschland als Ganzes blieb, und daß ein deutsch-deutscher Vertrag niemals weiter gehen konnte als die Einigung der Siegermächte von 1945. Andererseits wollte der Westen der Sowjetunion gegenüber unterstreichen, daß die Bundesrepublik Deutschland im Westteil der Stadt nicht allein war. Tatsächlich hat der Berlin-Vertrag, obwohl nicht einmal Einigung bestand über den Vertragsgegenstand – Groß-Berlin oder nur die westlichen Sektoren – die Lage in der geteilten Stadt beruhigt und von den Bewohnern das lastende Gefühl der Belagerung genommen. Er bestätigte nicht nur den Status nach dem Mauerbau, sondern trug auch, ungeachtet seiner Widersprüchlichkeit und Unklarheit oder vielleicht gerade deshalb, zum Modus vivendi bei. Alle nachfolgende Deutschlandpolitik war immer viel mehr Berlin-Sicherungspolitik als Wiedervereinigungspolitik.

Die nachfolgenden deutsch-deutschen Verhandlungen über den Grundlagenvertrag waren damit von dem erneuten Ringen um Berlin entlastet. Es ging für die DDR darum, die volle völkerrechtliche Anerkennung zu gewinnen – sie blieb ihr versagt. Für die Bundesrepublik Deutschland ging es darum, ein Verhältnis zu definieren, welches den zweiten deutschen Staat nicht als Ausland anerkannte und nicht als Inland in Anspruch nahm, und dafür in Ost und West auch noch Zustimmung zu gewinnen. Was die Bonner Politik wollte, war Sicherung von Berlin durch Herstellung einer für die SED interessanten Geschäftsbasis. Daher floß in der Folge viel Geld in West-Ost-Richtung. Die Bundesrepublik Deutschland half der DDR zu überleben und unterhöhlte doch zugleich ihre Legitimität. Zudem wollte die Bundesregierung die nationale Frage offenhalten und mußte dies schon aus Gründen des innenpolitischen Konsensus erstreben. Und endlich mußte die Bonner Politik die Deutsche Frage zugleich international strittig halten und doch das Reibeisen zwischen Ost und West herausnehmen. Soweit das möglich war, hat die Vertragspolitik der frühen siebziger Jahre dies alles geleistet. Die Opposition der CDU/CSU, anfangs mißtrauisch und auf Revision sinnend, akzeptierte nach dem klärenden Urteil des Bundesverfassungsgerichts von 1973 die neue Lage. Noch wichtiger war, daß in Washington für eine Neuverhandlung keine Unterstützung zu finden war. 1972 sondierte der CDU-Abgeordnete Dr. Kurt Birrenbach im Auftrag des Parteivorsitzenden Barzel die Einstellung der USA und kam von Henry Kissinger mit einer Analyse und einer Warnung zurück. Die Analyse, die

Kissinger zuvor dem Präsidenten gegeben hatte, verwies darauf,

»daß zwar die Vertreter der neuen Regierung an ihrer grundsätzlichen Westorientierung festhalten würden, aber ihr Problem liegt darin, daß sie einen Prozeß unter Kontrolle halten müssen, der im Falle eines Fehlschlages ihr politisches Überleben gefährden und bei einem Erfolg eine Dynamik annehmen könnte, die unter Umständen die innenpolitische Stabilität Deutschlands aus den Angeln heben könnte«.

Die Warnung:

»Die Bundesrepublik Deutschland allein verfüge ... seiner Meinung nach nicht über die Macht, ihre Ostpolitik auf rein nationaler Basis zu verfolgen. Ohne den militärischen Schirm des Bündnisses wäre sie insbesondere in der Berlin-Frage, aber auch sonst in ihrer Existenz gefährdet. Sie sei also eindeutig in ihrer Sicherheit von der Unterstützung ihrer Verbündeten, insbesondere der Vereinigten Staaten, abhängig. Die Ostpolitik könne nur dann Erfolg haben, wenn sie gleichzeitig getragen sei vom westlichen Bündnis. Anderenfalls wäre es der Bundesrepublik nicht möglich, die Sowjetunion zu echten Kompromissen zu veranlassen.«

Im Lauf der Verhandlungen mit Ost-Berlin wurden die Amerikaner von den Deutschen informiert, aber nicht um Rat gebeten. Die Bonner Position wurde durch die Ostpolitik zwar komplizierter als in den zwei Jahrzehnten, wo man nicht miteinander gesprochen hatte, aber zugleich wurde sie auch von dem angestauten Außen- und Innendruck entlastet. Die Bundestagswahlen 1972 standen ganz unter dem Leitmotiv der Verträge, und die Regierungskoalition machte sie zum Plebiszit über Entspannung und Frieden. Die Gesamtheit der Verträge, logisch und politisch miteinander verbunden, stärkte die Stellung Bonns als Akteur in Europa. Im Westen gewannen die Deutschen mehr Gewicht, im Osten mehr Bewegungsraum.

Es folgten der Anstieg des im EWG-Vertrag durch Zollfrei-
heit privilegierten innerdeutschen Handels, zivilerer
Umgang miteinander, Verkehrserleichterungen auf den Stra-
ßen nach Berlin, wachsende technische Kooperationen, vor
allem aber Milderung der menschlichen Misere, die aus der
Teilung Deutschlands kam. Jedes dieser Elemente trug zum
Wandel bei. Grenzen der Macht? Die DDR glaubte gewon-
nen zu haben: In West-Ost-Richtung viel sichtbares Geld für
Transitwege und Postdienste und unsichtbares Geld für
Gefangenenfreikauf; in umgekehrter Richtung knappe
Valuta für kommunistische Parteien, marxistische Studenten
und gutwillige Publikationen. Tatsächlich verriet die hysteri-
sche Schärfe, mit der SED-Deutschland seitdem ideologische
Abgrenzung nach Westen betrieb, daß das Regime sich über
Gewinn und Verlust nicht sicher war. Aus der DDR-Verfas-
sung wurde jeder Bezug auf Deutschland getilgt. Die Becher-
Hymne, die Deutschland erwähnte – »Auferstanden aus Rui-
nen« -, durfte nur noch gesummt werden. Vom Parteiorgan
»Neues Deutschland« war nur noch in Form des »ND« die
Rede. Das Grundgefühl im Osten des geteilten Landes aber
blieb das der Bewohner von Trastevere, dem Quartier der
Fischer, gegenüber Rom, der Stadt der Kardinäle: noi altri –
wir die anderen. Das trennte und verband zugleich.

Bezugspunkt für Politik und Alltag blieb allemal die Bundesrepublik Deutschland, und die Vertragspolitik, die die
Trennung auf das Papier der Staatsdokumente setzte, hat
zugleich Gefühle der Zusammengehörigkeit im Westen und
der Westorientierung im Osten schärfer herausgearbeitet.
Als im September 1987 Honecker, der Staatsratsvorsitzende
und Generalsekretär der SED, den seit zehn Jahren ersehnten
und von Bonn immer wieder hinausgeschobenen Staatsbesuch in Bonn, Saarbrücken und München machen durfte, da
mochten er und die Seinen glauben, nun sei Staat gleich Staat,
Hymne gleich Hymne, Fahne gleich Fahne. Der Irrtum hätte
nicht größer sein können. Tatsächlich hat jene Begegnung,
ungeachtet manch devoten Lächelns und gebeugten Rückens
im Westen eher die Distanzen markiert und das Grundgefühl
gestärkt, die DDR werde es niemals schaffen.

Machtwährungen

Die Bundesrepublik Deutschland zwischen Mauerbau und Ostpolitik stand noch einmal, wie zur Zeit ihrer Entstehung, im Zentrum des Ost-West-Konflikts und seiner Wandlungen. Tatsächlich hat die Entspannung der auf den Mauerbau folgenden eineinhalb Jahrzehnte dem jederzeit durch Erinnerung an seine »Vergangenheit« von innen und außen einzuschüchternden Land die Chance gegeben, einen neuen Typus von Macht zu entwickeln, anders als Frankreich und Großbritannien. Die alten Imperialmächte fanden in der Nuklearwaffe und dem in Deutschland und über Deutschland aufgehobenen Siegerstatus noch einmal eine späte Großmachtrolle. In dieser Höhenlage mitzumachen, war den Deutschen konstitutiv versagt: Die kühnen Versuche des 1962 gestürzten Verteidigungsministers Franz Josef Strauß, nukleare Teilhabe zu erwerben, hatten das bewiesen.

Statt dessen entwickelte das Land seine eigenen Machtwährungen: Auf der Basis eines durchorganisierten Sozialstaates und eines tragenden Sozialkonsens, durch Mitbestimmung institutionell abgesichert und durch wirtschaftliches Wachstum getragen, kam die neue deutsche Machtwährung aus der Leistung der Industriellen, der Bankiers und Kaufleute, der Facharbeiter und Ingenieure. Japan und Deutschland, die »enemy nations« von ehedem, hatten beide auf ihre Weise den Weg in die Machtdimension der Handelsrepubliken wählen müssen: nicht mehr unglückliche Helden, sondern glückliche Händler. Aber der Unterschied ist lehrreich: Während die Bundesrepublik Deutschland in der westlichen Integration ihre neue Rolle fand im Schutz der Pax Americana und durch die Sorge um Berlin in immer neue politische Geschäfte mit der östlichen Vormacht und selbst mit dem widrigen Gebilde der DDR gezwungen wurde, blieb Japan ganz und gar auf das Bündnis mit den Vereinigten Staaten angewiesen, weil es mit der Sowjetunion so gut wie keinen Gesprächsfaden gab und die Nachbarn den Krieg nicht vergaßen und auch nicht vergessen wollten. Der wirtschaftliche Erfolg, den beide Länder errangen, wurde für Japan lange Zeit politisch kaum nutzbar. Für Deutschland wurde er zum wichtigsten Instrument westlicher Bündnisfähigkeit und dann östlicher Geschäftsfähigkeit.

Die Währung eines modernen Industriestaats ist nicht auf Goldbarren gegründet, sondern auf Leistungskraft und Vertrauen der Wirtschaftsbürger. Als 1948 unter dem Schirm der Besatzungsmächte die D-Mark in den westlichen Besatzungszonen eingeführt wurde, war die wirtschaftliche Einheit Deutschlands längst verloren, nachdem sich im Osten mit dem Einmarsch der Roten Armee eine gesellschaftliche Revolution vollzogen hatte, die unumkehrbar gedacht war. Die feste Hand der Besatzungsmächte hielt die Umverteilungsprobleme und die damit verbundenen Schmerzen der Deutschen unter Kontrolle, seitdem wurde die Währung zum Inbegriff des friedlichen deutschen Wiederaufstiegs im Westen. Im traditionsarmen Land ist die Währung zu einer Tradition geworden. Die Aufnahme zeigt das schmucklose Gebäude der »Bank deutscher Länder« in Frankfurt, seit 1957 die Bundesbank. Der Fünf-Mark-Schein von 1949: Anspielung auf den griechischen Mythos der Europa, die von Zeus in der Gestalt eines Stieres entführt wird.

Die erste Hälfte der siebziger Jahre war bestimmt vom Versuch der Nixon-Kissinger-Administration in Washington, einen Weltentwurf der Realpolitik im Metternichschen Sinne zu verwirklichen, gegründet auf Anerkennung der vorhandenen Macht, um damit Stabilität zu gründen. Was real war, war – wie einstmals auf dem Wiener Kongreß – auch legitim. Machtpolitik war für Nixon und Kissinger, fast schon jenseits amerikanischer Tradition, Realpolitik. Denn Washington wollte drei Dinge erreichen: einen glimpflichen Rückzug aus Vietnam, die Öffnung zu China und ein neues Weltgleichgewicht.

Der nuklearen Verständigung mit Moskau im Nonproliferationsvertrag 1968/70 folgten daher der Salt-I-Vertrag (Strategic Arms Limitation Talks) und der ABM-Vertrag (Anti-Ballistic Missiles). Mit dem einen suchten die nuklearen Mächte die künftige Entwicklung der nuklearen Waffen zu lenken und zu begrenzen. Mit dem anderen sicherten sie einander zu, keine Verteidigungssysteme gegen angreifende Interkontinentalraketen aufzubauen. Jeder Seite wurde nur ein einziges System zugestanden, das die Sowjets dann auch um Moskau herum installierten, während die Amerikaner verzichteten. Das hieß, die eigene Bevölkerung dem Gegner als Geisel des nuklearen Wohlverhaltens zu stellen. Auf der einen Seite stand die Erfahrung, daß es unmöglich war, wirksame Abwehrsysteme zu schaffen. Auf der anderen die Erkenntnis, daß angesichts der Zweitschlagskapazitäten in den Gängen der Erde und in den Tiefen des Ozeans die Chance des erfolgreichen ersten Schlages nicht existierte. Beide Seiten waren gefangen im strategischen Patt.

Das hat zu Beginn der siebziger Jahre das Klima verändert. Dämpfung der ideologischen Lautsprecher, Vorsicht bei der Ausweitung der Einflußzonen, eine Grundstimmung des Realismus erfaßte das Land. Grundlage blieb das Bewußtsein der existentiellen Gefahr, der sich keine der Weltmächte mehr in die Unverwundbarkeit entziehen konnte. Es geschah keine Ruhigstellung der Konflikte und Gegensätze. Aber in Washington und Moskau war man sich einig in dem Bestreben, niemals gegeneinander in einen nuklearen Krieg zu geraten; sich nicht durch Klienten und Verbündete in Auseinandersetzungen ziehen zu lassen, die nicht die eigenen waren:

die nukleare Konfrontation zugleich als Rahmen der Weltpolitik zu erhalten und zu nutzen. Das allerdings schloß nicht aus, daß beide Weltmächte versuchten, an der Peripherie den Gegner zu testen oder durch technische Innovation die strategischen Gleichungen zu verändern. In den siebziger Jahren entwickelten amerikanische Laboratorien die sogenannte Neutronenbombe, die durch starke Strahlung die Mitteleuropa bedrohenden Panzermassen der Sowjetarmee lähmen sollte. Die sowjetische Raketentruppe erhielt in derselben Phase ein neues Mittelstreckensystem von zuvor unerreichter Präzision und Wirkung, Codename SS 20.

Eine Zeitlang schien es zu Beginn der siebziger Jahre, als sei die weltpolitische Schachpartie zum Stehen gebracht, als die Vereinigten Staaten unter Nixon und Kissinger China als Faktor der Balance ins Spiel zu bringen suchten. Amerika vermochte den Krieg in den Dschungeln und Sümpfen Vietnams nicht zu gewinnen und bereitete den Rückzug vor. Die amerikanische Allianz allerdings blieb abgestützt auf die Randzonen des Atlantiks, das pazifische Becken und – indirekt durch maritime Machtprojektion – die arabische Welt. Das Instrument für das Management dieser großen Wachstumszone stand in IMF und Weltbank zur Verfügung, dazu in der OECD. Seit Mitte der siebziger Jahre kamen die Siebener-Wirtschaftsgipfel dazu. Die NATO allerdings blieb, wie ein amerikanischer Analytiker schrieb, »centerpiece of world stability« (David Calleo).

Wer würde die Erde erben, Händler oder Helden? Zu jenem Zeitpunkt trat der gesamte Westen in eine Revolution des Alltags, des Verkehrs, der Wirtschaft, der Waffen und der Strategie ein. Unter Führung Amerikas und Japans begann die Computerrevolution. Zugleich tauchte die Welt nach dem ägyptisch-israelischen Jom-Kippur-Krieg im Oktober 1973 in eine lange Energiekrise: das Öl, das den Nachkriegsboom genährt hatte, wurde knapp und teuer. In den Köpfen begann eine Tendenzwende, in den Staatshaushalten ein verzweifeltes deficit-spending – und der Block im Osten des geteilten europäischen Kontinents zeigte haarfeine Risse.

V. Ein anderes Deutschland
in einem anderen Europa

> ...who can say with assurance that the strong
> light still cast by the Kremlin on the dissatisfied
> peoples of the western world is not the powerful
> afterglow of a constellation which is in actuality
> on the wane? This cannot be proved. And it
> cannot be disproved. But the possibility remains
> ... that Soviet power, like the capitalist world
> of its conception, bears within it the seeds of its
> own decay, and that the sprouting of these seeds
> is well advanced... It would be an exaggera-
> tion to say that American behavior unassisted
> and alone could exercise a power of life and
> death over the Communist movement and bring
> about the early fall of Soviet power in Russia.
> But the United States has it in its power to
> increase enormously the strains under which
> Soviet policy must operate, to force upon the
> Kremlin a far greater degree of moderation and
> circumspection than it has had to observe in
> recent years, and in this way to promote tenden-
> cies which must eventually find their outlet in
> either the break-up or the gradual mellowing of
> Soviet power. For no mystical, Messianic move-
> ment – and particularly not that of the Kremlin
> – can face frustration indefinitely without even-
> tually adjusting itself in one way or another to
> the logic of that state of affairs.
> Mr. X, The Sources of Soviet Conduct, 1947
> (George F. Kennan)

Die deutsche Revolution, die mit den Fürbittgottesdiensten
für die Verhafteten einsetzte, dann in passiven Widerstand
und offene Kritik überging, schließlich in friedliche Massen-
demonstrationen mündete und mit dem 40. DDR-Jahrestag

ihren Höhepunkt erreichte: diese deutsche Revolution hatte deutsche Ursachen, Antriebskräfte und Verläufe. Aber sie hatte anderswo begonnen, und vorangetrieben wurde sie durch Ereignisse, die anderswo geschahen. Wie die Revolution von 1848 die erste vom Telegraphen beschleunigte Revolution war, fand 1989 die erste Revolution statt, die durch die Massenmedien, vor allem durch das Fernsehen und seine suggestiven Bilder verbunden wurde, von Moskau nach Washington, von Berlin Ost nach Berlin West, von Warschau nach Leipzig und Dresden, und von der ungarisch-österreichischen Grenze in das ganze Land, das nicht mehr sein wollte, was es vierzig Jahre lang gewesen war, Eckbastion der stalinistischen Landkarte Osteuropas. Durch das elektronische Medium nahmen die Revolutionäre, die doch eigentlich gar keine hatten sein wollen, nicht nur ihr eigenes Spiegelbild aus der ganzen Welt Tag für Tag in monumentaler Vergrößerung wahr. Die Revolution gewann auch durch die Macht der Bilder und die Ohnmacht der Gewalthaber ständig neue Kräfte.

Das Jahr 1989 hätte ein Jahr der Jahrestage werden sollen: vierzig Jahre nordatlantisches Bündnis, vierzig Jahre Bundesrepublik Deutschland, vierzig Jahre DDR – fast konnte man vergessen, daß auch zweihundert Jahre der Französischen Revolution gezählt wurden. Aber es wurde nicht ein Jahr der Erinnerung, sondern der kreativen Zerstörung: Das Ende der Nachkriegszeit, des Kalten Krieges, das Ende der Teilung Deutschlands und Europas.

»Sturmzeit« und »beschleunigte Prozesse« hatte der Schweizer Historiker Jacob Burckhardt vor 120 Jahren in den »Weltgeschichtlichen Betrachtungen« die welthistorische »Crisis« genannt. Was zuerst in Warschau sich anbahnte, wo den polnischen Kommunisten lange schon Macht und Autorität entglitten waren, und dann in Budapest Gestalt annahm, wo die kommunistischen Führer ihres eigenen Regimes satt geworden waren, das folgte Burckhardts Beschreibung und griff auch auf die Menschen im Osten Deutschlands über.

»Wenn die Stunde da ist und der wahre Stoff, so geht die Ansteckung mit electrischer Schnelle über Hunderte von Meilen und über Bevölkerungen der verschiedensten Art, die einander sonst kaum kennen. Die Botschaft geht durch die Luft, und in dem Einem, worauf es ankommt, verstehen sie sich plötzlich alle, und wäre es auch nur ein dumpfes: es muß anders werden.«

Raketenschach

Wie aber kam es zu der Stunde und dem Stoff, die ein Imperium im Osten zerbrachen, die Wiedervereinigung Deutschlands herbeiführten, vom Weltsystem des Kalten Krieges nur noch Fragmente übrigließen und die tektonischen Platten Europas und Asien seither in Bewegung setzen? Die Karten der Strategie, der Ideologie und der Macht werden neu gezeichnet. Nichts mehr wird sein, wie es vordem gewesen. Das aber heißt nichts anderes, als daß auch jede Macht, jedes Gleichgewicht, jedes Interesse zur Disposition steht und der Neubestimmung bedarf, nicht zuletzt die Frage, was die Lage des vereinten Deutschland am Rande des atlantischen Bündnissystems und in der engsten Nachbarschaft zu dem zerfallenen Sowjetimperium erfordert.

Alles begann in der Sowjetunion, irgendwann in den siebziger Jahren, als das östliche Großreich in Asien, Afrika, Lateinamerika seinen Einfluß immer mehr weitete, in Angola einen Stellvertreterkrieg führte, in Äthiopien eine Diktatur unterhielt, nach Afghanistan eine Panzer- und Hubschrauberarmee schickte und in Kuba eine Brigade stationierte, deren militärische Aufgabe niemals offengelegt wurde. Finanzieren ließ sich das alles aus den zweihundert Milliarden Dollar »windfall profits«, die der Sowjetunion als weltgrößtem Erdölproduzenten durch die Ölkrisen von 1973 und 1979 zufielen, was die Gewichte zwischen Energieverkäufern auf der einen Seite, dem Rest der Welt auf der anderen Seite dramatisch veränderte.

Am meisten fühlte sich der Westen durch jene nuklearen Mittelstreckenraketen bedroht, die SS 20, mit Reichweiten bis zu 5000 Kilometer in einer bis dahin unerreichten Präzision, die seit 1975 den sowjetischen Raketentruppen in stets wachsender Zahl zugeführt wurden. Es waren Waffen, die die »rough balance« der nuklearen Weltmächte quantitativ nur wenig verändern konnten, aber einen entscheidenden qualitativen Unterschied ausmachten. Denn sie bedrohten Europa, den Nahen Osten und Japan, nicht aber die Vereinigten Staaten von Amerika. Sollten sie die Europäer gegen Amerika zur nuklearen Geisel nehmen? Sollten sie die Demokratien in Westeuropa in Panik versetzen und gegen die amerikanische Schutzmacht auf die Straßen treiben?

»Abkoppelung« wurde das Schlüsselwort für eine politische Strategie mit militärischen Mitteln. Wahrscheinlich hatten die sowjetischen Strategen zunächst nichts anderes gewollt als einen taktischen Vorsprung im Wettlauf der Modernisierung. Später jedoch kam dem Politbüro unter Breschnjew die Erkenntnis, daß der politisch-psychologische Wert dieser Waffen ihren militärischen bei weitem überstieg. Jedenfalls fanden sich Ost und West, nachdem noch 1975 der Helsinki-Prozeß mit der großen und wohlequilibrierten Schlußakte über Respektierung der Grenzen, Ausweitung des Handels und Beachtung der Menschenrechte einen Höhepunkt erreicht hatte und die nächste Stufe der strategischen Rüstungkontrolle (SALT II) schon fast erreicht worden war, im dritten großen militärisch-diplomatischen Kräftemessen der Nachkriegszeit. Die Raketenkrise war, so schien es den Staatskanzleien des Westens, der Versuch der sowjetischen Führung, in Westeuropa das strategische Schachbrett zu kippen.

Die amerikanische Administration unter dem Südstaaten-Demokraten Jimmy Carter hatte zuvor auf den hochmodernen B1-Bomber und die Entwicklung der Neutronenwaffe verzichtet und sich entschieden, die neuen Mittelstreckenraketen der Sowjets nicht in die Verhandlungen über strategische Systeme einzubeziehen. War auf die Amerikaner zu zählen, jetzt und für die Zukunft? Die Bundesregierung unter Helmut Schmidt und seinem Verteidigungsminister Georg Leber sah deutsche Sicherheitsinteressen mehr und mehr preisgegeben, und die Lage erinnerte die Deutschen schmerzlich daran, daß sie, anders als Großbritannien und Frankreich, über das letzte Mittel nationaler Selbstbehauptung, die nukleare Waffe, nicht verfügten. Die Deutschen waren auf Amerika angewiesen und würden es immer bleiben. Der deutsche Bundeskanzler hatte daher keine Wahl. Er mußte den nächsten Schritt tun und die Allianz, vor allem Amerika, in die mitteleuropäische Garantierolle zurückzwingen. Schmidt tat dies mit einer Rede am 28. Oktober 1977 im Londoner International Institute for Strategic Studies (IISS), in der er die von den neuen sowjetischen Raketen ausgehende politische Gefahr des »decoupling«, einer Abkopplung der europäischen Sicherheit von der erweiterten Abschreckung der Amerikaner, mahnend und drängend zum Thema machte. Das war nicht nur deutsche Selbstbehauptung gegen die Bedrohung aus dem Osten, sondern auch der Versuch, die Amerikaner an Europa zu binden und sie erneut in die nukleare Verantwortung für Deutschland zu zwingen. Die Handelnden ahnten schwerlich, daß die Sowjetunion zu ihrer letzten großen Offensive angesetzt hatte, Amerika aber einer moralischen und materiellen Überforderung entgegenging.

Während die Sowjetunion in den westlichen Militärbezirken unbeirrt die neuen Raketensyteme aufbaute, hoffte die NATO auf ein Signal des Einlenkens. Da es ausblieb, folgte im Dezember 1979 der NATO-Doppelbeschluß, der vorsah, daß die NATO in vier Jahren mit amerikanischen Raketen des Typs »Pershing 2« und Cruise Missiles nachrüsten werde, sofern nicht bis 1983 ein Abkommen mit den Russen und der Rückzug der meisten Systeme erfolgt seien. Das war im Grunde eine Rechnung mit zwei Unbekannten. Denn weder waren die amerikanischen Nachrüstungswaffen schon verwendungsfähig, noch konnte die deutsche Regierungskoalition sicher sein, daß nach den kommenden Wahlen die Stationierung politisch noch durchsetzbar war. Das alles war den Sowjets nicht unbekannt. Sie zählten darauf, durch Intransigenz das Spiel zu gewinnen. West und Ost gingen daran, ihre Willens- und Durchsetzungskraft gegeneinander zu erproben.

Unterdessen aber wuchs nicht nur in Deutschland die Erregung – »German Angst« beeindruckte auch die Angelsachsen, und das Wort bürgerte sich nach »Blitzkrieg« und »Kindergarten« im internationalen Sprachschatz ein. Die Regierung Schmidt/Genscher verlor ihre Grundlage, als große Teile der Sozialdemokratie sich dem Kurs des Kanzlers verweigerten und die Freien Demokraten in der Finanzpolitik die Wende, in der Strategie aber Einhaltung des NATO-

Doppelbeschlusses von 1979 verlangten. Zu den Folgen gehörten der Sturz der Regierung Schmidt, eine tiefe Veränderung der deutschen Sozialdemokratie, der Aufstieg der Friedensbewegung und am 1. Oktober 1982 die Bildung der Koalition aus Unionsparteien und Liberalen, welche im März 1983 bei den nachfolgenden Bundestagswahlen mit 57 Prozent der Stimmen ein verstärktes Mandat der Wähler gewann. Aber was die Wähler wollten und wählten, war der Aufschwung. Die Raketen wurden allenfalls in Kauf genommen. Am 21. November 1983 begann die Stationierung der neuen amerikanischen Systeme: die meisten, aber nicht alle, in Deutschland. Die »Singularisierung« der Deutschen war vermieden, aber auf ihnen lastete der größte Druck.

Bonn hatte die Amerikaner in ein nukleares Engagement gezogen, das die bisher geltenden Regeln der »extended deterrence« – erweiterte Abschreckung – korrigierte und dehnte. Bisher hatten amerikanische Truppen am Eisernen Vorhang die Aufgabe gehabt, sowjetischen Strategen zu zeigen, daß sie es beim Angriff, konventionell oder nuklear, vom ersten Moment an mit den Soldaten der anderen Nuklearmacht zu tun haben würden. Die amerikanischen Nuklearwaffen »taktischer« Reichweite und Funktion sollten den Gegner warnen, seinen Vormarsch blockieren und ihn an den Verhandlungstisch zurückbringen. Die neue Raketenstationierung der Jahre 1983/84 aber machte diese bisher klaren Linien undeutlich. Sie zielte nicht mehr auf vordere Angriffstruppen, sondern bedrohte Ziele tief im Hinterland. Die Raketen überschatteten nicht mehr nur die Satellitenländer, sondern das sowjetische Kernland bis tief in die Ukraine. Sie waren durch Reichweiten und Standort fast schon europäische Nuklearwaffen und gefährdeten jenen Sicherheitsabstand zur Sowjetunion, den die westliche Supermacht bisher gewahrt hatte, indem sie die strategische Raketenstationierung in Europa vermied.

Es konnte nicht ausbleiben, daß in Amerika dagegen Protest laut wurde, der schließlich zu dem Versuch einer technologischen Lösung führte. Im März 1983, ein halbes Jahr vor der geplanten Raketenstationierung in Europa, kündigte der neue amerikanische Präsident, Ronald Reagan, einen Schritt an, dessen politisch-strategische Bedeutung zunächst nur wenige verstanden: die »Strategic Defence Initiative« (SDI). Washington plante die Erforschung und Entwicklung hochmoderner Techniken und Waffensysteme mit dem Ziel, die nuklearen Waffen »impotent and obsolete« zu machen. Ein Abwehrsystem im Weltraum sollte errichtet werden, das sowjetische Raketen schon beim Start erfassen und in der Phase des Anflugs zerstören konnte. Die Zweifel der Wissenschaftler an der Realisierbarkeit dieses Vorhabens waren groß; noch größer die Sorge der Strategen, das nukleare Gleichgewicht werde damit aus den Angeln gehoben und im Übergang entstehe eine instabile und unberechenbare Lage, die die Sowjets zu einem präventiven Schlag verlocken könnte.

Und doch ist nicht auszuschließen, daß es eben diese technische Initiative und die Entschlossenheit Ronald Reagans waren, die die Sowjets an die Verhandlungstische der Rüstungskontrolle zurückbrachten. Jedenfalls fürchteten die Sowjets, die Amerikaner könnten sich dem Gefängnis der »Mutual Assured Destruction«, der wechselseitig gesicherten Vernichtung, entziehen und das nukleare Gleichgewicht zu ihren Gunsten verändern. Den Ansatzpunkt zu Verhandlungen boten die Mittelstreckensysteme, die den Amerikanern politisch, den Sowjets militärisch am gefährlichsten erschienen. Im Dezember 1987 wurde von Reagan und Gorbatschow das INF-Abkommen (Intermediary Nuclear Forces) unterzeichnet, das zum ersten Mal in der Geschichte keine künftigen Obergrenzen festlegte, sondern den vollständigen Abbau der Mittelstreckenraketen in Europa vorsah.

Hatten die Sowjets damit erreicht, was die deutsche Politik seit Adenauer immer befürchtet hatte, ein droit de regard über Westeuropas Sicherheit, und damit ein Mitspracherecht über das politische Schicksal Westeuropas? Das Ganze eingefügt in ein neues Gleichgewicht zwischen den Supermächten?

Oder ließ sich die Lage ganz anders deuten, als Anfang vom Ende der Blockkonfrontation, als Auftakt zu einer neuen Epoche im Zeichen gemeinsamer Sicherheit, die Ost und West künftig nicht mehr gegeneinander, sondern miteinander suchen mußten? Wer die Erfahrung von vierzig Jahren Nachkrieg betrachtete, kam zu der düsteren Folgerung, daß Amerika sich von Europa zu trennen begann. Wer aber auf die Reform von oben in der Sowjetunion blickte, der sah eine andere Logik am Werk: den Ausgleich, den das im Niedergang befindliche Imperium im Osten mit dem Westen suchen mußte.

Gorbatschows Reform von oben

In der Tat geschah 1987, im Rückblick ist das heute deutlich zu sehen, die Wendung der Reformpolitik Gorbatschows. Hatte er bis dahin Reparatur und Modernisierung der leninistischen Diktatur angestrebt, Glasnost und Perestroika, so suchte er seitdem neue Verbündete im Innern und zugleich den großen Ausgleich mit dem Westen. Das stalinistische Modernisierungsmodell, das die Agrarwirtschaft der frühen Sowjetunion einer brutalen Industrialisierung unterworfen und Hekatomben von Menschen einer industriellen Utopie geopfert hatte, hatte die Sowjetunion in den fünfziger Jahren mit der Atombombe, der Wasserstoffbombe, dem Sputnik und der Beherrschung der interkontinentalen Raketentechnik zur Weltmacht gemacht. In Lasertechnologien, Triebwerken, hitzebeständigen Werkstoffen leisteten sowjetische Labors mehr, als dem Westen lieb war. Aber irgendwann am Ende der siebziger Jahre war die gewaltige Energie erschöpft, die Menschen am Ende und die Natur auch. Während der Computer die technisch-industrielle Zivilisation des Westens veränderte, den Alltag revolutionierte und der Strategie neue Dimensionen eröffnete, verlor die Sowjetunion das, wonach ihre Führer von Anfang an gestrebt hatten, den gleichen Rang mit der Führungsmacht des Westens.

Irgendwo an der Wende von den siebziger zu den achtziger Jahren, als der Westen noch gebannt auf das drohende Militärpotential der Sowjetunion starrte, muß man in Moskau zu dem Schluß gekommen sein, eine Revolution von oben einzuleiten, um dem Zerfall von innen zu begegnen und nach außen Supermacht zu bleiben. Wahrscheinlich trat Andropow, der 1982 vom Geheimdienstchef zum allmächtigen Generalsekretär der KPdSU aufstieg, mit diesem Mandat an. Er setzte noch einmal auf die alten Rezepte, aber regierte nicht lange genug, um ihren Mißerfolg zu erleben. Sein Nachfolger Tschernjenko kam noch einmal aus dem alten Apparat und der alten Generation. Er tat seinem Land den einzigen Dienst, dem Nachfolger nicht lange im Wege zu stehen, und der hieß im Februar 1985 Michail Gorbatschow. Auch er ein Mann des Apparats, an dem nicht viel mehr als der Altersabstand zum Politbüro der Greise auffiel.

Als westliche Politiker vom »Arbeitsbegräbnis« des Vorgängers zurückkehrten, waren sie jedoch beeindruckt von Sachkenntnis, Offenheit, aber auch Härte des neuen Generalsekretärs, der alsbald in der Innen- und Außenpolitik produktive Ungeduld zeigte. In der Außenpolitik nannte er den Afghanistan-Krieg eine »blutende Wunde« und bereitete damit Russen und Nicht-Russen auf den Rückzug vor. Die Türen der Rüstungskontrolle, die 1983 anläßlich der westlichen »Nachrüstung« von den Sowjetdiplomaten in Genf krachend ins Schloß geworfen worden waren, öffnete er mit Augenmaß und realistischen Vorgaben. Dem Doppelnull-Abkommen 1987 über die Mittelstreckensyteme der Supermächte folgte ein Verhandlungsmandat für die konventionelle Rüstung in Europa nach dem Prinzip der »gleichen Obergrenzen« für beide Paktsysteme. Das bedeutete, daß der Warschauer Pakt unter Führung der Sowjetunion auf seine gewaltige Übermacht an Panzern und Geschützen zu verzichten bereit war. Was solange in Wien vergeblich verhandelt worden war, schien nun in Reichweite: das Gleichgewicht der konventionellen Rüstungen auf beiden Seiten der großen Trennungslinie in Europa.

Stand dahinter die imperiale Ermüdung der Sowjetunion? Seit den ersten Nachkriegsjahren hatten die Truppen der Sowjetarmee in ganz Mitteleuropa, vor allem aber an der Elbe, vier Funktionen: sie sollten das Glacis bewachen; das innere Imperium durch das äußere zusammenhalten; den Westen durch ihr konventionelles und nukleares Angriffspotential bedrohen; endlich kommunistischen Regimen die Bestandsgarantie geben und dafür sorgen, daß die Hilfsvölker lieferten, was ihnen im Rahmen des Imperiums aufgegeben war. Aber alles dies war längst veraltet, entsprach keiner Realität mehr und hielt nur zusammen, weil niemand es in Frage gestellt hatte. Gorbatschow und seine Berater aber taten eben dies: das Glacis nützte nicht mehr gegen die nukleare Bedrohung, das innere Imperium war durch sich selbst gefährdet, die Abschreckung des Westens versagte den Sowjetmarschällen jede Siegeschance, die Comecon-Länder waren Subventionsempfänger, ihre Lieferungen taugten wenig, und Alt-Stalinisten standen der Erneuerung im Weg, nirgendwo stärker als in Ost-Berlin. Dem Reformzaren ging es um den Ausgleich mit dem Westen, um mit den ersparten Kräften im Innern und Krediten und Technologie von außen die Reform von oben durchzusetzen.

Gorbatschow ahnte wohl von Anfang an, daß das Imperium wirtschaftlich am Ende war, außerstande, die Erneuerung aus eigener Kraft zu schaffen. Seit 1984 erkannten sowjetische Fachleute in Moskau und Nowosibirsk, daß die osteuropäischen Länder die militärische Last nicht mehr länger tragen konnten, ihre Schulden kaum noch rückzahlbar waren. Zudem mußten die Sowjets erkennen, daß der Energiebedarf Osteuropas von ihnen hoch subventioniert wurde und sie nur wenig Wertvolles im Tausch dagegen erhielten. Verschenkten sie ihre kostbaren, weltmarktfähigen Energielieferungen? Dazu kam das Schuldenproblem. Wer sollte für die polnischen Schulden einstehen, die sich in den siebziger Jahren aufgehäuft hatten? Polen lebte unter dem Belagerungszustand, den General Jaruzelski verhängt hatte. Wenn der Kreml aber keine finanziellen Subventionen für Osteuropa leisten konnte, schied auch die militärische Intervention aus. Ähnliches galt für die anderen Ostblockländer. Selbst die DDR war in eine Strukturkrise geraten, für jedermann erkennbar am Rückgang der Investitionen.

Wenn aber, anders als 1945, das westliche Glacis der Sowjetunion zur militärischen Sicherheit nichts mehr beizutragen vermochte, wenn es sogar zu einer wirtschaftlichen Last wurde, war es dann nicht – revolutionärer Gedanke – entbehrlich? Lag dann nicht in der alten Idee der »Finnlandisierung« eine mögliche Antwort? Reformkommunismus im Innern und Sicherheitspolitik »sous les yeux des Russes« nach außen – das war vielleicht die Formel, unter der sich das östliche Imperium verändern konnte. Jedenfalls war das die erste Bedingung dafür, die Sowjetunion mit Hilfe des Westens zu erneuern. Gorbatschows Aufbruch zur Reform war nicht Zeichen einer kraftvollen Vorwärtsstrategie, sondern verzweifelte Reaktion auf innere Fäulnis und äußeren Zerfall.

Die Deutschlandfrage

Im Herbst 1985 holte Gorbatschow den georgischen Partei-chef Edward Schewardnadse ins Außenministerium. Zwischen beiden herrschte Übereinstimmung, daß die Sowjetunion ohne innere Erneuerung und ohne Ausgleich mit dem Westen keine Zukunft haben würde. Die Bilanz, die sie zogen, war verheerend: Die osteuropäischen Satellitenstaaten standen politisch, wirtschaftlich und militärisch am Ende. In der Deutschlandpolitik war die alte Politik gescheitert, die Ostdeutschen befanden sich vor dem ökonomischen Zusammenbruch, die Westdeutschen enger als je mit den USA verbunden, die Europäische Gemeinschaft unter Führung Deutschlands und Frankreichs auf dem Weg zu einer neuen Stufe im großen europäischen Markt.

Der Schlüssel zur Zukunft der Sowjetunion lag in Moskau, aber nicht nur dort. Washington mußte zu einer Reduzierung der Rüstung bereit sein und eine stabile Außenwelt garantieren; Bonn dagegen hatte Kredite, Technologie, Management und Know-how zur Verfügung zu stellen. Es war kein Wunder, daß damals im Umkreis des sowjetischen Außenministeriums die deutsche Einheit denkbar wurde, daß im Januar 1987 ein Vertrauter des ZK der KPdSU von der einen deutschen Nation sprach und sowjetische Diplomaten gelegentlich die erstaunliche Bemerkung machten, die Mauer von Berlin sei nicht ihr Werk und auch nicht ihr Wunsch. Das SED-Regime begann, in Gorbatschow die Bedrohung seiner Existenz zu sehen.

Öffnete sich tatsächlich eine Chance der Wiedervereinigung? So weit zu denken, verbot man sich in Deutschland und wahrscheinlich auch in Moskau. Immerhin aber sah man in Bonn neue Wege, kritisierte die Amerikaner für ihren Mangel an Entspannungsbereitschaft und befürchtete doch zugleich, eine mögliche Annäherung der beiden Supermächte könne über deutsche Interessen hinweggehen. Aber die ständige Mahnung an die Amerikaner, entspannungsfreudiger zu sein, war nicht nur der Versuch, das eigene Gewicht im Dialog der Supermächte zu verstärken, sie war auch eine Flucht nach vorn. »Gorbatschow helfen!« war die Formel, die Außenminister Genscher im Februar 1987 prägte. Gorbatschows Reformen im Innern und sein Versuch des Ausgleichs mit dem Westen sei die Chance aller Chancen, und man müsse sie nutzen. Setzte der deutsche Außenminister für die Entspannung Interessen und Einheit des Westens aufs Spiel? Oder verstand er nur besser als andere, daß das Machtgleichgewicht in Moskau schwankte und Gorbatschow ohne westliches Entgegenkommen stürzen könnte – mit ihm aber die Chance der Rüstungskontrolle und der Reformen in Osteuropa? Jedenfalls begann die deutsche Politik, indem sie entschlossen auf Gorbatschow setzte, ein großes Spiel mit unbekanntem Einsatz und ungewissem Ausgang.

Vor allem hoffte man darauf, auf dem Umweg über Moskau Veränderungen in Ost-Berlin zu erreichen. Im Oktober 1988 flog Bundeskanzler Kohl nach Moskau; dies geschah schon in der Erwartung, daß der gesamte Osten am Vorabend dramatischer Umbrüche stand und daß die Entscheidung über die Zukunft in Moskau lag. Die Deutschen waren bereit, die Macht ihrer Währung einzusetzen, wenn zu den Finanzkrediten der Vergangenheit und den Joint-ventures der Gegenwart die Politik in Bewegung geriet. Dies aber war früher und gründlicher der Fall, als alle erwartet hatten. Das deutsche Schicksal begann sich zu entscheiden.

Die deutsche Wiedervereinigung 1989/90 war der dramatischste, gefährlichste und daher auch durch Verhandlungen und Verträge am genauesten festzulegende Teil des weltpolitischen Dramas, das nun begann. Wo aber lagen die Ursachen und Antriebskräfte? Wann war der *point of no return* erreicht? Wie bewegten sich die Grenzen der Macht? Alles hatte in Rußland begonnen, und heute zeigt sich, daß die deutsche Einheit wie überhaupt die Auflösung des äußeren Sowjetimperiums nur Stufe und Episode war, Edward Gibbon abzuwandeln, in der Geschichte von Niedergang und Sturz des russischen Reiches. So wie vierzig Jahre lang die deutsche Teilung und der Kalte Krieg in der Mitte Europas einander bedingt hatten, so verlor die Teilung ihren Sinn, als die Sowjetunion den Kalten Krieg nicht mehr weiter führen konnte und auch nicht mehr wollte.

Das wurde überall deutlich. Die ersten Anzeichen waren schon 1980 in Polen zu bemerken, als die von der Partei unabhängige Gewerkschaft »Solidarität« gegründet wurde – ein unerhörter Vorgang für das sowjetische Imperium. Würde die Sowjetarmee das hinnehmen, oder würde sie das Land besetzen, wie sie 1968 mit den Kontingenten des Warschauer Pakts den »Prager Frühling« der tschechischen Reformkommunisten beendet hatte? Ronald Reagan, der neue Präsident der USA, hatte von Anfang an mit Worten und Werken deutlich gemacht, daß Amerika wieder Supermacht sein wollte, »second to none«. Die Sowjets jedenfalls bedachten es sich lange, Polens Verzweiflung und Amerikas neue Entschlossenheit militärisch zu testen.

Die Lösung des Dilemmas kam auf eine sehr polnische Weise: General Jaruzelski war zwischen die Sowjetmacht und das polnische Volk getreten, eine tragische Gestalt, der einerseits den Wächter der Sowjetinteressen machte, anderseits die diskreditierten polnischen Kommunisten beiseite schob. Rückblickend kann man sagen, daß sich in Polen seit 1979 beides anbahnte, der Zerfall der kommunistischen Diktaturen und der Zusammenbruch des äußeren Sowjetimperiums. Und zur Ironie der Geschichte gehört, daß wahrscheinlich gerade die desolate Lage der polnischen Wirtschaft das Land gerettet hat: Wer militärisch eingreifen wollte, konnte sich der Last der Schulden nicht entziehen. Jedenfalls erwies sich die polnische Krise für die alten Machthaber als von innen und außen unlösbar, während zur selben Zeit der wirtschaftliche Niedergang der Sowjetunion weiterging und die Rüstungskontrolle West und Ost an den Verhandlungstischen zusammenführte. Im Juni 1989 war es soweit: Unter dem katholischen Publizisten Tadeusz Mazowiecki wurde eine Koalitionsregierung gebildet zwischen der »Solidarität«, die Legitimität mitbrachte, und den Kommunisten, die die Macht teilen mußten. Zuvor hatte Gorbatschow im März 1989 den Staaten des östlichen Mitteleuropa »freie Wahl« versprochen, hoffend, daß neuer Reformkommunismus und alte wirtschaftliche Bindungen das Vorfeld der Sowjetunion beisammenhalten würden. Der Block aber begann zu zerfallen.

Der nächste Akt spielte in Ungarn. Das Trauma des Aufstands von 1956 und seiner blutigen Niederwerfung hatte die Ungarn zum inneren Kompromiß gezwungen, zur behutsamen Öffnung nach Westen und zur ständigen Rückversicherung in Moskau. Sie hatten sich wirtschaftlich zum Westen geöffnet und die Währung stabilisiert. Nun begriffen die Reformer an der Spitze der ungarischen KP und Regierung, daß diesmal der Gewinn, aber auch der Einsatz größer war. Seit dem Herbst 1988 gab es Regierungsanalysen, daß Ungarns Freiheit und Souveränität nur zu gewinnen waren, wenn die Teilungslinie durch Europa endlich fiel. Wie aber konnte das kleine Ungarn die Welt bewegen?

Doch gerade Ungarn sollte es sein, der kleinste Teil des gewaltigen Sowjetimperiums, an dem der ganze Ostblock zerbrach. Niemand hatte es recht gemerkt, als im Herbst Minister Poszgay in Budapest erklärte, daß der Stacheldraht zwischen Ungarn und Österreich eine Schande sei. Im April 1989 unterzeichnete Ungarn auf dem Weg nach Westen die Menschenrechtscharta des Europarats in Straßburg. Am 2. Mai, vor den Kameras der ganzen Welt, wurde ein Stück Stacheldraht beseitigt. Zunächst aber wurde die Grenze weiterhin gut bewacht – und die Reaktion in Moskau gut beobachtet. Daß die Ost-Berliner Genossen Proteste schickten, war so lange ungefährlich, wie Gorbatschow alles geschehen ließ. Wenn aber der Stacheldraht fiel und niemand ihn wieder aufrichtete, dann mußte auch die Mauer folgen.

Ende August 1989 war deutlich, daß die Sowjets die Ungarn nicht zurückrufen und die Mauer nicht retten würden. Das Ost-Berliner Regime aber erlebte nunmehr die Grenzen seiner Macht: Der nahende 40. Jahrestag zwang zum Wohlverhalten, das Siechtum des Generalsekretärs lähmte jede Entscheidung. Während Fahnenschwenken und Transparente vorbereitet wurden für den fatalen Jubeltag, Paraden geprobt und Sprechchöre eingeübt wurden, rann der Sand durchs Stundenglas, und die Menschen flohen über Ungarn, dann über Prag nach Westen. Die internationalen Medien, einschließlich des Moskauer Fernsehens, brachten Abend für Abend das Bild eines Landes, der DDR, das seit vierzig Jahren zum ersten Mal wieder von der Landkarte wegzudenken war. Die Deutsche Frage, bis gestern von der

Sowjetunion für abgetan erklärt und im zweigeteilten Weltsystem sicher verwahrt, stellte sich als Entscheidungsfrage zwischen Ost und West.

Das byzantinische Protokoll des Ostblocks erforderte es unterdessen, daß Gorbatschow als Generalsekretär der KPdSU zum Jubel der DDR kommen und Bruderküsse tauschen mußte mit dem Generalsekretär der SED. Zur selben Stunde erlebte die DDR die heftigsten Demonstrationen seit dem 17. Juni 1953. Während die Führung, durch starke Sicherheitskräfte vom Volk getrennt, mit dem sowjetischen Präsidenten und Gästen aus aller Welt das Jubiläum feierte, gingen in Ost-Berlin, Dresden, Leipzig und anderen Städten Tausende auf die Straßen, um für Freiheit, Demokratie und Menschenrechte zu demonstrieren. »Wer zu spät kommt, den bestraft das Leben«, sagte Gorbatschow in die Kameras des Fernsehens, und an anderer Stelle, ahnungsvoll: »Eure Probleme sind groß, unsere sind größer.« Was immer Gorbatschow und seine Berater mit dieser Botschaft hatten sagen wollen, die SED und ihr Generalsekretär standen allein, mehr als je in den vergangenen vierzig Jahren.

Innere Stabilität hat die DDR vermutlich niemals erreicht, nicht nach dem Volksaufstand von 1953, nicht nach dem Mauerbau 1961, nicht nach dem Grundlagenvertrag von 1972 und auch nicht nach der Honecker-Visite in Bonn 1987. Aber drei Faktoren hatten ihr ein Scheinleben verliehen: zuerst die sowjetische Bestandsgarantie, verkörpert durch die Präsenz von zwanzig sowjetischen Kampfdivisionen. An zweiter Stelle der Sozialvertrag zwischen dem Regime und seinen Untertanen: die einen verzichteten auf offene Revolte und massenhafte Republikflucht, die anderen garantierten einen bescheidenen Lebensstandard, soziale Annehmlichkeiten und das, was das Politbüro die »Einheit von Wirtschafts- und Sozialpolitik« nannte. Diesem Geschäft aber ging seit den frühen achtziger Jahren mehr und mehr die Grundlage verloren, die DDR lebte aus der Substanz, und jeder merkte es. Endlich, drittens, wurde die DDR durch die Bundesrepublik finanziell unterstützt, ja politisch stabilisiert. Denn der Westen wollte keinen gewaltsamen Aufstand wie 1953 sehen; man setzte eher auf weltpolitische Stabilität als auf demokratische Freiheit und war bestrebt, die Ost-West-Entspannung

Der Volksaufstand des 17. Juni hatte Brüchigkeit und Fremdheit des SED-Regimes aller Welt vor Augen geführt. Ulbrichts Diktatur wurde damals nur durch die blutige Intervention der Sowjetarmee gerettet. Der Partei blieb eine lebenslange Angst vor dem Volk. Am 24. 9. 1953 wurden die »Kampfgruppen der Arbeiterklasse« als »Betriebskampfgruppen« gegründet und mit Waffen gegen eine Wiederholung des 17. Juni ausgestattet. Beim Bau der Mauer 1961 wurden sie eingesetzt. Im übrigen blieben sie Schutztruppe der Partei gegen das Volk. Am 24. 9. 1988 feierten sie ihr 35jähriges Bestehen mit einer Parade vor der Parteiführung. Als ein Jahr später das Regime zusammenbrach, traten sie nicht einmal in Erscheinung.

berechenbar zu halten. Die DDR war bis 1989 ein unverrück-
barer Teil der europäischen Landkarte und der europäischen
Machtgeometrie – so schien es jedenfalls.

Aber je weiter sich Gorbatschow von der sowjetischen
Krise zu Reformen gezwungen sah, um so ungewisser wurde
der Fortbestand der DDR. In dieser Lage scheint Honecker
klar gesehen zu haben, daß jede Reform, jede Öffnung zu
Hause der Anfang vom Ende sein würde. Aber auch der
DDR-Sozialvertrag – »Ihr tut so, als bezahltet Ihr uns, und
wir tun so, als arbeiteten wir für Euch« – zwischen oben und
unten ließ sich längst nicht mehr erfüllen. Die Regale leerten
sich, es fehlte an Investitionen, die Substanz wurde aufge-
zehrt. Das Jahr 1989 trieb, ob Aufstand oder Auflösung, zur
Stunde der Wahrheit.

Der 40. Jahrestag ging vorüber, und Gorbatschow reiste
zurück nach Moskau. Am nächsten Tag wollten SED und
Staatssicherheit die Ordnung auf den Straßen wiederherstel-
len. Aber die Meinungen waren geteilt. Die sowjetischen
Berater rieten von militärischem Eingreifen ab, und ohne
Rückhalt der sowjetischen Truppen war die Niederschlagung
des Massenprotests ein Sprung ins Dunkle. Doch binnen kur-
zem war es für die Gewalt von oben ohnehin zu spät. Am 4.
November 1989 strömten mehr als eine halbe Million Menschen auf dem Alexanderplatz zusammen, symbolisches Zentrum des SED-Staates. Zuvor schon war es im Politbüro zu
einer Revolte gekommen. Die SED entledigte sich Honek-
kers, und sein Nachfolger Egon Krenz war nur noch ein
Getriebener. Als das Politbüro schließlich in vagen Worten
für alle Bürger freie Ausreise in den Westen in Aussicht
stellte, war die Situation da: Die Menschen strömten zur
Mauer, die Grenze öffnete sich am späten Abend des
9. November 1989, und von da an gingen täglich Tausende
von Menschen in den Westen. Diesen Strom aufzuhalten,
hätte es einer neuen Mauer bedurft. Sie aber konnte niemand
mehr errichten.

Aber es waren nicht nur die Deutschen im Spiel, es gab
auch die Vier Mächte. Doch was würde deren Rolle sein?
Den Deutschen die Einheit allein zu überlassen, war nach der
Völkerrechtslage undenkbar, vor allem aber in Anbetracht
der Interessenlage aller Beteiligten. Über die Köpfe der Deut-

schen aber zu beschließen, was nun zu geschehen hatte, das wäre noch einmal Jalta und Potsdam gewesen und war ebenfalls undenkbar. Es ging nicht nur um die Gefahren der Zukunft, sondern auch um die Gespenster der Vergangenheit. Drohte etwa eine neue »German Revolution«?

Die französische Politik versuchte, durch einen Staatsbesuch beim letzten kommunistischen Ministerpräsidenten die dahinsinkende DDR noch einmal zu stabilisieren, und Mitterrand prüfte in Kiew, ob die »bonne et belle alliance« von ehedem noch etwas wert war. Auch in Großbritannien blieb die Begeisterung für die deutsche Einheit begrenzt. In Paris wie in London schien man beruhigt zu sein, als Mitterrand die Worte Gorbatschows bekanntgab: »Wenn die deutsche Einheit kommt, dann gibt es eine Zwei-Zeilen-Meldung in der Prawda, daß ein Sowjetmarschall an meinem Schreibtisch sitzt.«

Aber die *Downstairs*-Szene trieb das *Upstairs*-Drama weiter. Die DDR-Regierung verlor alle Autorität und alles Vertrauen. Sie mußte Wahlen anstreben, um überhaupt wieder festen Boden zu gewinnen, obwohl doch deutlich war, daß diese Wahlen die SED nahezu annullieren würden. Zudem wurde von Tag zu Tag deutlicher, daß diese Wahlen nur ein einziges Thema haben würden und nur ein einziges Ziel: die Einheit. Wirtschaftlich wurde aus dem Niedergang der freie Fall. Die Regierung Modrow klammerte sich an die auch im Westen verbreitete Idee, die Existenz der DDR sei für Stabilität und Gleichgewicht Europas lebenswichtig, und suchte dafür in Moskau politische Unterstützung und in Bonn einen Blanko-Scheck von 15 Milliarden Mark. Aber die Machtlage in Moskau war den alten Kampfgefährten in Ost-Berlin nicht mehr günstig. Gorbatschows Emissäre ließen unterdessen im Westen, vor allem in Bonn erkunden, wie man der Sowjetunion durch den Winter helfen könne.

War dies die Zeit jenes deutschen Friedensvertrages, den es seit 1945 nicht gegeben hatte? Ein solcher Vertrag hätte lange verhandelt werden müssen und zwischen vielen Staaten, und dafür gab es nicht die Zeit, und am Ende hätte man vielleicht die Vergangenheit bewältigt, aber nicht die Zukunft. Wer sollte über was verhandeln und mit wem? Die Fragen waren so uferlos wie die Antworten.

Oder sollte eine Vier-Mächte-Konferenz über Deutschland entscheiden? Das lehnte die Bundesregierung ab: »Wir brauchen keine vier Hebammen«, erklärte der Kanzler. Für Bonn war entscheidend, daß Washington nicht Fortdauer des Vier-Mächte-Regimes über Deutschland suchte, sondern dessen Ablösung durch die Vereinigung Deutschlands. Aber man nannte keine Termine, man dachte noch im Zeitraum eines Jahrzehnts.

Dann aber kamen Bush und Gorbatschow vor Malta zusammen. Das Treffen machte deutlich, daß beide Seiten nach der Epoche der Konfrontation auf dem Weg zu einem Zeitalter der Kooperation waren; in diesem Sinne sollten die Verhandlungen über Rüstungskontrolle und die Deutschlandfrage weitergeführt werden. Schon einen Monat später legte der sowjetische Außenminister Schewardnaze einen Entwurf vor, der die Reformprozesse Osteuropas – auch in Prag, Sofia und Bukarest waren die alten Regime gestürzt – und die Deutsche Frage in den Zusammenhang der Einigung Europas stellen sollte. Deutschlands Gestalt und Gestaltung aber war die Schlüsselfrage, auf die alles zulief. Doch die Beziehungen der beiden deutschen Staaten sollten nicht Zerstörungskraft sein, sondern »Katalysator der gesamteuropäischen Prozesse«. Die Deutsche Frage, so der sowjetische Außenminister, könne nur Herzstück der europäischen Sicherheit werden. Schewardnaze suchte ein europäisches Vertragswerk, in dem die deutsche Einheit nicht mehr Sprengkraft war, sondern Verbindungsstück. So ist es dann auch gekommen, früher als erwartet, aber auch anders als erwartet.

Denn der innere und äußere Zerfall der DDR überholte jeden Plan, den DDR-Bewohnern eine Identität zuzudenken, ihrem verhaßten Staat noch eine europäische Rolle. Gorbatschow reagierte, indem er sagte, die deutsche Vereinigung werde von niemandem mehr prinzipiell in Zweifel gezogen. Allerdings müßte dieses Kernproblem Europas einvernehmlich gelöst werden. Weder die Interessen der Vier Mächte noch die der Deutschen könnten übergangen werden.

Während die DDR weiter ins Nichts sank, die Regierung um Hilfe bat, die Menschen flüchteten und in Bonn Wirtschafts- und Währungsunion als materielle Stufe zur Einheit und Sicherung der eigenen Stabilität entworfen wurden, traten die Außenminister der KSZE-Staaten im Februar 1990 im kanadischen Ottawa zusammen. Statt der auf der Tagesordnung stehenden »Open Skies«-Frage wurde der »Zwei plus Vier«-Verhandlungsprozeß entworfen. Zwei deutsche Staaten sollten miteinander die innere Einheit verhandeln und mit den vier Siegermächten von 1945 Rahmen und Inhalt der äußeren.

Jetzt war erreicht, was Bonn seit Monaten angestrebt hatte. Kein internationaler Friedenskongreß über Deutschland, sondern Verhandlungen von gleich zu gleich. Die kommenden Neuwahlen in der Noch-DDR würden keine andere Aufgabe mehr haben, als den anderen deutschen Staat auf dem Verhandlungswege in die Einheit einzubringen. Und die Verhandlungsstärke der Vereinigten Staaten und der Schwächezustand der Sowjetunion machten es möglich, die Einbeziehung ganz Deutschlands in das Atlantische Bündnis zum Verhandlungsziel zu nehmen. Endlich war abzusehen, daß Westeuropa durch die deutsche Einheit einen Integrationsschub erhalten würde.

Aber der Schatten der Vergangenheit lag über den Verhandlungen. Würde aufs neue ein ruheloses Reich entstehen? Die Verhandlungsführer bei »Zwei plus Vier« standen vor der Notwendigkeit, die künftige deutsche Macht in Europa und zwischen den Supermächten so zu balancieren, daß sie nicht zur »loose cannon on deck«, aber auch nicht Mittel einer neuen deutschen Hegemonie in Europa wurde. Die Neutralisierung ganz Deutschlands, von den Sowjets immer wieder ins Spiel geworfen und ihnen von Deutschen, Amerikanern und Osteuropäern immer wieder ausgeredet, hätte dauernde Instabilität nach sich gezogen und Deutschland, unbeabsichtigt zwar, zum Problemfall wie zum Schiedsrichter Europas gemacht. Die Hegemonie des größten Bevölkerungs- und Wirtschaftspotentials in Europa aber mußte durch die westlichen Allianzsysteme, die Europäische Gemeinschaft und das Atlantische Bündnis, eingerahmt werden. Es ging 1990 im Grunde nicht nur um deutsche Wiedervereinigung, es ging auch, und vor allem, um Architektur und Balance Europas.

Als die sechs Delegationen zu »Zwei plus Vier« am ersten

Maiwochenende 1990 in Bonn zusammentraten, überraschte der sowjetische Außenminister die Anwesenden mit dem Vorschlag, den Deutschen die innere Einheit zu gestatten, über die äußere aber noch fünf Jahre zu wachen. Aber gegen das Weiße Haus und den Bonner Kanzler war dies nicht durchzusetzen. Es hätte die deutsche Innenpolitik in tiefe Konflikte gestürzt über die Westbindung, Deutschland von der Sowjetunion abhängig gemacht und das internationale System gefährlichen Schwankungen ausgesetzt, um so gefährlicher, je tiefer die Sowjetkrise ging. Statt dessen war Verhandlungsziel der KSZE-Gipfel des Herbstes 1990. Aus »Zwei plus Vier« wurde bald ein Prozeß »à trois« zwischen Washington, Bonn und Moskau, in dem neue Verhandlungselemente – so Wohnungsbau und Berufsfortbildung für Sowjetoffiziere – immer wieder nebenbei sondiert und ins Spiel gebracht wurden. Dabei stand der Verhandlungsprozeß unter dem doppelten Druck der sowjetischen Krise und des drohenden Kollapses der DDR. Der Einigungsprozeß wurde zum Wettlauf gegen die Zeit.

Der innere Einigungsprozeß kam aus den Verhandlungen über Wirtschafts- und Währungsunion, die schon zum 1. Juli 1990 eintrat. Sie wurde in tausend Bestimmungen über Rechts- und Eigentumsfragen, Rentenansprüche und Übergangsregelungen festgelegt. Alles lief darauf hinaus, daß es nicht den Zusammenschluß zweier Staaten gab, sondern den Beitritt des zusammengebrochenen östlichen Teils zum westlichen Deutschland. Dieser Vorgang verlief zwar unter Mahnungen und Forderungen von sowjetischer Seite, im wesentlichen aber nach dem Willen der Bonner Verhandlungsführer.

Anders der äußere Verhandlungsrahmen, in dem es darum ging, das vereinigte Deutschland in die Welt nach dem Kalten Krieg so einzufügen, daß kein Encore des deutschen Nationalstaates denkbar wäre. Deshalb wurde der »Zwei plus Vier«-Prozeß durch eine Serie von Gipfeldiplomatie vorangetrieben, geleitet und begrenzt. Das hatte in Malta begonnen und setzte sich fort Ende Mai 1990 in Washington. Es folgte der NATO-Gipfel von London, der die »Freundeshand« nach Osten ausstreckte, auf die alte Vorneverteidigung verzichtete und nukleare Waffen auf den »letzten Ratschluß« einengte. Das war schon die Abkehr von der Strategie der sechziger Jahre mit »immediate defence, deliberate escalation, nuclear response«. Für die Sowjetgeneräle bedeutete dies, daß Rüstungskontrolle ihnen am Ende mehr Sicherheit versprach als die vorgeschobene Bastion in Deutschland. Der Einschluß des ungeteilten Deutschland in die NATO, den Moskaus Noch-Verbündete im Warschauer Pakt dringend anrieten, rückte aus dem Bereich des Wünschbaren in den des Möglichen.

Dann kam der Wirtschaftsgipfel der Siebener-Gruppe der führenden industriellen Demokratien in Houston/Texas. Engländer und Amerikaner wollten jede finanzielle Zusage an die wirtschaftlich untergehende Sowjetunion vermeiden. Weltbank und Weltwährungsfonds sollten zunächst eine große Studie über Marktwirtschaft und Währung in der Sowjetunion anfertigen, dann würde man weitersehen. Nicht so die Bundesregierung. Sie garantierte 90 Prozent eines Fünf-Milliarden-Sofort-Kredits zu Marktbedingungen, der der Sowjetunion über akute Liquiditätsnot hinweghalf. Die Deutschen, die so bereitwillig auf die militärische Macht verzichteten, gebrauchten statt dessen ihre wirtschaftliche.

Mitte Juli 1990 schließlich reiste Kohl nach Moskau und dann in den Kaukasus. Zwar wurde dort nichts beschlossen, was nicht in den vorhergehenden Verhandlungen schon besprochen worden war, und nichts, was den Interessen der Abwesenden zuwiderlief. Und doch war die Symbolkraft des sowjetisch-deutschen Zweiergipfels stark, noch stärker die Tatsache, daß hier über die Neuordnung Europas von gleich zu gleich abgeschlossen wurde. Von der DDR war nur noch als Verhandlungsobjekt die Rede. Washington war zuvor konsultiert worden, mit weniger Dringlichkeit auch Paris und London. Die Kernpunkte der deutschen Stellung in Europa wurden festgelegt, der künftige deutsch-sowjetische Vertrag sollte das Verhältnis zur Sowjetunion weiter ausführen. Es ging um die Bedingungen der Wiedervereinigung und die Grenzen der Macht. Die Bundesrepublik, Berlin und die DDR würden vereinigt, nicht mehr und nicht weniger, kein Sonderstatus mehr, keine Vier-Mächte-Verantwortung mehr. Die Vier-Mächte-Rechte würden mit der Einigung erlöschen, Deutschland souverän sein. Zu dieser Souveränität würde auch die Wahl der Bündnisse gehören.

Deutschland sollte seine Einheit finden, die europäischen und atlantischen Gefüge sollten nicht zerbrechen, die Sowjetunion im Saldo ihrer Sicherheit nicht schlechter stehen – und zu alledem mußte Gorbatschow der Armee, den Veteranen und der KPdSU noch nachweisen, daß er die Beute des Zweiten Weltkrieges nicht leichtfertig verschenkt, sondern zu angemessenem Preis aus der Hand gegeben hatte. Deshalb stellten die Deutschen Gorbatschow massive Lebensmittelhilfe in Aussicht und versprachen, die wirtschaftlichen Verpflichtungen der DDR zu übernehmen – und man war sogar bereit, auch über die sowjetischen Schulden bei der DDR mit sich reden zu lassen.

Die deutsche Einheit war möglich als Abfolge abgemessener Schritte und genau beschriebener Leistungen und Gegenleistungen im Vollzug des sowjetischen Niedergangs. Als Ergebnis einer sowjetischen Kapitulation war sie unmöglich. Es mußte Gorbatschow daher möglich gemacht werden, die deutsche Einheit nicht als sowjetische Niederlage darzustellen, sondern als fairen Ausgleich und Auftakt zu langfristiger Kooperation mit dem Westen. An jenem Sommerabend im Kaukasus, als der sowjetische Präsident und der deutsche Kanzler fast geschäftsmäßig verhandelten, wurde der Schlußstrich unter den Zweiten Weltkrieg gezogen.

Die deutsche Teilung endete am 2. Oktober 1990 um Mitternacht. Überall östlich der Elbe und Werra wurden, wo es sie noch gab, die Fahnen der DDR eingeholt. Vor dem Berliner Reichstag stieg Schwarz-Rot-Gold empor, »Einigkeit und Recht und Freiheit« erklang, dann Georg Friedrich Händels »Music for the Royal Fireworks«. Am nächsten Tag gab es, feierlich in der Berliner Philharmonie begrüßt, ein anderes Deutschland in einem anderen Europa.

Grenzen der Macht? Der Prozeß der deutschen inneren Einheit beruhte auf der Gestaltungsmacht der Bundesrepublik Deutschland und der Ohnmacht der Vertreter, ob gewählt oder nicht, der untergehenden DDR, der keine alte Freundschaft mehr half, kein Antifaschismus, kein Friedensbündnis, auch kein auswärtiges Interesse mehr an ihrer fortdauernden Existenz. Aber die äußere Gestaltung der Einheit kam in einer eigentümlichen Spannung von Machtverzicht und Machtgebrauch zustande. Am wichtigsten war, daß die

Bundesrepublik in den Vereinigten Staaten den internationalen Verhandlungsführer fand, der nicht nur Paris und London zur Bereitschaft überredete, sondern auch Moskau beruhigte und den funktionalen Zusammenhang mit der konventionellen und der nuklearen Rüstungskontrolle herstellte. Nicht nur Osteuropa, sondern auch der Sowjetunion wurde Rückkehr nach Europa angeboten. In diesem Rahmen und angesichts des fortdauernden Zerfalls des Sowjetreiches konnte die Bonner Regierung alles ausspielen, was sie hatte: Bündnismacht, Wirtschaftsmacht, Verhandlungsmacht. Aber sie leistete alles dies, indem sie den Machtgewinn durch deutsche Einheit und sowjetischen Rückzug in Machtverzichten wieder aufhob: daher der Druck auf die Rüstungskontrolle in Genf, daher der Vorgriff auf die künftige Mannschaftsstärkenbegrenzung, die die anderen erst noch verhandeln sollten. Daher die Revision der »flexible response« der NATO und Rückführung der Nuklearstrategie auf eine »last resort«-Rolle, dazu das »liaison«-Angebot an die Osteuropäer und die Sowjets, was auf Verständigung im Vorfeld der Strategie hinauslief.

Alles dies führte die deutsche Entspannungspolitik der achtziger Jahre fort und wies doch längst entscheidend darüber hinaus. Daher kam der den Realitäten weit vorauseilende Enthusiasmus für die Konferenz für Sicherheit und Zusammenarbeit in Europa (KSZE), die in Zukunft Rahmen europäischer Sicherheit sein sollte; daher die Bereitschaft zu Souveränitätsverzichten zugunsten der Europäischen Gemeinschaft, deren großes Ziel nun nicht mehr nur der gemeinsame Binnenmarkt des 1. Januar 1993 sein sollte, sondern Wirtschafts- und Währungsunion und Politische Union. Das gestörte territoriale Gleichgewicht in Europa sollte durch institutionelle Verschränkungen im Westen, durch Vertrauensbildung und Wirtschaftsbindung nach Osten wiederhergestellt werden.

In dieser Europäisierung der deutschen Einheit von 1989/90 lag der entscheidende Unterschied zur Bismarckschen Reichsgründung von 1870/71. Diese Revolution von oben war Preußen aus inneren Gründen der Staatsräson, der Modernisierung und der Machterhaltung seit 1848 aufgegeben und mußte doch dem europäischen Mächtesystem abgewonnen werden in einer Phase, die mit Kriegen an der Peripherie begann und mit Kriegen in der Mitte endete: auf der Krim, in Oberitalien, in Nordamerika, und dann die beiden preußischen Kriege gegen Österreich und Frankreich. Bismarcks Deutschland blieb souveräner Machtstaat unter souveränen Machtstaaten. Zu klein für die Hegemonie und zu groß für das Gleichgewicht, wurde daraus ein ruheloses Reich.

Daß man es ganz anders anfangen müsse, war in jenen »329 Tagen« (Horst Teltschik) vom Fall der Mauer bis zum Festakt in der Philharmonie unumstritten. Souveränitätsverzicht und Souveränitätsverschmelzung statt Souveränitätsentfesselung; Machttransfer statt Machtkonzentration; Sicherheit im Bündnis und durch Rüstungskontrolle statt in nationaler Vereinzelung.

Mit der Verwirklichung der deutschen Einheit nach innen und ihrer Einfügung in die neuen Mächteverhältnisse nach außen war eine definitorische Schwelle überschritten. In Niedergang und Fall des Sowjetimperiums war die deutsche Einigung der entscheidende und gefährlichste Schritt: Die Auflösung des Rates für gegenseitige Wirtschaftshilfe und des Warschauer Militärpakts im Frühjahr 1991 waren danach bloße Formalitäten.

Aber das Ende des Kalten Krieges war nicht das Ende der Geschichte, sondern leitete ihre Rückkehr ein. Der Irak und Jugoslawien, beide in den imperialen Schuttmassen des osmanischen Imperiums liegend, die 1919 niemand aufzuräumen wußte und denen seither auch nicht viel Interesse und Sorgfalt gewidmet worden war, stellten die Weltordnung nach dem Kalten Krieg auf eine Belastungsprobe. Am 2. August 1990 schickte der irakische Diktator Saddam Hussein seine Truppen in das benachbarte ölreiche Emirat Kuweit. Er hatte unterschätzt, daß die Amerikaner in Europa frei geworden waren, anderswo Weltpolitik und Machtprojektion zu leisten, und daß es nicht nur um Völkerrecht ging, sondern auch um Öl, nicht nur um die Balancen des Nahen Ostens, sondern auch um Israel und die Verhinderung einer irakischen Nuklearwaffe. Zur selben Zeit aber zerbrach Jugoslawien, denn die Kräfte des Nationalismus und der Demokratie, die die Sowjetunion sprengten, waren anderswo nicht zu bändigen.

Endlich aber führte der Umsturzversuch der alten Garde aus kommunistischer Partei, Geheimdienst und bürokratischem Apparat am 19. August 1991 zum weiteren Verfall dessen, was siebzig Jahre lang die Sowjetunion gewesen war. Perestroika als Reform der Sowjetunion von oben war gescheitert. Der Zusammenbruch des Moskauer Putsches aber zerstörte, was er hatte konservieren sollen, das sowjetische Zentrum. Es begann die zweite russische Revolution.

Heute zeigt sich, daß die Geschichte von Niedergang und Sturz des russischen Imperiums das treibende Motiv des vergangenen Jahrzehnts war und daß das innere und äußere Ringen um die sowjetische Erbfolge die kommenden Jahrzehnte bestimmen wird. Keine Frage ist für den künftigen Gang der deutschen Dinge wichtiger als die, was nach der Sowjetunion kommt. Von allen Ländern des Westens kann Deutschland sich dem Bersten des letzten Großreichs am wenigsten entziehen. Längst sind die Grenzen Europas verschoben, die Erschütterungen reichen tief in die islamische Welt, in den Mittleren Osten, bis zum Pazifik. Auch dafür gilt, daß nichts mehr sein wird, wie es vordem gewesen.

Deutschland wird noch einmal an sein historisches Dilemma erinnert, Mitte des europäischen Systems zu sein, ohne doch über dieses System Gestaltungsmacht zu haben. Die künftige Geometrie der deutschen Lage aber wird am meisten abhängen von der Regelung der sowjetischen Erbfolge, von der weltpolitischen Bestimmung, welche sich die Amerikaner zudenken, und von der Stabilität des Verhältnisses zu der Macht auf dem anderen Ufer des Rheins, Frankreich.

Die sowjetische Erbfolge

Winston Churchill nannte Rußland einst »a riddle inside an enigma wrapped in mystery«. Der Zusammenbruch des äußeren Imperiums seit 1989 erweist sich heute als bloßer Prolog zum Zerfall des inneren, der, als Ende Dezember 1991 die allen ihren Völkern verhaßte Sowjetunion endete, noch nicht abgeschlossen wurde. Die Gemeinschaft Unabhängiger Staaten wurde zur Erbengemeinschaft, die vieles trennt und wenig zusammenhält. Die deutsche Wiedervereinigung nahm dem äußeren Imperium den Eckpfeiler. Sie konnte verhandelt werden, als das innere Imperium schon im Niedergang war, aber noch handlungsfähig. Die nächsten Schritte, vor allem im islamischen Süden der Sowjetunion und im baltischen Westen, verliefen schon im freien Experiment. Alle folgenden können chaotisch werden.

»When empires fall«, so heißt es in England, »they tend to do so with a bang and not with a whimper.« Ob Rußlands Reich davon ausgenommen ist, wird sich erst noch zeigen müssen. Die europäische Erfahrung stürzender Großreiche ist lang und schmerzlich. Spaniens Weltreich ging zu Ende von der Versenkung der Armada 1588 bis zur amerikanischen Besetzung Kubas dreihundert Jahre später, der lange Kampf um das spanische Erbe beschäftigte Frankreich und Großbritannien während des ganzen 18. Jahrhunderts, und Spanien kehrte erst Mitte der siebziger Jahre nach Europa zurück. Die Osmanen erreichten 1683 Wien, aber mit der Schlacht am Kahlen Berge begann ihr langer Niedergang, der Habsburg und das Zarenreich um das Erbe kämpfen ließ; die Auswirkungen gehörten zu den Protagonisten des Ersten Weltkrieges, und sie reichen noch bis in die Gegenwart: der Irak entstand 1919, als ein britischer General in einem Beduinenzelt um die Ölquellen von Kirkuk und Mossul und den Euphrat ein Land auf die Karte zeichnete, und Jugoslawien wurde auf der Pariser Friedenskonferenz erfunden als südliche Bastion für Frankreichs »Kleine Entente«. Das dritte der Großreiche, die nicht mehr sind, war Österreich-Ungarn. Sein Zerfall beschlossen seit der Französischen Revolution, beim Wiener Kongreß noch einmal in täuschende Ruhe gebracht, die innere Auflösung des Vielvölkerstaats unaufhaltsam durch Nationalismus und Demokratie des 19. Jahrhunderts. Unter den Ursachen des Ersten Weltkriegs steht »Kakanien« an erster Stelle, die umstrittene Erbschaft zählte noch zu den Ursachen des Zweiten. Keiner dieser imperialen Abschiede, der Deutschland nicht Blut und Tränen brachte und das Schicksal der Deutschen nicht tief veränderte. Die Wiedervereinigung kam aus dem Erbgang des Sowjetimperiums, und sie war Geschenk der Geschichte. Daß aber alles, was folgen muß, ebenso willkommen sein wird, ist fraglich.

Mit dem Niedergang der Osmanen stieg als östliche Gegenmacht zum europäischen System Rußland auf, das alte Großfürstentum Moskau. Peter der Große meldete diesen Anspruch auf europäische Mitsprache an, als er in die Sümpfe der Newa-Mündung die Stadt St. Petersburg gründete, Hauptstadt des Reiches, Handelsplatz und wichtigster militärischer Hafen an der Ostsee. Seitdem verband Preußen und Russen und später Deutsche und Russen ein Verhältnis von Furcht und Faszination. Die Bitternisse der Schlesischen Kriege und des Siebenjährigen Krieges, als die Russen Mitteleuropa militärisch heimsuchten, wurden lange nicht vergessen, und 1813 nannten die kleinen Leute in Ostpreußen die Russen ihre »Befreiungsbestien«. Noch Bismarck setzte alles daran, den unheimlichen Nachbarn im Osten zu besänftigen und gleichzeitig fernzuhalten. Die geistige Wendung Rußlands machte Lenin deutlich, indem er Moskau zur Hauptstadt machte. Das Winterpalais in St. Petersburg, Sitz der Zaren, war 1754-64 von dem italienischen Architekten Rastrelli erbaut worden.

Niedergang und Fall des Sowjetimperiums jedenfalls resümieren nicht nur siebzig Jahre Leninismus, sondern auch dreihundert Jahre, vom Großfürstentum Moskau ausgehend, russischer Expansion. Aus dem religiösen Zarentum kam zu Beginn des 19. Jahrhunderts die Idee des »Dritten Rom«, 1917 wurde sie zum revolutionären Weltentwurf, 1945 stand die Sowjetunion als Sieger an der Elbe, seitdem strebte sie nach Weltgeltung. 1973 wurde zwischen den nuklearen Supermächten Parität verankert. Vor zehn Jahren testeten die sowjetischen Marschälle mit ihren Mittelstreckenraketen den Westen und erschütterten die politischen Strukturen der Bundesrepublik Deutschland: Aufstieg der Friedensbewegung, Krise der deutschen Sozialdemokratie, Wechsel der Regierung gehörten zu den Folgen.

Jetzt aber herrschen Lähmung und Zerfall. Was als kraftvolle Reform von oben begann, Marktwirtschaft und Demokratie versprach, kann damit enden, daß Rußland russischer und asiatischer wird als je zuvor. Es bleibt indessen der Anspruch, daß gegen das Rußland der 150 Millionen, der neun Zeitzonen und des Großteils der 40.000 Nuklearwaffen der früheren Sowjetunion nichts geschehen darf in Asien und Europa. Ob es gelingt, dieses Land durch Demokratie und Marktwirtschaft vor sich selbst und seiner Geschichte zu retten, wird lange offen bleiben. Das Beste, was wohl gegenwärtig zu erwarten ist, ist ein halbautoritäres Präsidialsystem, das mit demokratischem Mandat die Öffnung nach außen bewahrt und im Innern mit fester Hand die Reform von oben sichert und damit herstellt, was von Hause aus fehlt: Privateigentum und ein System öffentlicher Verwaltung und Steuern, eine disziplinierende und disziplinierte Währung, Markt und eine unabhängige Zentralbank, das Vertrauen zu Staat, Banken, Justiz und Verwaltung. Selbst die Hilfe vom Westen hat kaum Ansatzpunkte. Überbrückungskredite westlicher Banken helfen vor allem, die Stunde der Wahrheit in der Schuldenfrage hinauszuschieben. Was bleibt, ist das Liaison-Konzept der NATO von 1990 und der North Atlantic Cooperation Council von 1991. Gute Ideen und freundliche Gesten, aber schwache Bindungen und im Konfliktfall, so muß man fürchten, wenig tragfähig. Alles ruht auf der Annahme, daß es irgendeine Form der strategischen und Währungsunion

»Ich wünschte, es würde durch einige große Versuche bewiesen, daß in einer sozialistischen Gesellschaft das Leben sich selber verneint, sich selber die Wurzeln abschneidet. Die Erde ist groß genug, und der Mensch immer noch unausgeschöpft genug, als daß mir eine derart praktische Belehrung und demonstratio ad absurdum, selbst wenn sie mit einem ungeheuren Aufwand von Menschenleben gewonnen und bezahlt würde, nicht wünschenswert erscheinen müßte.« So heißt es in einem Aphorismus Friedrich Nietzsches aus den achtziger Jahren. Als die Lenin-Denkmäler zwischen Wladiwostok, Moskau und Berlin demontiert wurden, endete eine Glaubenslehre, die ihren Schatten auf das Jahrhundert geworfen hatte, noch absurder, als Friedrich Nietzsche es vorhergesehen hatte. Mit Lenin wurde die Ikone einer irdischen Heilslehre gestürzt.

auch in Zukunft noch geben werde. Aber nicht nur die nicht-russischen Republiken verweigern sich. Die Ukraine sucht Abstand von Rußland, Rückversicherung im Nuklearen, und will sich selbst nach Westen versetzen. Rußland, des Imperiums müde, entdeckt am Ende sich selbst, seine Vergangenheit und seine nationalen Interessen.

Nach siebzig Jahren auf der Straße ins Nirgendwo gibt es die Sowjetunion nicht mehr. Der Putsch des 19. August 1991 sollte die Union sichern und zugleich die Privilegien der Nomenklatura. Tatsächlich besiegelte er deren Untergang. Aber der Hochstimmung der Sieger und dem Beifall des Westens folgte die Erkenntnis, daß alle alten Probleme unverändert da waren: der Hunger, die Kälte, die wirtschaftliche Katastrophe und der Sturz der Militärs ins Bodenlose. Sechs Jahre Perestroika erwiesen sich den Menschen auf der Straße als der Weg aus dem alten Zwangsgefüge in ein neues Chaos.

Im Osten Europas spielt sich die Tragödie einer großen Nation ab, der Russen, die seit 1917 ihre Vergangenheit zerstörten und seit Michail Gorbatschow ahnen, daß sie ihre Zukunft verloren. Rußland findet sich, wie Alexander Solschenizyn schrieb, »in der Grube einer verzehrenden Krankheit«. Die Reformer, die die Sowjetunion verwestlichen wollten, stehen vor dem Ergebnis, daß von der Karte der Sowjetunion ein Stück nach dem anderen sich abblättert und die Völker zwischen Deutschland und Rußland in dem Zusammenbruch des Imperiums die Freiheitschance vieler Jahrhunderte sehen. Rußland wird von seiner Geschichte eingeholt, der es von Peter dem Großen über alle Reformzaren bis Lenin und Gorbatschow zu entfliehen suchte.

Die inneren Folgen des Siechtums dieses Riesenreiches im Osten sind noch nicht absehbar. Weder ist deutlich, was von der Union bleibt, noch ist die Gestaltung der Teile abzusehen: Irgendwo zwischen katastrophalem Zerfall und fester Hand von oben, zwischen verzweifelter Hoffnung auf den Westen und nationalrussischer Bitternis. Die weltpolitischen Folgen aber zeichnen sich schon heute ab. Sie werden die Kraftfelder der Weltpolitik verändern. Niedergang und Ende des Sowjetreiches setzen alle Kräfte Europas, der arabischen Welt und Asiens unaufhaltsam in Bewegung. Mehr noch, die

Rolle der USA gegenüber Europa und den sowjetischen Nachfolgestaaten ist in tiefem Wandel begriffen.

Zum post mortem auf Sowjetunion und Kalten Krieg gehört daher auch die Erinnerung, daß neben der Konfrontation auch Kooperation stand, insbesondere seit der Berlin- und Kuba-Krise der frühen sechziger Jahre. Die Kooperation umfaßte bald schon das gemeinsame Bestreben, vertraglich abgesichert, der nuklearen Proliferation vorzubeugen, und weitete sich seit Mitte der achtziger Jahre in die konventionelle Rüstungskontrolle. Gleichzeitig waren die Großen verbunden in einem Kartell zur Kontrolle der zivilen Nuklearkreisläufe, und beide beachteten die Regeln peinlich genau. Es ging um Krisenbegrenzung in Gefahrenzonen. Zudem gab es, in Rüstungskontrollverhandlungen getestet, ein Interesse an Bewahrung des groben Gleichgewichts.

Wo und wie aber soll dieses stille Kartell in Zukunft noch den östlichen Widerpart finden? Wie soll, darüber hinaus, jenes gemeinsame Krisenmanagement weitergeführt werden, das Rüstungskontrolle und deutsche Einigung begleitete und noch im Golfkrieg 1990/91 Entgleisungen verhinderte? Alles dies wird in Zukunft schwieriger oder findet nicht mehr statt, während die Welt zugleich einen steigenden Bedarf an Konflikt- und Krisenmanagement hat. Es geht um Bevölkerungsexplosionen in vielen Teilen der Welt und die davon ausgelösten Völkerwanderungen, um ökologische Belastungen, um neue Machtbildungen und den Aufstieg neuer, kämpferischer Ideologien.

Aber auch die atlantischen Strukturen sind im tiefen Wandel. Bisher war die sowjetische Bedrohung organisierendes Prinzip westlicher Sicherheit. Es gab wenig oder keine leeren Räume. Jetzt aber werden, während die USA strategisch die Wahl haben, alles zu tun – wie am Golf – oder nichts – wie in Jugoslawien –, weltpolitische Anforderungen gestellt von bisher unbekannter Art und Reichweite. Sie richten sich an Europa und damit auch an das größte Land westlich Rußlands, die Bundesrepublik Deutschland. Die Frage ist, ob Europa handlungsfähig ist und ob seine Macht ausreicht, das eigene Umfeld zu beeinflussen, ja zu bestimmen. »1992« ist seit dem großen Umbruch nicht mehr Ziel, sondern nur noch Voraussetzung für die Erweiterung der Europäischen

Gemeinschaft zur EFTA (European Free Trade Association) und für die Assoziation Ostmitteleuropas, hinter der am Ende die Integration stehen muß. Angesichts der Wiedervereinigung standen die Europäer vor der Wahl, mehr Deutschland zu haben oder mehr Europa. Wenn Europa nicht das neue Gewicht Deutschlands durch mehr Integration ausgleicht, wird Deutschland nolens volens die Funktion der Drehscheibe übernehmen und das östliche Europa zur deutschen Einflußsphäre machen, sich hoffnungslos überanstrengen und im übrigen mehr Mißtrauen als Freundschaft erwerben. Das eine wie das andere gilt es zu vermeiden.

Auch der islamische Bogen vom Atlas bis zum Hindukusch verändert sich von innen und außen, am meisten durch die sowjetische Erbfolge. Die Frage ist, wohin die südlichen und zentralasiatischen Republiken driften und was sie mit sich nehmen werden. Die Türkei, der Irak und vor allem der Iran können in die Rolle der regionalen Vormacht gedrängt werden. Sie erinnern sich imperialer Vergangenheiten und wissen, daß sie im Vorfeld nichts sich selbst überlassen können, und schon gar nicht den gefürchteten Nachbarn. Außerdem entsteht die Gefahr der islamischen Nuklearwaffe, die schwerlich durch Nonproliferationsschwüre noch einzudämmen wäre. Die sowjetische Erbfolge ist im Westen, solange die Ukraine mit Moskau in der politisch-strategischen Entente bleibt, im Krisenmanagement zu halten. Im Süden ist sie viel gefährlicher.

Aber der Niedergang der Sowjetunion strahlt auch in jenen Bereich aus, der einmal, als es noch die »Zweite Welt« gab, als »Dritte Welt« bezeichnet wurde. Am deutlichsten ist das Ende von Gleichgewichts- und Leitbildfunktion der Sowjetunion an Indien zu beobachten. Bisher gab Moskau wirtschaftliche und militärische Anlehnung und stellte für Indien, stets in Angst vor Pakistan und China, weltpolitisches Gleichgewicht her. Jetzt findet Indien für Sicherheit und Gleichgewicht keine Schutzmacht mehr im Norden. In Afrika und Lateinamerika sind die militärischen und wirtschaftlichen Rückzüge der sowjetischen Expeditionskorps fast schon abgeschlossen. In Kuba geht es nicht mehr um die Frage, ob Castro überlebt, sondern nur noch, wann sein Regime stürzt und was ihm folgt. Noch wichtiger ist, daß das leninistisch-

Immer waren die Landschaften zwischen Weichsel und Düna – das alte Preußenland, Kurland und Livland – von mitteleuropäischer Rechts- und Landeskultur geprägt. Mit den Katastrophen des Zweiten Weltkriegs, der vom Königsberger Dom nur eine Ruine zurückließ, wurde der Untergang des deutschen Ostens sinnbildlich greifbar. Jetzt stehen die deutschen Grenzsteine an Oder und Neiße. Aber das Schicksal des ohne Landbrücke Rußland gehörenden »Kaliningrad Oblast«, dessen Rückkehr zu dem alten Namen wohl nur eine Frage der Zeit ist, scheint offener denn je. Kann hier noch einmal eine baltische Handelsrepublik entstehen, eine Art Hongkong am Baltischen Meer?

marxistische Leitbild überall den Kredit verlor und Moskau nicht mehr in der Lage ist, materielle Vergünstigungen und strategische Hilfen zu gewähren. Das hat allenthalben politische und ideologische Neuorientierung zur Folge. Eine Art weltlicher Kirche brach zusammen, und für viele Staaten entsteht die Frage, wer nun Vorbild, Schutzpatron und Schicksal sein soll.

Hier wird der Westen Chancen wahrnehmen müssen, ohne daß ihn sowjetischer Expansionismus dazu zwingt, und insbesondere Deutschland gerät in neue moralische und materielle Verpflichtungen. Aber auch internationale Institutionen werden in dieser Lage in neue, stärkere Lenkungs- und Stabilisierungsrollen als in der Vergangenheit gezogen. Die Vereinten Nationen können aus der Lähmung der Bipolarität heraustreten und ein neues Potential der Konfliktbegrenzung entfalten – jedenfalls können sie friedenstiftende und konfliktbegrenzende Aktionen legitimieren. Dafür werden sie allerdings mehr als Zuspruch brauchen, von Amerika Geld und von Deutschland möglicherweise militärisches Gerät und vielleicht sogar eines Tages Blauhelme. Die Siebener-Gruppe der großen industriellen Demokratien kann zu einem System des Weltmanagements werden, allerdings nur, wenn zugleich die angeschlagenen Riesenreiche in ein Verhältnis der Kooperation gezogen werden: die sowjetischen Nachfolgestaaten, Indien und China.

»America first«?

Das atlantische Bündnis aber hängt, nicht nur geographisch, entscheidend von der Rolle ab, die die Amerikaner sich selbst zumuten wollen. Das gegenwärtige Ringen in Amerika um den künftigen Entwurf der Außen- und Sicherheitspolitik und die Gewichtung der Innenpolitik wurde ausgelöst durch das Ende des Kalten Krieges. Während man im Weißen Haus, im State Department und im Pentagon mit gemischten Gefühlen auf das Zerbrechen des Sowjetimperiums schaut und Rechtsnachfolger für die Verträge sucht, spürt der Rest des Landes einschließlich des Kongresses Erleichterung und fordert die Friedensdividende, ungeachtet der drohenden

Krisen und Konflikte nach dem Kalten Krieg. Die weltpolitischen Anlässe liegen in Moskau, die innenpolitischen Ursachen aber liegen in Amerika.

Vor mehr als zweihundert Jahren hat Amerika sich selbst
als Neue Welt erfunden und seitdem doch niemals aufgehört,
die Alte Welt nach seinem Bild zu wollen. Man dankte Gott
für den Sicherheitsabstand, den zwei Weltmeere gaben, und
fühlte sich doch beraten, der Demokratie weltweit zum Sieg
zu verhelfen. Darin lagen immer die mächtigsten Antriebskräfte amerikanischer Außenpolitik, und aus ihrem Widerspruch erwuchs den Amerikanern ein Zwiespalt und zugleich
die Furcht, sich selbst, wie immer sie handelten, untreu zu
werden.

Als der Staatsgründer George Washington, wenige Jahre
nach Bildung der Union, die Seinen vor »entangling alliances« mit europäischen Mächten warnte, da war das Staatsklugheit angesichts der Napoleonischen Kriege, aber auch
Scheu vor der Berührung durch das Böse. Im 19. Jahrhundert
beobachtete Alexis de Tocqueville – »De la Democratie en
Amérique« – die imperiale Republik und registrierte Desin-
teresse an der Theorie der Außenpolitik und schlechtes
Gewissen angesichts ihrer Praxis. Dennoch hat Amerika im
20. Jahrhundert dreimal, 1917 und 1941 und dann im Kalten
Krieg, über Gleichgewicht und Hegemonie in Europa und
der Welt entschieden, wenn auch wider Willen und ohne
imperiale Ambitionen. Die Republikaner, die nach ihrem
Wahlsieg 1920 Amerikas Rückzug von den Brandstätten
Europas erzwangen, sind erst durch den Kalten Krieg im Zeichen des Antikommunismus zu einer Partei der Weltpolitik
geworden, und niemals stärker als unter Nixon, Reagan und
Bush. Die Demokraten hingegen, die Partei Woodrow Wilsons, Franklin D. Roosevelts und Harry S. Trumans, waren
traditionell die Partei des »make the world safe for
democracy« nach dem Ersten Weltkrieg und des »containment« nach dem Zweiten.

»Eindämmung sowjetischer Expansion«, nach der
berühmten Formulierung George F. Kennans, wurde 1947
Leitmotiv amerikanischer Außenpolitik. Auf diese Weise
setzte Washington jene »Europe first«-Strategie fort, die den
Zweiten Weltkrieg seit 1942 bestimmt hatte. Die Macht Ame-

rikas ersparte es nach 1945 den Europäern, ihre Geschichte zu wiederholen und wieder gegeneinander zu rüsten. Diese Politik fand ihre Form in der Atlantischen Allianz, aber nicht in ihr allein. Die wirtschaftliche Integration Europas hat Amerika seit den späten vierziger Jahren nicht nur abgesegnet, sondern überhaupt erst ermöglicht, indem Washington durch den Marshall-Plan den Europäern das Nullsummenspiel der zwanziger Jahre ersparte und ihnen zugleich durch seine nukleare Übermacht erlaubte, die militärischen Lasten gering zu halten. Vierzig Jahre später trat ein, was die vorausschauenden Architekten damals erwarteten: die Erosion sowjetischer Macht, Rückzug der Sowjetarmee, Niedergang und Fall des Sowjetimperiums.

Jetzt aber, im Umbruch der Weltpolitik, sucht Amerika aufs neue seine eigene Bestimmung. Es denkt an sich selbst und die leidvolle Liste unbewältigter Hausaufgaben. Sie reicht von der ernüchternden Bilanz des Schulsystems, das die Begabungen des Landes nicht genug fordert und fördert, über die bröckelnde Infrastruktur der Städte, die trostlose Lage der Armen, die Gespenster von »AIDS«, »drugs« und »urban crime« bis hin zur Schieflage großer Teile des Bankenund Finanzsystems und zum monströsen Defizit des Bundeshaushalts. Kulturelle Veränderungen kommen hinzu. Im Süden und Westen wird immer mehr Spanisch gesprochen. Dort blickt man nach Lateinamerika und zum pazifischen Becken. Das Land, das einmal Schmelztiegel der Sprachen und Kulturen war, hat den Willen dazu nicht mehr. Die »Stars and Stripes« wehen heute über einem ethnischen »Puzzle«, wo die afrikanischen, asiatischen und lateinamerikanischen Elemente an Kraft und Dynamik gewinnen, ihr Recht fordern und kein Gesamtbild sich zusammenfügt. Noch ist das Rechtssystem englisch geprägt, die Verfassung ein Ausdruck europäischer Aufklärung, die Architektur vom Harvard Quadrangle bis zum Capitol in Washington europäischer Palladianismus – aber das könnten bald mehr und mehr Erinnerungswerte sein.

Golfkrieg und Verkündung der »New World Order« bedeuten nicht den Anfang einer globalen Pax Americana, machtvoll gegründet bis zum Ende der Zeiten, sondern der Sieg war subventioniert, und die Neue Weltordnung braucht

Am Brandenburger Tor stießen, solange es Grenze war, zwei Weltsysteme aufeinander; von hier aus ging es in der einen Richtung bis zur Bering-See, in der anderen bis zum Pazifischen Ozean. Der Eiserne Vorhang, dem Churchill 1945 seinen Namen gab, wurde seitdem an der Zonengrenze durch Deutschland und seit 1961 mitten durch Berlin greifbare Wirklichkeit. Was in den Dörfern Thüringens und den Wäldern Mecklenburgs im Lauf der Jahrzehnte bitterer Alltag wurde, blieb hier weltpolitisches Drama. So war auch die Öffnung des Brandenburger Tores der Zeitpunkt, an dem die Wiedervereinigung unausweichlich und der Zerfall des äußeren Imperiums der Sowjetunion unumkehrbar wurden.

Partner. Die imperiale Überlastung wurde sichtbar schon in den japanischen und deutschen Überweisungen des Jahres 1991 aus Anlaß des Golfkriegs an Amerikas Schatzamt; die Suche nach Lastenteilung klingt durch die visionäre Rhetorik. Europa wird sich dem schwerlich entziehen können, Großbritannien nicht, Frankreich nicht und am Ende auch nicht Deutschland.

Denn wer die deutsche Wiedervereinigung und ihre europäischen Bedingungen studiert, kann nicht an der Einsicht vorbei, daß Amerikas Präsenz für das neue europäische Gleichgewicht lebenswichtig bleibt. Wer nach Polen und weiter östlich blickt, der begreift, warum diese Rolle dort dringend gewünscht wird, und wer auf die verbleibenden sowjetischen Nuklearwaffen schaut, dem kann nicht entgehen, daß nukleare Supermacht, noch dazu im politischen Chaos, der nuklearen Gegenmacht bedarf. Es bleibt ein Bedarf an Weltordung und Krisenmanagement, der ohne Amerika nicht zu befriedigen ist.

Die neue Rolle Amerikas aber ergibt sich nicht aus den abstrakten Szenarien ferngerückter Ernstfälle. Wichtiger ist, daß Amerikas Führungsmacht als Fundament der Stabilität begriffen wird in einer mehr als je instabilen Welt. Am Ende des 20. Jahrhunderts gehört es zum Schicksal Amerikas, daß es seiner Bestimmung als Weltmacht nicht entgehen kann.

Frankreich: »Tenir le rang«

Frankreich und Deutschland gingen durch dieselben definitorischen Momente: die deutsche Wiedervereinigung, die zweite russische Revolution, die Wendung Amerikas nach innen. Aber sie taten es nicht in derselben Richtung. Die neue Lage verändert nicht nur das Verhältnis beider Länder zur Außenwelt, sondern auch das wechselseitige Verhältnis.

1989 hat Frankreich in einer Schrecksekunde auf die deutsche Wiedervereinigung reagiert, als läge darin eine Niederlage. Die Rolle als Siegermacht, dargestellt in der Souveränität in Berlin und über »Deutschland als Ganzes«, ging unwiederbringlich verloren. Dazu kam der Funktionsverlust der substrategischen nuklearen Waffen, Pluton und Hades, noch unterstrichen durch den Verlauf des Golfkrieges, wo den Franzosen Nachhilfestunde in moderner Nachrichtentechnik und Zielerfassung gegeben wurde, über welche die USA und Nato verfügen, Frankreich aber nicht. Am wichtigsten: die zivilen Machtwährungen der Deutschen sind im Steigen, die militärischen der Franzosen im Sinken.

Hatte ein hoher französischer Diplomat vor der deutschen Einheit noch sagen können: »Deutschland hat die D-Mark, Frankreich die nukleare Waffe«, so hatte der jacobinische Verteidigungsminister Chévènement zur selben Zeit nukleare Waffen als Instrument gesehen »pour une Europe pacifiée et equilibrée«. Als die Rote Armee begann, von der Elbe abzuziehen, mußten nicht nur Deutschland, Amerika und NATO ihr strategisches Umfeld neu vermessen und ordnen. Frankreich steht vor der schmerzlichen Überprüfung aller strategischen Gegebenheiten.

Bisher konnte Frankreich die Geographie des Hexagon im europäischen System nutzen zur Förderung der nationalen Interessen. Seit General de Gaulle leistete sich Frankreich eine halbe Nuklearwaffe und eine halbe Armee. Für mehr reichte niemals die von dem General verachtete »Intendanture«. Diese Halbheiten waren möglich, weil östlich von Straßburg verbündete Truppen standen – deutsche, kanadische und amerikanische – und westlich von Le Havre alliierte strategische Systeme. Auch war die Gefahrenlage klar, und Frankreichs technische Fähigkeiten reichten aus, den Horizont zu überwachen. Nichts davon gilt mehr: Amerika in der strategischen Neuorientierung, die Deutschen nach Osten überanstrengt, die taktischen Nuklearsysteme funktionslos, die »real time«-Aufklärung technisch und finanziell im Alleingang nicht zu schaffen, der Süden jenseits des Mittelmeers im Aufbruch. Auch Frankreich wird Verbündete zu suchen und Bündnisse zu pflegen haben.

Die Schrecksekunde des November 1989 blieb Episode. In Paris lernte man schnell, daß man entweder mehr Europa wollen müsse oder mehr Deutschland haben werde. In Bonn sah man die Gefahr, daß der Zerfall der östlichen Vormacht, deren Drohung einst zur Integration Europas entscheidend beigetragen hatte, den Zerfall Westeuropas in seine natürlichen Bestandteile und seine alten Nationalismen nach sich ziehen könne, die EG nichts als eine große Freihandelszone ohne tieferen politischen Sinn und Zusammenhalt. Es war deutlich, daß ein weiteres Auseinanderdriften der Politik in Paris und Bonn in der dynamischen Vorphase von 1993 zu einer Diskrepanz von wirtschaftlicher Integration und politischer Desintegration hätte führen können. Daher die Entschlossenheit, Wirtschafts- und Währungsunion und zugleich politische Union anzusteuern, ja sogar eine gemeinsame Sicherheitspolitik und, als Ausdruck und Mittel, ein deutsch-französisches Armeekorps. Für Frankreich bedeutet dies, daß Deutschland innerhalb der NATO seine verläßliche Rolle weiterhin spielt und zugleich europäisch bleibt; für Deutschland, daß Frankreich zur NATO die enge operative Verbindung eingeht und sich nicht in nationale Isolation begibt.

Für Frankreich war Rußland an der Jahrhundertwende der Partner nicht nur für die Sicherheit gegenüber dem Deutschen Reich, sondern auch für die Revision der europäischen Landkarte. 1917 allerdings brach Rußland zusammen. Frankreich intervenierte im russischen Bürgerkrieg zugunsten der Weißen, hielt in Versailles den Stuhl für die Nachfolger der Zaren frei und sah in Rapallo 1922 die Politik, Deutschland von Osten und von Westen einzudämmen, scheitern. 1939, als Frankreich gegen Deutschland mobilisierte, war die Sowjetunion mit Deutschland verbündet. 1944 suchte General de Gaulle mit der »bonne et belle alliance« nicht nur den besseren Teil der Vergangenheit, er wollte auch Frankreichs kontinentale Machtstellung absichern und den Kommunisten zu Hause ein Signal geben. Aber Frankreich erlitt die Demütigung, wie in Jalta so auch in Potsdam nicht eingeladen zu sein, und fand, als der Kalte Krieg kälter wurde, die östliche Option vollends verstellt. Das brachte die Vierte Republik in größere Abhängigkeit von den USA, von Großbritannien und bald auch von Deutschland, als den Franzosen auf die Dauer erträglich und akzeptabel erschien. Daher ging dem Austritt aus der militärischen Integration der NATO 1966 die Suche nach einem Sonderverhältnis mit der Sowjetunion voraus. Während die NATO sich 1967 von »massive retaliation« auf »flexible response« umorientierte, folgte Frankreich einer Strategie, welche vorgab, nach allen

Seiten – »tout azimut« – Sicherheit zu suchen. Dabei wurde die wirtschaftliche Kraft des Landes überfordert. Die Lücke zwischen nationaler Sicherheit und nationalem Sicherheitsbedarf aber war nur aufzufüllen durch freundliche Truppen östlich von Straßburg: Deutsche, Amerikaner und Kanadier. Und über alledem spannte sich der amerikanische strategische Nuklearschirm.

Das System französischer Sicherheit ruhte nicht in seiner inneren Logik, sondern wurde vom Druck der Sowjetunion zusammengehalten. Frankreich reagierte auf diesen Druck durch seine politische Zugehörigkeit zur Atlantischen Allianz in deren politischer Gestalt, legte aber zugleich nukleare Verwahrung ein gegen die dadurch entstehende Abhängigkeit und suchte sich, so gut es immer gehen wollte, zu sichern gegen amerikanischen Isolationismus, sowjetische Drohungen und deutsche Ungewißheiten. Die Desintegration der Sowjetunion am Ende der achtziger Jahre mußte dieses Gleichgewicht zwischen Strategie und Psychologie ins Wanken bringen, weil die Logik des Ganzen endete.

Die Vereinigten Staaten von Amerika waren im Kalten Krieg für Frankreich die übermächtige Schutzmacht, die auch noch entscheidend dazu beitrug, Deutschland wirtschaftlich und militärisch einzubinden, zu integrieren und zu kontrollieren. Aber der amerikanische Übergang von massiver Vergeltung zur flexiblen Antwort und die mit der amerikanisch-sowjetischen nuklearen Parität verbundene Unschärfe der Garantien für Europa trieb Frankreich in den frühen sechziger Jahren aus der Militärintegration der NATO. Das Hexagon allerdings blieb Teil der politischen Allianz. Wäre dies lediglich eine Frage der Zweckmäßigkeit gewesen, hätte man sich nach de Gaulle arrangieren können.

Aber es war auch, und am meisten, eine Frage der Psychologie. Es blieb bis heute ein Widerspruch. Einerseits wurde Amerika unterstellt, in Europa nur auf Zeit zu sein, und Frankreichs politische Öffentlichkeit gab vor, nichts sehnlicher zu wollen als eben diesen Abzug. Andererseits war den Militärs bewußt, daß Amerika unentbehrlicher Faktor aller europäischen Balancen war, der militärischen gegenüber der Sowjetunion, der politischen, ökonomischen und psychologischen gegenüber Deutschland. Wenn die USA tatsächlich einmal ihr eigenes europäisches Engagement nicht mehr verstehen oder die heimischen Sorgen wichtiger finden würden, müßte Frankreich die Grundlage seiner Strategie und seiner Bündnispolitik revidieren. Dann blieb nur die unmögliche und unakzeptable Alternative: »renversement des alliances« zugunsten der Sowjetunion oder aber Akzentuierung der europäischen Einigung, darin eingeschlossen die Sicherheitspolitik. Rußland in den Agonien des Wandels aber kann auf lange Sicht wenig bieten, und schon gar nicht Abstützung für Frankreichs Sicherheit; die europäische Integration ist weit fortgeschritten, die militärische Wiederannäherung an eine neu equilibrierte NATO in den kommenden Jahren die zwingende Folge fortgeschrittener Aufklärungstechnik, sinkender Budgets und der Neubewertung des Nuklearen.

Als der amerikanische Rückzug seit 1989 aus einer Schimäre zu einer beschlossenen Sache wurde, war dies eine Lehrstunde in Realpolitik für Paris. Zwischen deutscher Wiedervereinigung, Golfkrieg und Zerfall der Sowjetunion gab es Anlaß, Frankreichs Positionen zu überdenken. Die Revisionen sind in Gang. Daher das Bestreben, zur Wirtschafts- und Währungsunion, zur Politischen Union und sogar zur Sicherheitsunion weiterzugehen. Was Frankreich gegenüber Deutschland in die Waagschale Europas einzubringen hat, ist beides: nukleare Abschreckung und außenpolitische Kaltblütigkeit.

Für die außenpolitische Zukunft Westeuropas wird beides entscheidend sein, die chaotische Nachbarschaft dort, wo einmal die Sowjetunion war, und die im islamischen Krisenbogen aufsteigenden Gefahren sozialer und politischer Instabilität. Es geht nicht nur um den Zusammenbruch des sowjetischen Imperiums und die für die Franzosen, anders als für die Deutschen, nicht abschließend beantwortete Frage, ob Deutschland abermals ostmitteleuropäische Dominanz sucht oder eingebunden bleibt in die Europäische Gemeinschaft. Auch die Amerikaner gewinnen für Frankreich eine neue europäische Rolle: sowohl für das Gleichgewicht nach Osten und die Equilibrierung des deutschen Gewichts als auch für die Verteidigung des Mittelmeers und des Nahen Ostens gegen arabische Diktaturen, islamische Prediger und weitreichende Massenvernichtungswaffen. Für alles dies werden die

USA in Zukunft gebraucht. Deshalb wird Frankreich gezwungen sein, künftig europäischer und atlantischer zu denken, als dies lange Zeit in Paris erlaubt und nützlich war.

Nationale Interessen?

Die deutsche Teilung ist vorbei, die Deutsche Frage ist geblieben. Damit ist auch die Frage nach der Bestimmung der nationalen Interessen gestellt. Da es seit langem nicht deutsche Gewohnheit war, sie allein zu bestimmen, geschah dies im Verein mit den früheren Besatzungsmächten, aus denen Verbündete wurden. Das begann im Europarat, dem die Bundesrepublik als erstem europäischem Gremium fast schon in der Stunde ihrer Geburt beitreten durfte, setzte sich fort mit Montanunion und Europäischer Gemeinschaft und fand im Atlantischen Bündnis seinen sicherheitspolitischen Anker. Später dann, viel vager, wurde auch der UN-Rahmen genutzt und der Helsinki-Prozeß. Im Internationalen Währungsfonds, in der Weltbank, in der OECD und in der Siebener-Gruppe der industriellen Demokratien fand die Bundesrepublik Einfluß durch ihre Wirtschafts- und Finanzkraft.

Deutsche Außen- und Sicherheitspolitik wurde mit den Interessen aller Nachbarn aufs engste verflochten, sie wurde multilateralisiert – das Kunstwort der Politiker zu gebrauchen. Das nationale Interesse schien darin zu bestehen, eigentlich keines zu haben, sondern Anwalt des Ganzen zu sein. Vertrauensbildung und Berechenbarkeit klangen formelhaft, waren aber ein praktischer Beitrag, die Vergangenheit zu überwinden und Deutschland wieder Gewicht zu geben in den Konzilien des Westens und der Welt. Das hatte zur Folge, daß Dabeisein oft wichtiger war als die Frage, was man eigentlich durchsetzen wollte. Insofern hat, wie Lothar Rühl unlängst bemerkte, »die Bundesrepublik Deutschland nie eine souveräne, nie eine wirklich nationale, nie auch nur eine weitgehend autonome internationale Politik gehabt«. War dies nicht immer von Vorteil, so war es doch auch niemals Nachteil. Jedenfalls galt, daß Nachteile und Vorteile sich nicht einfach saldieren ließen. Westdeutsche Außenpolitik war selbstverständlich – wie sollte es anders sein – an staatlich-nationalen Interessen orientiert und hat ihnen vorgearbeitet. Im europäischen Rahmen aber suchte sie niemals die Tête.

Nun jedoch gibt es wieder die Mitte des europäischen Kontinents, und den Deutschen kann die geographische Lage politisch zum Problem werden. Die Deutschen mußten 1990 beides wollen, die Einheit des Landes und die Vertiefung Europas. Identität und Integration aber so glücklich zu vereinen, wie es im Moment der Wiedervereinigung geschah, ist kaum einem anderen europäischen Land gegönnt. Im Westen fragt man sich, warum man zum Ausgleich der deutschen Einheit sich auf mehr Europa einlassen soll, als zuvor ratsam und nützlich erschien. Im Osten des Kontinents verbinden sich Auflehnung gegen die kommunistische Diktatur und die Sowjetherrschaft von außen mit nationaler Selbstfindung im Innern. Diese Selbstfindung aber treibt die Tschechoslowakei in den Grenzen von 1919 auseinander und ruft auch in Warschau ältere Erinnerungen wach, die tief nach Litauen und in die Ukraine reichen. Kostbare nationale Identität, kaum gewonnen, muß sich schon der Staatsräson beugen. Integration oder Identität: Die Spannung zwischen beiden geht nach dem Kalten Krieg mitten durch alle europäischen Länder, am meisten aber wohl durch Deutschland, das sich von seiner Geographie eingeholt sieht, der es doch aus geschichtlicher Erfahrung und politischer Klugheit widerstehen muß. Deutschland muß im Moment der Einheit vor allem die Integration wollen.

Mitte sein und Brücke, ist ein alter deutscher Traum. Er ist älter als Nachkriegszeit und Wiedervereinigung, älter selbst als Bismarck-Epoche und Preußen. Er reicht zurück in das Alte Reich, das europäische Ordnung aus der Mitte herzustellen suchte und es doch niemals vermochte. Mit Tradition und Anspruch auf die Römer bezogen, wenn nicht auf die Erschaffung der Welt, war das Imperium Sacrum mehr von jener Welt als von dieser. Seine Lage war dem Heiligen Römischen Reich immer Verdammnis und Versuchung, sie hat von den Italienzügen der alten Kaiser und der Ostsiedlung des Hohen Mittelalters Deutschland immer wieder in neue, gefahrenträchtige Machtdimensionen gezogen.

Die Revolutionäre von 1848 wollten davon nichts mehr

wissen und dieser Vergangenheit im Zeichen der revolutionären Gottheiten von Nation und Demokratie ein großes machtvolles Deutschland entgegensetzen – und vermochten es doch nicht. Bismarck fing es kleiner an, stellte das zerfließende Deutschland unter die staatliche Disziplin Preußens und suchte seitdem doch vergeblich, von der neuen Großmacht in der Mitte die Folgen ihrer halbrevolutionären Gründung abzuwehren. Dem wilhelminischen Reich geriet, eben weil die Definition durch Bündnisse und Berechenbarkeit unterblieb, die Anlehnung an England kalter Verachtung anheimfiel und gegenüber Rußland nur Hilflosigkeit blieb, die Mittellage zur »Einkreisung«. Die Weimarer Staatsmänner erwarben, was sie an Gestaltungskraft der traurigen Lage der zwanziger Jahre noch abgewannen, durch ein equilibristisches Spiel zwischen Ost und West. Die deutsche Diktatur aber suchte Revolutionierung von Geschichte und Geographie.

Viel von der deutschen Machtgeschichte entwickelte sich in der Auseinandersetzung mit der europäischen Machtgeographie. In der Mitte zu sein, blieb ewig unbewältigt, mitunter Traum und meistens Trauma. Die Wiedervereinigung kam nicht aus dem übermächtig gewordenen Bedürfnis der Welt, Europa um die deutsche Mitte zu gruppieren. Sie war die entscheidende Stufe in Niedergang und Fall des östlichen Imperiums.

In dieser Weltenwende aber hat die Idee der deutschen Mitte Europas keinen Boden in der Wirklichkeit. Dafür hält die Geschichte zu viele Warnungen bereit, dafür ist Deutschland zu wenig vorbereitet. Zu den Bedingungen der deutschen Einheit nach Westen zählten daher Bestätigung der deutschen Rolle in der reformierten Atlantischen Allianz und Verstärkung des europäischen Bindegewebes. Nach Osten aber, zumal gegenüber der Sowjetunion und ihren Nachfolgestaaten, ging es um beides, Machtverzicht und materielle Hilfe, die schnell zur Überanstrengung werden kann. Auch der tiefere Sinn der Wirtschafts- und Währungsunion und der Politischen Union Europas liegt nicht in den materiellen Vorteilen, die sie den starken Partnern bieten, sondern in der neuen Equilibrierung Westeuropas und der Rückversicherung angesichts der östlichen Uferlosigkeit.

»Zwei plus Vier« und alle Gipfel von 1990 liefen darauf hinaus, Deutschland nicht zur wankenden und schwankenden Mitte zu machen, sondern eindeutig zu definieren: Grenzen und Bündnisse ebenso wie die lebenswichtigen Interessen nach Westen und das große, aber deshalb um so strikter einzugrenzende Obligo im Osten. Gerade weil der europäische Osten am meisten auf Deutschland zählt und die Deutschen sich dem am wenigsten versagen können – die Gründe liegen in Geschichte und Geographie weit mehr als in wirtschaftlichen Interessen –, muß die Westbindung des vereinten Deutschland von allen Träumereien und Zweideutigkeiten frei bleiben. Was die Kultur der alten Städte, den Klang der Sprachen, die Reichweite der Ideen anlangt, da gibt es kein Mitteleuropa ohne Deutschland. Im übrigen aber ist Deutschland nicht Brücke und nicht Mitte. Osteuropa wird Teil des Westens sein, oder es wird nicht sein. Deutschland aber muß seine Verankerungen im Westen bestätigen und befestigen, oder es wird von seiner Geschichte eingeholt.

Seit dem Frühjahr 1990, als alles auf die deutsche Wiedervereinigung zulief, lautete die Frage, ob die Hauptmacht zwischen der zerfallenden Sowjetunion und den sich nach innen wendenden Vereinigten Staaten Europa sein werde oder Deutschland. Indem die deutsche Politik, darin gefordert und gefördert durch den französischen Präsidenten Mitterrand, sich für mehr Europa entschied anstelle von mehr Deutschland, kam auch die westeuropäische Politik in starke Bewegung. Die britische Regierung unter Margaret Thatcher wurde in eine Europapolitik gezwungen, die die Tory-Partei überforderte.

Was die deutsche Politik bewegte, war nicht die alte Angst der Nachkriegsdeutschen vor sich selbst. Es ging um eine Verbindung alter und neuer Motive. Zum einen war da die Tradition Konrad Adenauers und aller seiner Nachfolger, jeden deutschen Souveränitätsgewinn umzusetzen in atlantische und europäische Bindung. Im Moment der Wiedervereinigung und der von ihr ausgelösten europäischen Schrecksekunden war dies ein Stück praktischer Staatskunst. Es war Beruhigungspolitik nach innen und außen. Es war auch Beherzigung der Weisheit des Grundgesetzes, in dessen Präambel das »vereinte Europa« vor der unvollendeten und zu vollendenden deutschen Einheit zu finden ist. So kam es, daß den in Brüssel und Bonn eigentlich schon mehr als zureichend durch das Programm der Einheitlichen Europäischen Akte beschäftigten Beamten die Wirtschafts- und Währungsunion und die Politische Union aufgegeben wurden.

Das zweite Motiv hinter der erneuerten und vertieften Westbindung reicht weit über die künftige deutsche Ostgrenze hinaus: Es ging um Osteuropa. Auch hier eine schwierige Wahl, Integration mit Westeuropa über alle möglichen Zwischenstufen der Assoziation, oder deutsche Einflußsphäre im Wirtschaftlichen, Politischen und Kulturellen. Die Deutschen sind die einzigen unter den Westeuropäern, deren nationales Interesse gebietet, den Völkern Osteuropas so zu helfen, daß Soziale Marktwirtschaft und politische Demokratie eine vernünftige Erfolgschance haben. Denn für die Deutschen bleibt es schon aus Gründen unentrinnbarer Nachbarschaft unübersehbar, daß ein in Elend, Bitternis und Umweltkatastrophen versinkendes Osteuropa Stoßwellen der Beunruhigung und Fluchtwellen der Menschen nach Westen senden würde, zumeist und am meisten nach Deutschland.

Endlich war wohl den Deutschen früher als anderen deutlich, daß die Einheit Deutschlands nur der entscheidende – und zugleich gefährlichste und damit auch am genauesten zu verhandelnde – Schritt in der Auflösung des äußeren Imperiums der Sowjetunion sein würde und daß dem äußeren Zerfall der innere unausweichlich folgen mußte. In den »Zwei plus Vier«-Verhandlungen wurde die Position des Westens angesichts des weitergehenden sowjetischen Niedergangs stärker, zugleich aber wuchs auch die Rechnung der Transferzahlungen unentwegt, und sie würde weiter wachsen. So entstand in Bonn die Frage, wo Ziel und Ende dieses Prozesses liegen würden und ob es überhaupt natürliche Grenzen der östlichen Katastrophe gebe.

Noch ein weiteres Motiv kommt hinzu, und es stammt aus der Geschichte. Die Erfahrung der Deutschen im weltpolitischen Handeln ist gering, vorbelastet und unsicher. Der Krieg, so sagte einmal General de Gaulle, bringt Dinge ans Licht, die sonst verborgen bleiben. Für den Frieden von 1990 gilt das nicht minder. Mit der Mauer fielen die Zwänge der Nachkriegszeit. Das deutsche Rendezvous mit der

Geschichte ist noch nicht zu Ende. Es wird begleitet von der Frage der Nachbarn nah und fern, wie Deutschland sich in die neue Machtgeometrie einzufügen sucht und welche Rolle es zu definieren weiß für sich und andere.

Es ist mehr als siebzig Jahre und zwei Weltkriege her, daß unter Bedingungen des Friedens das Land in Europas Mitte seine Rolle frei bestimmen konnte. Die deutsche Versuchung der Jahrhundertwende war noch nicht »Griff nach der Weltmacht« – der kam beim Kriegführen wie der Appetit beim Essen. Zuvor war Deutschland Meister der Weltwirtschaft geworden. Aber für die Weltpolitik blieb es bei einer langen und wenig erfolgreichen Lehrzeit. Im Zentrum liegend, ohne Zentrum zu sein, vermochte Deutschland seit der Jahrhundertwende im Mächtekonzert einen festen Part nicht zu finden. Sich berechenbar machen, Vertrauen erwerben, fremde Interessen honorieren, war Sache der Deutschen nicht. Damals wurden unter Führung der Wilhelmstraße, dem Sitz des Auswärtigen Amtes in Berlin, die Grenzen der Macht im freien Experiment erprobt.

Bismarcks Bündnisse hatten dauerhafte Sicherheit nicht gegeben. Im Rußland der Zaren sah Bismarck noch die ideologische Rückenstütze, im Rußland des Panslawismus schon die militärische Drohung. Die aufsteigende französisch-russische Entente nahm er am Ende wie ein Fatum hin. Den Zweibund mit Österreich-Ungarn hatte er seit dem Berliner Kongreß 1878 gesucht und warnte doch seitdem davor, Deutschlands Schicksal jemals bedingungslos an die zerfallende Donaumonarchie zu binden. Den »Blankoscheck« von 1914 hätte er niemals unterschrieben: Der ganze Balkan war ihm »nicht die heilen Knochen eines pommerschen Musketiers wert«. Zu Großbritannien blieb alles in der Schwebe – weder Bruch noch Bündnis. England stabilisierte das kontinentale Gleichgewicht, am meisten aber Deutschland. Als in Deutschland der strategische Schlachtflottenbau begann, der die Royal Navy herausforderte, und als das »perfide Albion« in der vom Burenkrieg aufgewühlten deutschen Öffentlichkeit als Feind identifiziert wurde, als »Handelsneid« und »Einkreisung« haßerfüllte Schlagworte wurden, da zerstörte Deutschland selbst die segensreiche Rolle der britischen »balance from beyond the sea«, dessen kein Land bedürftiger war als die halbhegemoniale Großmacht in Europas Mitte. Es ist unschwer zu erkennen, daß heute Amerika für Europa eine ähnliche Rolle zu spielen hat wie damals England.

Noch vor der Jahrhundertwende indessen war das europäische Mächtekonzert zerfallen, das auf die Gleichgewichte des 18. Jahrhunderts und den Wiener Kongreß zurückging. Japan und die Vereinigten Staaten traten als Weltmächte hinzu. Alle Regeln mußten neu erfunden, alle Gleichgewichte neu eingerichtet werden. Am Vorabend des Weltkriegs wurden Berlin und London zwar noch handelseinig über die portugiesischen Kolonien und den Einfluß auf die Türkei und leisteten angesichts der Balkankriege 1912/13 erfolgreich Konfliktmanagement. Aber für Frieden und Vertrauen war es längst zu spät. Die Wilhelmstraße hatte lange von der »freien Hand« zwischen den Großmächten geträumt, der ungebundenen Schiedsrichterstellung in Europa. Unterdessen entstand zwischen Ost und West die Entente. 1914 wurde der Preis bezahlt, und bis heute trägt Deutschland an den Folgen.

Historische Reminiszenzen, gut für nichts als baldiges Vergessen? Oder Erinnerung an eine Lage, in der Versuchung und Verdammnis immer miteinander verbunden waren, das Genie der Mitte, Aufstieg und Absturz? Die Lehren der Vergangenheit sollen gelernt sein, so versichert man sich. Aber Geographie, Geschichte und Größe des Landes bleiben, und es wird der Staatskunst bedürfen und der Weltkenntnis nach West und Ost, die europäisch-atlantischen Allianzen zu bewahren, in denen die Erben des einstmals ruhelosen Reiches Standort, Rolle und Vertrauen fanden.

VI. Krise und Entscheidung

*Also positive Unternehmungen in der Politik
sind außerordentlich schwer, und wenn sie
gelingen, so soll man Gott danken, daß er seinen
Segen dazu gegeben hat, und nicht herummä-
keln an Kleinigkeiten, die diesem und jenem fehlen, sondern die Situation akzeptieren, so wie
Gott sie macht. Denn der Mensch kann den
Strom der Zeit nicht schaffen und nicht lenken,
er kann nur darauf hinfahren und steuern, mit
mehr oder weniger Erfahrung und Geschick,
kann Schiffbruch leiden und stranden und auch
zu guten Häfen kommen.
(Otto von Bismarck, Gedanken und Erinnerungen, 1895)*

Niemals seit vier Jahrzehnten war so viel Ende, verbunden
mit so viel Anfang. Da das Sowjetreich zerfallen ist, kann
organisierendes Prinzip westlicher Sicherheit nicht mehr die
sowjetische Bedrohung sein. Es bleibt das Bemühen der westlichen Nationen, die Nachfolgestaaten nicht in Anarchie, Verzweiflung und Bürgerkrieg stürzen zu sehen, aus den unausweichlichen Erbfolgekämpfen sich herauszuhalten und mit
den Haupterben den besseren Teil der Beziehungen zur
Sowjetunion Gorbatschows, insbesondere die Verträge über
konventionelle und nukleare Abrüstung fortzuführen und
die Verbreitung nuklearer Waffen, ihrer Technologie und
ihrer Fachleute in die Hände von Warlords, Terroristen und
minderen Mächten zu hindern, die innere Auseinandersetzung um das Sowjeterbe in zivilisierten Bahnen zu halten und
die äußere eng zu begrenzen, namentlich was die südlichen
Nachbarn betrifft. Seit Ende der siebziger Jahre sprach man
in der *strategic community* des Westens mit Ironie vom bevorstehenden »management of Soviet decline«. Mittlerweile ist
daraus eine Lebensfrage geworden.
Solange sie bedrohlich war, blieb die Sowjetunion Stalins,

Chruschtschows, Breschnjews und Andropows der Föderateur des Westens. Jetzt geht es um ihre Nichtexistenz, und sie erscheint weit weniger berechenbar als der vormalige Weltzustand. Der folgte festen Regeln und enthielt wenig Überraschungen. Er war strategisches Schach: Alle Kräfte gegeneinander aufmarschiert in Breite und Tiefe, es herrschte »rough balance«, fast jeder Schritt war bekannt und berechenbar, in Bauernscharmützeln wurde der Gegner getestet, in den großen Krisen der Nachkriegszeit wurden die Spielregeln gehärtet. Jedenfalls galt: Damentausch war nicht ratsam, Schachmatt würde das Ende des Spiels und der Spieler bedeuten. Mit den Worten von Raymond Aron: »guerre impossible, guerre improbable«.

Die alte Schachpartie gibt es nicht mehr, die künftige Welt hat noch keine Metapher gefunden – und wird Ordnung und Stabilität vielleicht lange Zeit nicht finden. Es gilt auch hier, daß nichts mehr ist, wie es vordem war: keine Führungsmacht, keine Allianz, kein Gleichgewicht.

Die weltgeschichtliche Crisis

Seit dem Ersten Weltkrieg hat Europa Aufstieg und Fall zweier gewaltsamer Utopien erlebt, und heute ist die Geschichte mehr in Bewegung als jemals seit der Französischen Revolution. Ob aber eine Wiener Friedensepoche in Aussicht steht oder ein ehernes Zeitalter der Kriege und Katastrophen, ist noch nicht ausgemacht. Es ist die Zeit dessen, was vor 120 Jahren der Basler Historiker Jacob Burckhardt die »weltgeschichtliche Crisis« nannte, die er als »Sturmzeit« und »beschleunigte Processe« folgendermaßen beschrieb:

> »Bei dem neuern complexen Zustand des Lebens, wo Staat, Religion und Cultur in höchst abgeleiteten Formen neben und übereinander geschichtet sind, wo die meisten Dinge in ihrer dermaligen Verfassung ihren rechtfertigenden Zusammenhang mit ihrem Ursprung eingebüßt haben, wird längst das eine Element eine übermäßige Ausdehnung oder Macht erreicht haben und nach Art alles

Irdischen mißbrauchen, während andere Elemente eine übermäßige Einschränkung erleiden müssen.

Die gepreßte Kraft aber kann, je nach ihrer Anlage, hiebei ihre Elasticität entweder verlieren oder steigern.

Im letztern Fall bricht irgendwo Irgendetwas aus, und wird entweder unterdrückt, worauf die herrschende Macht, wenn sie weise ist, einige Abhülfe schafft, – oder es hängt sich daran, den Meisten unerwartet, von Ahnungsfähigen aber längst vorausgesagt, eine Crisis des ganzen allgemeinen Zustandes; bis zur collossalsten Ausdehnung über ganze Zeitalter und alle oder viele Völker desselben Bildungskreises. Der Weltproceß geräth plötzlich in furchtbare Schnelligkeit; Entwicklungen die sonst Jahrhunderte brauchen, scheinen in Monaten und Wochen wie flüchtige Phantome vorüberzugehen und damit erledigt zu sein.«

Zu Jacob Burckhardts Deutung der großen Krise gibt es zwei Schlüssel: den äußeren Verfall der Macht und den inneren der Legitimität. Geschult an den Umbrüchen der römischen Republik, am Zeitalter Constantins des Großen, geprägt durch die Weltwirkungen der Französischen Revolution und das Erlebnis der sozialen und politischen Umbrüche von 1848/49, entfaltete Burckhardt in den »Weltgeschichtlichen Betrachtungen« ein Erkenntnismodell, das mehr der Krise als der Revolution galt, mehr den Zerstörungskräften als denen der Rekonstruktion. Heute, am Ende des 20. Jahrhunderts, schildern diese Seiten nicht nur Prozesse der Vergangenheit, sondern verdeutlichen auch Ereignisse und Gestalten in Gegenwart und Zukunft.

Jacob Burckhardt gehört in die Generation von Bismarck, Marx, Wagner und Nietzsche. Er wurde 1818 in Basel geboren und starb 1887, als Europa zu Weltwirtschaft, Weltpolitik und Weltkrieg aufbrach. Seine »Weltgeschichtlichen Betrachtungen«, in Form einer Vorlesung zwischen 1869 und 1873 mehrfach vorgetragen und nur aus Nachschriften bekannt, bergen den geistigen Schlüssel des 20. Jahrhunderts. Allerdings, den liberal-borussischen Historikern der Reichsgründungsepoche mit ihrem »Sedan-Lächeln« auf den Lippen war das alles zu düster, zu alteuropäisch, zu konservativ. Wenn seine hegelianischen Freunde Geschichte als Weg der Ver-

nunft in der Zeit begriffen, so war Burckhardts Ausgangspunkt der

»vom einzig bleibenden und für uns möglichen Zentrum,
vom duldenden, strebenden und handelnden Menschen
wie er ist und immer war und immer sein wird; daher
unsere Betrachtung gewissermaßen pathologisch«.

Burckhardt sah Geschichte weder von einem vorgegebenen
Ziel bestimmt, noch sah er ihr Gesetz in der Wiederholung.
Sie war ihm, ein Wort Golo Manns zu borgen, Chaos, das ins
Chaos schwankt. Burckhardt sprach spöttisch vom »schlechten Trost mit einem höheren Weltplan u. dgl.« – weshalb
auch, nach Aufstieg und Fall des deutschen Nationalstaats,
die Sozial- und Modernisierungshistoriker amerikanischer
Prägung seit den sechziger Jahren wenig anzufangen wußten
mit dem heroischen Pessimismus des Alten aus Basel, dem
seit 1789 alles Revolutionszeitalter war. Er konstatierte dies
ohne Verklärung des Ancien régime, doch mit Trauer und
abgewandten Gesichts.

Seiner eigenen Epoche prophezeite Burckhardt Krisen,
Kasernen und Katastrophen, und er beschrieb die Zukunft in
Begriffen, die manches von dem vorwegnehmen, was seit den
dreißiger Jahren die Totalitarismus-Theorie entwickelt hat.
Jenseits der Trennung zwischen rechts und links sah Burckhardt, der in den Kämpfen zwischen der Patrizierstadt Basel
und dem umliegenden Bauernkanton als junger Mann das
Fürchten gelernt hatte, das Zeitalter der Massen unaufhaltsam heraufziehen. Er begrüßte es ohne Enthusiasmus.

Die Urkrise des Abendlandes, gewissermaßen eine Pause
der Kulturgeschichte, fand Burckhardt, darin ein Erbe
Edward Gibbons und anderer, in der Spätantike, als Europa
in die »dark ages« eintrat.

»Organische Aenderungen und andere fromme Wünsche
welche die neuere Wissenschaft bisweilen den damaligen
Imperatoren hat anrathen wollen, kommen schon ohnehin
zu spät. Und wenn man Rom gewesen ist, so ändert man
sich nicht mehr freiwillig und jedenfalls nicht mit Nutzen,
sondern man lebt so aus wie man ist.

Unter Constantin und seinen Nachfolgern überdauert das Reich noch die allmälige Substitution einer christlich-orthodoxen Gesellschaft und Kirche, welche sich dem krachenden Imperium unterbaut ... Und endlich, nachdem die Orthodoxie sich vollständig organisirt und einen Theil der Tradition des Alterthums (unter) ihre Fittiche genommen hat, darf das Imperium sterben.

Erst die Völkerwanderung ist dann die wahre Crisis gewesen. Sie hat im höchsten Grade den Character einer solchen: Verschmelzung einer neuen materiellen Kraft mit einer alten, welche aber in einer geistigen Metamorphose, aus einem Staat zu einer Kirche geworden, weiterlebt.

Und diese Crisis gleicht keiner andern uns näher bekannten, und ist einzig in ihrer Art.«

Burckhardt stellte die Frage, ob sich historische Krisen abschneiden lassen, und er kam, indem er der Politik und den starken Machthabern darin eine maßgebende Rolle zuerkennt, zu einem offenen Schluß:

»Die Crisis des römischen Imperiums war nicht abzuschneiden ... Analog verhielt es sich mit der Ausbreitung des Islam ... Dagegen hätte können wesentlich abgeschnitten werden die Reformation und in hohem Maße gemildert konnte die französische Revolution werden.«

Was Bedingungen und Motive des großen Umbruchs angeht, vermeidet Burckhardt eine Deutung, die von großer Ungerechtigkeit auf großen Wandlungsbedarf schließt, er bleibt überhaupt skeptisch gegenüber dem Zeitgeist und läßt es offen, ob dieser »die bloße Summe der vielen gleichdenkenden Individuen« sei oder »die höhere Ursache ihrer Gärung«. Mit anderen Worten, ob die öffentliche Meinung eine eigene Kraft ist oder nur Spiegelung von vielen Kräften: »Das mag dahingestellt bleiben wie die Frage über Freiheit und Unfreiheit überhaupt.« Eines allerdings bleibt notwendige Bedingung: »Ein sehr ausgebildeter Verkehr und eine bereits ähnliche Denkweise in allen andern Dingen, über große Strecken verbreitet«. So entsteht dann zwischen Macht und Meinung jene machtvolle Krisenkonfiguration, die im

vorhinein zu prognostizieren unmöglich und selbst im nachhinein nicht restlos zu klären ist. Die öffentliche Meinung
kippt gegen die bestehende Macht, deren Verteidigern sinkt
der Arm.

Das war es vielleicht, was seit 1980 in Polen im Gang war,
was Ungarn bewegte und auch die deutsche Revolution von
1989, die sich durchaus in die Burckhardtsche Deutung einfü-
gen läßt. Auf der einen Seite die Lähmung des Regimes, das
Siechtum des Generalsekretärs, die Vergreisung der Führung, vor allem aber die Abhängigkeit von der sowjetischen
Bestandsgarantie, die im Zeichen von Perestroika immer
fragwürdiger wurde. Auf der anderen Seite stand, was Burckhardt die Anfangsphysiognomie der Krisen nannte:

»Zunächst die negative, anklagende Seite, der angesam-
melte Protest gegen das Vergangene, – vermischt mit
Schreckensbildern vor noch größerm künftigem unbekannten Druck ... Die um einer Sache willen beginnende
Crisis hat den übermächtigen Fahrwind vieler anderer
Sachen mit sich; die Einzelnen und die Massen, so weit sie
mithalten, schreiben überhaupt Alles, was sie drückt, dem
bisherigen letzten Zustand auf die Rechnung, während es
meist Dinge sind die der menschlichen Unvollkommen-
heit als solcher angehören ... Endlich machen Alle mit,
welche irgend etwas anders haben wollen als es bisher
gewesen ist.«

Aber die Krise aller Krisen hatte in der Sowjetunion begonnen irgendwann am Ende der siebziger Jahre, als KGB und
Militär feststellten, daß es so nicht weitergehen könne im
Lande Lenins und daß die Sowjetunion im 21. Jahrhundert
nur Weltmacht bleiben werde, wenn sie sich nach dem Bild
des Westens wandelte. Wenig wußte das Politbüro, wenig
ahnte auch der Westen, daß die Sowjetunion nationale und
religiöse Sprengkräfte in sich barg, die, einmal entfesselt,
nicht zu bändigen waren, und daß die Reformer darangin-
gen, das Imperium zu zerstören. Die eigentliche Krise war die
des Sowjetimperiums. Sie begann im Zentrum, löste das
äußere Imperium auf und dann das innere:

»Ewig wird es unmöglich sein, Grad und Werth einer Crisis beim Beginn richtig zu schätzen, besonders ihre Verbreitungsfähigkeit; denn hier entscheidet nicht so sehr das Programm als vielmehr die Masse des vorhandenen entzündlichen Stoffes, d.h. die Zahl und Disposition der nicht bloß Leidenden sondern auch längst zu einer allgemeinen Veränderung Geneigten. Nur Eins ist sicher: Wahre Crisen gerathen durch den materiellen Widerstand erst recht in Flammen, unwahre oder ungenügende erlahmen dabei, nachdem vielleicht der Lärm vorher ganz unverhältnismäßig groß und laut gewesen.«

Seitdem aber geht es, nach der Zerstörung des inneren Imperiums, um die Kämpfe und Krisen der sowjetischen Erbfolge, wie noch jedes stürzende Imperium Katastrophen in Gang gesetzt hat. Damit kehrt die große europäische Krise an ihren Ursprung zurück und entfaltet im Innern ihre zerstörerische Dynamik.

Burckhardt aber schildert auch den vergeblichen Versuch derer, die Reform von oben wollten und sich jeder Art von Unzufriedenheit bedienten, der entfesselten Kräfte noch Herr zu werden, bevor sie selbst vom Wagen stürzen:

»Getriebene die sich für Treibende hielten ... Wer im Geringsten ermüdet oder der rascher werdenden Bewegung nicht mehr genügt, wird erstaunlich schnell ersetzt. Die Macht duldet gerade in solchen Zeiten am wenigsten eine Unterbrechung; wo Einer oder eine Partei müde zusammensinkt oder untergeht, steht gleich ein Anderer da, welcher selbst wiederum für seinen Moment sehr ungenügend sein kann, und es dennoch erlebt daß sich für diesen Moment Alles an ihn crystallisch anschließt.«

Die Frage bleibt, wie der weitere Verlauf der historischen Crisis alle bisher geltenden Grenzen überschreiten wird und auf den gesamten Weltzustand übergreift, und wie sich Macht und Legitimität aufs neue bilden sollen. Burckhardt:

»Es liegt im Menschen die stille Voraussetzung daß jede Macht am Ende rationell verfahren, d.h. die allgemeinen

Bedingungen des Daseins auf die Länge anerkennen und zu Ehren bringen müsse. Auch sogenannte Anarchie bildet sich so rasch als möglich zu Einzelstücken von Macht, d.h. von wenn auch noch so rohen Vertretungen irgend eines Allgemeinen ...
Überhaupt in den Crisen das schnellste Umschlagen von Unbändigkeit in Gehorchen und umgekehrt.«

Der Zerfall jeder Autorität läßt einerseits den Kräften der alten Ordnung so etwas wie eine halbherzige Rehabilitation, andererseits ist die Crisis in ihrem Verlauf nicht anzuhalten, bevor sie nicht sich selbst und alle Menschen erschöpft hat. Sie mißachtet jede Grenze, transzendiert jeden Zustand, sprengt jede Schranke. Sie wird zur Weltkrise.

Wenn Burckhardts Studium der weltgeschichtlichen Crisis prognostischen Wert hat, dann ist dem gegenwärtigen Umbruch noch lange keine Festigung vorherzusagen, sondern Gewaltsamkeit und Diadochenkämpfe, Erdbeben in großen Teilen Asiens und Europas. Am Ende steht, sagt Burckhardt,

»unglaubliche Ernüchterung, selbst unabhängig vom allfallsigen Elend; die Geduld, mit der man sich Alles (dasjenige) bieten läßt, worüber noch wenige Zeit vorher Alles in die Luft gesprungen wäre...«

Diese Ernüchterung bleibt verbunden mit Besitzstandswahrung der Gewinner und Sehnsucht nach einem neuen Despotismus, der im Falle der früheren Sowjetunion von außen dadurch begünstigt werden könnte, daß die Sicherheit der nuklearen Waffen vor jedem Gebrauch, vor allem ihr Transfer in unverantwortliche Hände, zu einem Wert an sich aufgestiegen ist und fast schon unabhängig gilt von der politischen Gestalt der Kontrolle, sofern sie nur ausgeübt wird. Die militärische Machtübernahme aber ist untrennbar mit der welthistorischen Krise verknüpft:

»Und sobald dann die Crisis sich überstürzt hat und die Epoche der Ermüdung eintritt, so organisieren sich ohnehin die frühern Machtmittel der ältern Routine, Polizei und

Militär, wie von selbst wieder in ihrer ältern Form. Etwas Todmüdes aber fällt unfehlbar dem Stärksten in den Arm, der gerade in der Nähe ist, und dieß werden nicht neu gewählte und gemäßigte Versammlungen sein, sondern Soldaten.

Der Militärgeist aber wird dann unfehlbar nach einigen Momenten des Überganges auf eine Monarchie und zwar auf eine despotische hindrängen. Er schafft den Staat nach seinem Bilde um.«

Burckhardt, der Konservative, war indessen nicht konservativ genug, um nicht in der großen Crisis auch Erneuerung und Befreiung zu sehen. Es finden sich bei ihm Bemerkungen über das Lob der Krisen:

> »Die Leidenschaft ist die Mutter großer Dinge, d.h. die wirkliche, die etwas Neues und nicht bloß das Umstürzen des Alten will. Ungeahnte Kräfte werden in den Einzelnen und in den Massen wach; und auch der Himmel hat einen andern Ton...
> Die Crisen beseitigen die ganze unverhältnismäßig angewachsene Scheu vor »Störung« und bringen frische und mächtige Individuen empor.«

Mit den »frischen und mächtigen Individuen« bereitet die Krise dem messianischen Führer den Schauplatz und die Inszenierung. Die sowjetische Krise hat für einige Zeit Boris Jelzin diese Rolle zugeworfen. In den post-sowjetischen Staaten aber ist der feste Punkt noch nicht gefunden. Nicht in der Währung, nicht in der Rechtsordnung, nicht in der öffentlichen Verwaltung und auch noch nicht in einem ausreichend verbreiteten Privateigentum, welches eine neue Klasse von Interessenten ins Leben rufen könnte. Was als *point d'appui* bleibt – da könnte noch einmal Jacob Burckhardt recht behalten mit der Prophezeiung, daß das Militär am Ende unentbehrlich wird.

Sturmzeit und beschleunigte Prozesse, das ist für Jacob Burckhardt die welthistorische Crisis. Es ging um die Macht und ihre Metamorphosen:

»Machtlücken werden eben nicht geduldet; wo irgendwann Macht gewesen, meldet sich gleich eine neue, der sich Alles anschließt. Naivetät der Revolutionen, wenn sie meinen, sie hätten die Menschen zur Freiheit erzogen.«

Die Außenwelt atmet auf, wenn die Macht wieder Gestalt gewinnt und berechenbar wird. Die Mitlebenden der Crisis aber fragen nicht lange, wer Brot und Arbeit verspricht, wenn er nur beides schafft. So ist es zu Burckhardts Zeiten gegangen, und so mag es heute wieder gehen.

Die Anpassung der Institutionen

West und Ost, wie die Außenminister des Nordatlantischen Bündnisses im Sommer 1990 in London konstatierten, sind wieder Himmelsrichtungen geworden. Der Norden findet sich in Schmerzen zusammen und teilt die wichtigsten Sorgen, der Süden ist weniger denn je eine Einheit, außer in der epidemischen Armut und der Unfähigkeit, aus eigener Kraft das Schicksal zu meistern. Was einmal die »Dritte Welt« war, verlor, als der Kalte Krieg endete, den Gegensatz der Weltmächte des Nordens. Dieser zog sie in die alten, nun vergangenen und halb absurd erscheinenden Gegensätze, sicherte aber mit dem großen Zustrom an Waffen auch einen kleinen Zustrom an Kapital und Hilfe. Vorbei auch dies. Jener überwiegende Teil der Welt wird sich indessen nicht aus der Geschichte verabschieden. In den Bevölkerungsexplosionen der islamischen Welt, Südasiens und Afrikas südlich der Sahara, in den daraus entstehenden Völkerwanderungen, in Wasserknappheit und Ressourcenarmut, Überschuldung und hoffnungslosen *terms of trade* mit den Industrie- und den Energiestaaten, in Umweltzusammenbrüchen und der Proliferation von Massenvernichtungswaffen liegt das Material, um gegebenenfalls den Norden unüberhörbar an die miserable Existenz des Südens zu erinnern.

Ob ein Glas halb voll sei oder halb leer, liegt im Auge des Betrachters. Ob die Welt der neunziger Jahre zu Integration, Vernunft und Ausgleich strebt oder zu Abgrenzungen, Unvernunft und Tanz der alten Dämonen – für beides finden sich gegenwärtig vielfältige und vieldeutige Belege. Der Westen jedenfalls muß jene Raison der Integration und des Interessenausgleichs, die ihm der Kalte Krieg so dringend anriet und die unter dem milden Präsidium der Nordamerikaner so erfolgreich verwirklicht wurde, aufs neue erwerben, um sie zu besitzen. Die deutsche Einheit, der Abzug der Sowjettruppen, die Rückkehr der Länder an Weichsel, Moldau und Donau nach Europa waren nächst dem inneren Zerfall des Sowjetimperiums, der Anziehungskraft und dem Gewicht der Atlantischen Allianz und der Europäischen Gemeinschaft zuzuschreiben. Aber diese Erfolge haben beide Bündnisse auch vor neue Aufgaben gestellt, die mit den alten Spielregeln und auf den alten Spielfeldern nicht mehr zu bewältigen sind. Der Moment des Triumphs ist auch ein Moment der Gefahr.

Die westlichen Systeme waren geschaffen für andere Zwecke. Die NATO, in den unvergeßlichen Worten des ersten Generalsekretärs Lord Ismay, »to keep the Americans in, the Russians out, and the Germans down«. Die Atlantische Allianz beruhigte die Europäer vor der sowjetischen Gegenwart und der deutschen Vergangenheit. Vor allem machte sie die Vereinigten Staaten, anders als in den angstvollen zwanziger Jahren, zur Garantiemacht europäischer Sicherheit: Das galt für das Miteinander der Westeuropäer wie gegen die Bedrohung durch die Sowjetunion. Die Europäische Gemeinschaft machte aus der Not des von seiner Geschichte verfolgten Westeuropa die Tugend der Integration und gab Deutschland den Rahmen für Entfaltung, Aufstieg und zivile Vertrauensbildung. 1973 wurde, um der Deutschen Frage einen größeren Rahmen zu geben, die Konferenz für Sicherheit und Zusammenarbeit in Europa erfunden, um zwischen Ost und West, bei weiterbestehendem Gleichgewicht des Schreckens, die vorhandenen Grenzen zu bestätigen. Der Westen ging darauf ein, forderte aber Menschenrechte, der Osten bekam das Versprechen zunehmenden Handels. Die Westeuropäische Union schließlich war, neben der Europäischen Gemeinschaft und der Atlantischen Allianz, immer vorhanden: Niemand wollte sie abschaffen, niemand ihr Substanz geben. Sie wurde nur von Zeit zu Zeit prüfend betrachtet. Vom »Rat für gegenseitige Wirtschaftshilfe« (RGW) und vom Warschauer Pakt, dem militärischen Herrschaftsinstrument Moskaus über die Hilfsvölker, braucht, seitdem sie im Frühjahr 1991 sich selbst abschafften, nicht mehr die Rede zu sein.

Damit sind Ost und West als Hinterbliebene des Kalten Krieges mit einem Instrumentarium ausgestattet, das in anderen Zeiten für andere Zwecke erfunden wurde als die gegenwärtigen: Management des sowjetischen Niedergangs und Absicherung der Erbfolge; Rettung und Rehabilitation des östlichen Mitteleuropa; Bürgerkriegsprävention in Jugoslawien und in anderen unwohnlich gewordenen Häusern; Wahrung des Sicherheitsabstandes vom islamischen Bogen; Meisterung künftiger globaler Gefahren, darunter Massenarmut und Völkerwanderung, Waffenproliferation und Umweltkatastrophen.

Es war in den Umbrüchen von 1990 unübersehbar, daß das Atlantische Bündnis und die Europäische Gemeinschaft nicht überflüssig wurden, sondern dem Wandel einen Rahmen gaben und, in dessen logischer Folge, einer Neudefinition bedurften. Deshalb lag die unmittelbare Reaktion der Nordatlantischen Allianz auf die Einheitschance der Deutschen und das damit verbundene Zerbrechen des äußeren Sowjetimperiums in der tiefgreifenden strategischen Revision von 1990/91: Abkehr von der Vorneverteidigung, Reduzierung der Truppen, Festlegung von Obergrenzen für die deutsche Bundeswehr, Reduzierung der nuklearen Waffen auf Gegengewicht und »last resort«. Die diplomatische »laison« der in Brüssel akkreditierten Botschafter der früheren Ostblockländer mit der NATO-Zentrale am Boulevard Léopold III. hat sich seitdem bewährt. Die den Warschauer Pakt verlassenden Staaten Osteuropas besprachen im NATO-Rahmen ihre Sicherheit, und selbst der letzte Sowjetbotschafter machte Gebrauch von dem neuen Draht. Bis zum Herbst 1991 allerdings wurden alle Sondierungen aus Warschau, Prag und vor allem Budapest über engere Anbindung an die NATO stets abschlägig beschieden unter Hinweis auf die stillschweigenden Übereinkünfte im Verlauf der deutschen Wiedervereinigung, mit Rücksicht auf Gorbatschow und die Sowjetgeneralität. Dem Westen fiel der Abschied von der alten NATO schwer; man suchte weniger, nicht mehr Verpflichtungen, und den Diplomaten und Generalstäblern im Westen graute davor, in das sowjetische Erbfolgedrama hineingezogen zu werden samt allen seinen inneren und äußeren Gefahren.

Als Rußland allerdings die Union fallenließ, stellte sich die Frage neu, um so dringender, da Schreckensbilder über Wege und Irrwege nuklearer Waffen und Fachleute der früheren Sowjetunion umgingen. Nun kamen zwei Entwicklungen in Gang, die auf lange Sicht die strategische Landkarte ändern werden. Die Amerikaner ergriffen die Initiative »To turn Soviet swords to plowshares, invest Dollars« – und entnahmen dem Pentagon-Budget fast eine halbe Milliarde Dollar für die Demontage sowjetischer Nuklearwaffen. Zum anderen erweiterte die NATO das »liaison«-Konzept zum »Cooperation Council«, der vorerst zwar nicht mehr ist als eine Verabredung der Außen- und Verteidigungsminister zu Konsultationen, aber im Fall äußerer Krisen oder der Nuklearbedrohung aus südlichen Zonen zu einem Koordinationsinstrument gemacht werden kann.

Seitdem Rußlands Präsident Jelzin den Wunsch seines Landes angemeldet hat, dem Atlantischen Bündnis dereinst beizutreten, ist die NATO, ob die atlantischen Nationen dies wollen oder nicht, mehr als je zuvor »centerpiece of world stability«. Sie wurde nach dem Ende des Kalten Krieges nicht, wie manche ihrer alten Kritiker vorschnell hofften, ein Bündnis auf der Suche nach einem Daseinszweck. Wenn die Atlantische Allianz Weltstabilität nicht schafft, dann wird es keine geben.

Die NATO hat, indem sie lediglich da war, mehr erreicht, als ihre kühnsten Strategen je zu denken wagten. Aber es liegt in diesem Erfolg auch die Gefahr des Sinnverlustes oder der Überforderung. Sinnverlust dann, wenn mit der militärischen Abwehrfunktion auch die politische Ordnungsfunktion dahinschwinden sollte; Überforderung, wenn die Prozesse der sowjetischen Erbfolge, einschließlich der russischen Hegemonie und der nuklearen Erbfolge zum Gegenstand der NATO-Politik gemacht werden. Aber wie dem entgehen? Jedenfalls liegt die Ironie der Lage schon heute darin, daß das Bündnis, erfunden gegen die Übermacht der Sowjetunion, jetzt alles tun muß, um dem imperialen Zerfall zu steuern. Es geht nicht darum, der NATO neue Aufgaben zu erfinden. Vielmehr müßte das Bündnis, wäre es nicht da, selbst neu erfunden werden.

Aber mit ihren neuen Zielen werden sich auch die alten Mittel tief verändern. Dreierlei ist deutlich: Den Vereinigten Staaten gestattet die Weltlage keinen Abschied von der europäischen Rolle, und es sieht so aus, als habe die jugoslawische Krise nicht nur den Europäern eine Lektion über den Unterschied zwischen Friedensträumen und chaotischer Wirklichkeit erteilt, sondern auch den Amerikanern ihre entscheidende Bedeutung als letzte Supermacht vor Augen geführt. Rußland kann sich gegenüber den nuklearen Nachfolgemächten in seinem weiteren Umfeld nur als freundliche Führungsmacht, nicht mit drohenden Gebärden behaupten. Die Bundesrepublik Deutschland aber, an der Grenze zwischen Ost und West gelegen, wird in einen weltumspannenden Denk- und Handlungsmodus gezwungen, der die Deutschen gänzlich unvorbereitet trifft: Kein Ende der Geschichte findet statt, kein Schlußakt des Dramas steht in Aussicht, kein Rückzug in die Innerlichkeit ist anzutreten.

Die bevorstehenden Aufgaben aber sind im Alleingang nicht lösbar, weder für die Supermacht Amerika noch für die NATO und auch nicht für die EG. Es wird nur im Konzert miteinander verschränkter Institutionen gehen, und die wichtigste Aufgabe kommt dabei der neuen NATO zu. Bisher hielt sie sich in vorsichtigem Abstand von der Sowjetunion und ihren inneren Problemen. Die westliche Hilfe wurde seit 1989 durch die militärischer Nebenzwecke unverdächtige Europäische Gemeinschaft organisiert. Aber Winterhilfe wird nicht ausreichen. Jetzt geht es um die Prozesse der sowjetischen Erbfolge und damit um die größte Aufgabe, die seit 1948/49 dem Westen abverlangt wurde. Zuletzt und vor allem aber geht es um die Verhütung der nuklearen Anarchie. Die sowjetischen Nukleararsenale sind riesig, weit mehr als 27.000 Sprengköpfe werden gezählt, älteste und neueste, kleinste und größte. Es reicht nicht, die meisten einzusammeln, es müssen alle sein. Aber niemand weiß dafür ein Rezept. Bleibt ein Rest in falschen Händen, dann ist der Welt nach dem Kalten Krieg wenig Ruhe vorherzusagen. Eine neue Frontlinie könnte sich dann abzeichnen, die nicht mehr zwischen Ost und West verlaufen wird, sondern zwischen den Nuklearbesitzern im Norden und den nach Nuklearwaffen strebenden Nichtbesitzern im Süden.

Das Atlantische Bündnis erweitert mit seinem Sicherheitsbegriff auch seine Reichweite. Aber die innere Ausgestaltung des künftigen Europa kann von nirgendwoher kommen als aus der Europäischen Gemeinschaft. Die Transformation, in der sie sich gegenwärtig befindet, ist weniger dramatisch, aber doch tiefgreifender als die des Atlantischen Bündnisses. Seit 1985 hatte die Gemeinschaft die Vertiefung zum Ziel, die mit der suggestiven Formel »1992« wirkungsvoll zusammengefaßt wurde und den großen Markt meinte, der nach dem 1. Januar 1993 die zwölf Länder der Gemeinschaft in einem Europa ohne Grenzen verbinden soll. Es war damals deutlich, daß Europa auf diese Weise wirtschaftliche Wachstumsreserven mobilisieren und gegen die entstehende nordamerikanische Freihandelszone der USA mit Kanada und gegen Japans Prosperitätszone ein drittes Zentrum der globalen Industriewirtschaft und der Wohlstandsdemokratie bilden würde. Doch als sich die Ost-West-Konfrontation auflöste, stellte sich für die in ihrer Mehrheit neutralen EFTA-Länder (European Free Trade Association) die Frage, was ihre Neutralität ohne den darüberliegenden Ost-West-Gegensatz noch bedeutete. Sie begaben sich daher auf den langen Weg nach Brüssel, der nach 1993 in den »Europäischen Wirtschaftsraum« einmünden soll. Da Wirtschafts- und Währungsverhältnisse die Anpassung bald erlauben, ging es für die EG vor allem darum, ihr inneres Gefüge zu definieren, bevor die Beitrittsbedingungen ausformuliert und verhandelt werden.

Viel schwieriger aber müssen sich die Anpassungsprobleme der Staaten des östlichen Mitteleuropa gestalten. Im Gegensatz zu Deutschlands östlichen Provinzen bewahrten sie zwar ihren inneren Markt, aber es gab ihnen auch niemand ein vollständiges System sozialer Absicherung, kein bewährtes Rechts- und Institutionengefüge, keine Milliardeninvestitionen, und schon gar nicht eine harte Währung. Statt dessen brachen die sowjetischen Absatzmärkte zusammen, Energie war in harter Währung zu bezahlen, und die jungen Demokratien gerieten in eine existentielle wirtschaftliche Probe. Und da der Westen diese Länder nicht auf Dauer als Kostgänger unterhalten kann und will, ging es, als die Sowjetunion und mit ihr der RGW zerbrachen, unmittelbar um die Frage der Assoziation und mittelbar schon um die der späteren Integration. Wirtschaftlich sprach und spricht alles gegen die Integration: die vollständige Inkompatibilität der Systeme wie die Interessen der westeuropäischen Stahl- und Textilindustrien und der Landwirtschaft, aber auch der vom Zufluß billiger Arbeitskräfte wenig begeisterten Gewerkschaften. Aber politisch spricht alles dafür, die Länder Ostmitteleuropas einzubeziehen, da sie sonst von Armenhäusern zu Diktaturen alter und neuer Prägung werden könnten. Daher auch das große deutsche Interesse, gegenüber Osteuropa nicht alleinzustehen. Die den Deutschen unterstellte Versuchung, noch einmal eine Einflußsphäre in Osteuropa zu suchen, ist in Wahrheit gering; die Drohung einer hilf- und ratlosen Armutszone mit Unordnung, Massenauswanderung und Umweltkatastrophen dagegen groß.

Seit diesen Umbrüchen ist die Einheitliche Europäische Akte für »1992« nicht mehr nur Ziel, sondern auch Voraussetzung für jenes Europa, das wachsen muß, ob es will oder nicht. Insbesondere muß Deutschland alle Verankerungen im Westen kultivieren, die sich nur finden lassen. Dies ist nach der Wiedervereinigung die logische Fortführung der Adenauer-Maxime, jeden Machtzuwachs durch Souveränitätstransfer aufzufangen, Vertrauen durch Gleichgewicht zu schaffen.

Die deutsche Politik hat seit »Zwei plus Vier« daher die Wirtschafts- und Währungsunion Europas und die Politische Union gefordert und mit allen Kräften gefördert. Die Wirtschafts- und Währungsunion, um die europäische Einigung unumkehrbar zu machen; die Politische Union, um Europa nach innen demokratisch zu binden und nach außen handlungsfähig zu machen. Es war der Versuch, die deutsche Macht der Wirtschaft und der Währung einzusetzen, um die deutschen Interessen an einer gemeinsamen Außen- und Sicherheitspolitik durchzusetzen. Das deutsche Verbinden von Wirtschafts- und Währungsunion und Politischer Union ist aber auch der Versuch, durch technische Mittel und wirtschaftliche Stärke jene gemeinsame Außenpolitik zu erzwingen, die in Wahrheit doch allein aus gemeinsamer

Analyse, gemeinsamer Handlungsfähigkeit und gemeinsamer Interessenwahrung kommen kann. Die Krisen am Golf und an der Adria haben indessen gezeigt, daß, auf Entscheidung und Extrem gestellt, dies noch immer knappe Güter sind. Das verantwortliche Management der Macht läßt sich nicht von anderen borgen.

Am Ende der Integration aber wird eine gemeinsame Sicherheitspolitik, ja gemeinsame Verteidigung stehen müssen. Sonst wird das Europa der Industriellen und der Bankiers keinen Bestand haben. Anders als vor 1989 sind militärische Notfälle denkbar, die nichts mit dem Kalten Krieg zu tun haben, amerikanische Interessen allenfalls am Rande berühren und eine europäische Reaktion erfordern. Schon im Golfkrieg mußten sich die Europäer fragen, ob sie ohne amerikanische Führungskraft mehr als den Ausdruck entschiedener Mißbilligung zuwege gebracht hätten. Erst recht aber wurde die jugoslawische Krise zur Stunde der Wahrheit. Nicht nur, weil die Donauländer näher sind als die des Nahen Ostens. Es war auch unübersehbar, daß es in Europa wieder Krieg gab und daß niemand etwas tat.

Die Westeuropäische Union, seit vierzig Jahren ein Sicherheitsbündnis auf der Suche nach einem Daseinszweck, wurde in dieser Lage zum Mittel, um zwischen NATO und Europäischer Gemeinschaft eine Brücke zu bilden. Am 22. Februar 1991 hatten sich die Außen- und Verteidigungsminister der neun WEU-Staaten auf ein Konsens-Papier geeinigt, das der Westeuropäischen Union, auch wenn es nicht um den ohnehin unwahrscheinlich gewordenen NATO-Fall ging, eine politisch-militärische Rolle zudachte, um notfalls ohne die USA zu handeln, aber zugleich über die NATO eine Rückversicherung an der westlichen Führungsmacht zu haben. Beim EG-Gipfel von Maastricht Anfang Dezember 1991 wurden die Interessen noch enger zusammengeführt durch die Zwölf der EG und die Neun der WEU. Die politische Union Europas soll am Ende – noch steht kein Datum fest – auch den Rahmen einer gemeinsamen Verteidigungspolitik und am Ende auch der Verteidigung selbst umfassen.

Jedenfalls erhielt die WEU, ausgestattet mit Ministerrat, parlamentarischer Versammlung, Generalsekretariat und Thinktank, in Maastricht den Auftrag, einen Entwurf dafür vorzulegen, und nach fünf Jahren wird man entscheiden. Die WEU soll integraler Bestandteil des europäischen Einigungsprozesses sein – sie hat einen die Mitgliedstaaten für Sicherheit strikt bindenden Vertrag – aber zugleich ihre Eigenständigkeit wahren. Sie wird nicht unabhängig von der NATO handeln, das Hauptquartier wird deshalb auch von London nach Brüssel verlegt, und ihre operativen Aufgaben werden sich zunächst auf einen militärischen Planungsstab beschränken, auf militärische Einheiten unter ihrer Leitung – aber nicht ihrem Kommando –, auf Abstimmung der Generalstabschefs und, zuletzt und vor allem, auf Fragen des Nachschubs, des Transports, der Ausbildung und der Aufklärung. Hat die WEU die Quadratur des Kreises gefunden, die nuklearen Garantien Amerikas über die NATO zu bewahren, der Europäischen Gemeinschaft eine sicherheitspolitische Kompetenz zu geben und die Deutschen zu überreden, mehr als der Zahlmeister zu sein und weniger als eine Führungsmacht? Ob dies gelingt, wird sich im Krisenmanagement der nächsten Jahre erweisen. Jedenfalls kann die WEU jene Lücke füllen, die zwischen den zivilen Machtwährungen Europas und den militärischen des Atlantischen Bündnisses bleibt: Das Ende des Kalten Krieges, die Auflösung des Sowjetreiches und die Entfesselung der Nachfolgekrisen erfordern es.

Conditio Germaniae

Damit aber gerät die deutsche Politik in Entscheidungs- und Handlungszwänge, die ihr bis zur Wiedervereinigung immer erspart geblieben waren. Am Golf wollte man es allen recht machen und machte es am Ende allen unrecht, eingeschlossen sich selbst. In Jugoslawien aber ergriff die deutsche Außenpolitik, um dem Krieg ein Ende zu setzen, die diplomatische Führung und erfuhr erneut die Grenzen ihrer Handlungsfähigkeit. Zu den Folgen gehört die schmerzliche Erkenntnis, daß europäische Sicherheitspolitik, wenn sie weiterhin von Krise zu Krise treibt, weitgehend die Gestaltungskraft verliert und zur Krisen- und Konfliktprävention wenig beitragen kann. Vierzig Jahre lang war der NATO-Fall, ausgelöst durch Angriff der Sowjetunion und ihrer Verbündeten, für die deutsche Sicherheitspolitik Anfang und Ende. Jetzt ist er in den Bereich des Unwahrscheinlichen gerückt, aber für »out of area«-Fälle der NATO sollen Einheiten der Bundeswehr nicht zur Verfügung stehen, und für andere Einsätze auch nicht, nachdem seit fast zwanzig Jahren der Bundessicherheitsrat der deutschen Unwilligkeit in diesem Punkt den Rang eines Verfassungsgebots zugesprochen hat. Anstatt zu sagen, daß man nicht wolle, erklärte man, daß man nicht dürfe. Zu den verlorenen Annehmlichkeiten des Kalten Krieges zählte es, daß den Deutschen der moralische Schmerz erspart blieb, der in jedem verantwortlichen Umgang mit der Macht enthalten war und immer sein wird. Zur Wiederbegegnung mit der Geschichte gehört auch die Erinnerung an die Pathologie der Macht.

Das Jahr Eins des vereinten Deutschland war bestimmt von gemischten Gefühlen. Man nahm Abschied von der DDR und ihren Sitten und Gebräuchen, aber auch von der Bundesrepublik Deutschland, wie sie vierzig Jahre lang gewesen war und in der veränderten Weltlage nicht mehr sein konnte. Zwischen Rhein und Oder liegt nun ein Land, das sein inneres Gleichgewicht und seine äußere Rolle erst noch finden muß in schmerzlichen Erfahrungen. »Im Ganzen hatte sich das Land,« wie Joachim Fest im Rückblick schrieb, »zwischen den Blöcken eine ziemlich komfortable, wenn auch durch öffentliche Mißgelauntheit eingetrübte Idylle eingerichtet.«

Das große Welttheater verlangt von den Deutschen, nicht mehr nur Zuschauer, sondern Akteure zu sein. Zwischen Flensburg und Berchtesgaden lebte es sich, als der Dritte Weltkrieg ausblieb, nicht schlecht im fahlen Licht der zu bewältigenden und ewig unbewältigten Geschichte des Dritten Reichs, im Schatten der Mauer von Berlin, im Lobpreis der Händler und im Zweifel an den Helden und in der Gewißheit eines von nuklearen Waffen garantierten Friedens. Vorbei auch dies: Der Begegnung mit der Geschichte ist nicht zu entgehen, und es ist leicht zu erklären, warum sie eher mit Beklommenheit als mit Wiedersehensfreude wahrgenommen wird.

Es gab in der Krise der Wiedervereinigung im deutschen Westen einen Konsens, soviel wie möglich an Kontinuität zu wahren – von der NATO-Bindung, der EG-Rolle und der

Bundesbank bis hin zum Namen des Staates, zur National-
hymne, zur Verfassung, zum Parteiengefüge. Der Beitritt der
DDR nach Artikel 23 des Grundgesetzes ließ im Westen alles
unverändert, veränderte indes im Osten alles: So schien es
jedenfalls. In Wahrheit kamen die Deutschen im Jahr Eins
der Einheit zu der Erfahrung, daß das vereinte Deutschland
nicht die um fünfeinhalb Länder erweiterte Bundesrepublik
ist, sondern daß die neue Weltlage Deutschland, ob es will
oder nicht, in die geostrategische Bruchzone Europas gerückt
hat. Damit wird das Land all jenen Gefahren wieder ausgesetzt, die diese Lage immer enthielt und immer enthalten
wird. Die Conditio Germaniae ist wegen der Wiedervereinigung leichter geworden, wegen des damit verbundenen weltpolitischen Umbruchs aber zugleich schwieriger.

Der Bundesrepublik Adenauers und aller seiner Nachfolger blieben Entscheidungen von strategischer Reichweite
und moralischer Tragik erspart, nachdem die Westbindung
als Bedingung von Wohlstand, Sicherheit und Gestaltungsfähigkeit von der Mehrheit verstanden und seitens der Opposition auch hingenommen war. In der Berlin-Krise 1958-61
waren die Deutschen mehr Zuschauer als Gestalter ihres
Schicksals, in der Ostpolitik des folgenden Jahrzehnts folgte
der Innendruck dem Außendruck der Verbündeten. In der
Raketenkrise der frühen achtziger Jahre standen mit dem
Doppelbeschluß der NATO auch die Geschäftsfähigkeit der
Bundesrepublik und die Bündnisfähigkeit des Landes auf
dem Spiel. Politische Lasten allemal, und jedesmal tief ein-
greifend in das innenpolitische Gefüge des Landes, aber in
keinem Fall lagen bei den Deutschen erste Entscheidung oder
letzte Verantwortung.

Statt dessen besetzten die Deutschen seit Vietnamkrieg
und neuer Ostpolitik, die Medien der Politik stets den Weg
weisend, in allen großen Dramen der Weltpolitik das mora-
lisch höhere Gelände, ohne je vor die Notwendigkeit einer
Entscheidung gestellt zu sein: nicht in Vietnam, nicht beim
ABM-Vertrag, nicht in Afghanistan, nicht in Polen unter dem
Belagerungszustand. Deutschland erlaubte sich, Thomas
Mann zeitgenössisch abzuwandeln, jene »machtgeschützte
Innerlichkeit«, die alles dem Schutz und dem Schirm der Ver-
einigten Staaten verdankte und zugleich die Undankbarkeit

zur Tugend erhob. Immer waren die Deutschen den Amerikanern um moralische Längen voraus, und gegebenenfalls erhielten auch Briten – beim Falkland-Krieg 1982 – und Franzosen – bezüglich der »force de dissuasion« – schlechte Noten. Die Deutschen boten immerwährend Rat an, der doch nicht immer erbeten oder geschätzt war. Maria Magdalena, die Sünderin, die Heilige geworden war, stieg zur stillen Schutzpatronin des Landes auf. Das Weltgewissen saß in Deutschland, Gericht über jene haltend, die sich in die Versuchungen der Macht begaben. Auch dies ist nun zu Ende.

»Das nicht nur größer, sondern groß gewordene Land wird von nun an immer dringlicher mit Fragen konfrontiert werden, auf die die Antwort »Ja, ja« oder »Nein, nein« lauten muß und wo alle schönen Ausflüchte von ehedem hinfällig sind« (J. Fest).

Die Figuren des weltpolitischen Schachbretts, große und kleine, sind durcheinandergeworfen, und niemand weiß, zu welchen Konfigurationen die weltpolitischen Kräfte sich neu zusammenfügen, unter welchen Umständen und Bedingungen. Nur soviel ist gewiß: Gewicht und Größe, Geschichte und Geographie des Landes gestatten den Deutschen nicht mehr die alte Verbindung von moralischer Empörung und politischer Enthaltsamkeit. Die Macht, die die Deutschen vor sich selbst versteckten, erfordert Gestaltung, ihre Grenzen müssen bestimmt, ihre tragische Natur muß gemeistert werden. Sonst tritt ein, was die deutsche Politik seit Adenauer am meisten zu fürchten lernte, die strategische »Singularisierung«, und was die Intellektuellen am beredtesten zu beklagen wußten, der »Sonderweg«. Seit der Wiedervereinigung liegt darin eine Gefährdung deutscher Politikfähigkeit, und alle Intensivierung der Europäischen Gemeinschaft, alle Erneuerung des Atlantischen Bündnisses seit 1990 waren mit Recht darauf gerichtet, eben dies zu verhindern.
Im Zerfall des alten und im Entstehen des neuen Weltzustands wird Deutschland nicht mit moralischen Urteilen und dem Ausdruck tiefer Betroffenheit davonkommen, sondern in seiner Gestaltungs- und Entscheidungsfähigkeit gewogen werden. Noch einmal: Die Kämpfe der sowjetischen Erbfolge

werden jahrzehntelang die Welt erschüttern; die Proliferation nuklearer und chemischer Massenvernichtungswaffen und ihrer Träger wird allenfalls zu verlangsamen, aber nicht anzuhalten sein; Umbruch und Aufbruch im islamischen Krisenbogen werden neue, undurchsichtige Frontlinien aufreißen; die Dritte Welt wird an ihre Misere erinnern. Die Deutschen aber sind in diese Welt gestellt: die Geschichte Hitlers und des Zweiten Weltkriegs bietet nicht mehr lange einen argumentativen Schutzwall und wird als Verwahrung gegen deutsche Beteiligung an Frieden wahrenden oder wiederherstellenden Aktionen unbrauchbar. Deutschland ist in beides, Gestaltungsrolle und Entscheidungsnot, zurückgekehrt, aber Politik, Medien und Wissenschaft sind wenig darauf vorbereitet. Das moralisch höhere Gelände muß verlassen werden zugunsten der Niederungen, in denen die Sterblichen ihr Schicksal finden.

Die zweite Chance

Unverändert gilt für Deutschland, vor wie nach der Wiedervereinigung, daß das Land in der Mitte, um seine Lage zu bewältigen, des strategischen Bündnisses mit dem Westen bedürftig bleibt. Im atlantischen und europäischen Enthusiasmus haben sich die Deutschen bisher von niemandem übertreffen lassen, noch immer Primus aller Klassen. Aber es ist unverkennbar, daß die wirtschaftlichen Energien, die Deutschland einzusetzen hat, nicht unerschöpflich sind. Die Grenzen der öffentlichen Kreditaufnahme sind erreicht, jede weiter steigende Beanspruchung setzt fortan die ökonomische Leistungsfähigkeit des Landes in Zweifel. Ähnliches gilt für die Steuerquote, die nicht erhöht werden kann, ohne daß der »Standort Deutschland« ernsthaft leidet. Der deutsche Sonderaufschwung durch den Nachholbedarf des Ostens ist verbraucht. In der schwierigen Weltkonjunktur der frühen neunziger Jahre tun sich selbst die deutschen Nobel-Unternehmen des Auto- und des Maschinenbaus schwer. Die Exportbeschränkungen, die auf die Entdeckung des markanten deutschen Anteils an der irakischen High-Tech-Rüstung folgten und verlorenes Gelände moralisch wiedergewinnen sollten, waren so drastisch, daß sie seitdem nicht nur alle »dual-use«-Technologien umfassen, mithin auch Drehbänke und Fräsmaschinen, sondern auch die internationale Kooperationsfähigkeit der deutschen Industrie ernsthaft behindern können. Bei der Projektierung und Entwicklung eines europäischen Beobachtungssatelliten wird sich entscheiden, nach welchen Maßstäben deutsche Industriepolitik handelt – denen der Bündnisfähigkeit oder denen der Finanzierbarkeit. Ähnliches muß wohl für die Frage gelten, ob es noch einmal die Chance einer europäischen oder atlantischen Chip-Industrie gibt, oder ob dieser Rohstoff des 21. Jahrhunderts allein in Fernost geschürft wird: Das könnte für Europa und für Deutschland so entscheidend werden wie der Rückstand der Bronzeschwerter gegen die Eisenschwerter im Morgengrauen der abendländischen Geschichte. Für Flugzeugbau und Biotechnologie gilt Ähnliches.

Endlich ist nicht zu verkennen, daß die Energiebasis des Landes buchstäblich auf Sand gebaut ist: Bei wachsender Ungewißheit über die Zukunft der nuklearen Kraftwerke und zunehmender Abhängigkeit vom Öl aus dem Pulverfaß des Nahen Ostens können buchstäblich über Nacht die Lichter der Industriewirtschaft und des Massenkonsums verglimmen. In den wirtschaftlichen und technischen Machtwährungen werden sich Gewicht, Wohlstand und Sicherheit des Landes und seiner Nachbarn am Ende entscheiden. In ihnen gilt es, die Sicherheit zu versichern.

Im Moment der Einheit war viel davon die Rede, in Deutschland wie bei den Nachbarn, daß die künftige wirtschaftliche Stärke des vereinten Landes Europa aus dem Gleichgewicht werfen würde. Das einzige, was noch schlimmer wäre, wäre die wirtschaftliche Überanstrengung und dauerhafte Schwächung Deutschlands.

Deutschland hat mit der Wiedervereinigung eine zweite Chance erhalten. Die Geschichte braucht nicht mehr nur beklagt zu werden, sie bleibt, in Teilen jedenfalls, zu reparieren. Auch kann sich jetzt zeigen, welche Lehren aus der Geschichte gezogen worden sind. Die Welt ist im Wandel, und noch ist kein Ende des Dramas zu erwarten, nicht einmal eine Pause. Man wird die zweite Chance nutzen müssen, um den verantwortlichen Umgang mit der Macht zu lernen, und dies noch im schwierigsten Moment, den die Geschichte zu vergeben hat. Das wird einen Begriff des Politischen erfordern, der nicht bei Wachstum beginnt und bei Lebensqualität endet, sondern erkennen läßt, »wofür und wogegen das Land im Entscheidungsfall steht« (J. Fest).

Bisher hat das vereinte Deutschland die Bindungen an den Westen pfleglich behandelt. Alles hängt davon ab, daß dies auch weiterhin geschieht. Denn was im Zeichen des Kalten Krieges den Deutschen freiheitserhaltende Maxime sein mußte, gilt auch seitdem: Die Tragfähigkeit der deutschen Politik nach innen und außen reicht nicht weiter als das Vertrauen der europäischen und atlantischen Nachbarn. Die Grenzen der Macht und die Erfahrung der Geschichte treffen sich in einem Punkt, und er beschreibt die deutsche Staatsraison: Deutschland wird so weit handlungsfähig sein, wie es bündnisfähig bleibt.

Zitierte und weiterführende Literatur

Adenauer, K., Erinnerungen, 4 Bde., Stuttgart 1965-68.

Aron, R., Erkenntnis und Verantwortung – Lebenserinnerungen, München-Zürich 1983.

Ders., Histoire et Politique, Paris 1985.

Ders., Die letzten Jahre des Jahrhunderts, Stuttgart 1986.

Aretin, K.O. von, Das Reich. Friedensordnung und europäisches Gleichgewicht. Stuttgart 1986.

Baring, A., Deutschland, was nun?, Berlin 1991.

Birrenbach, K., Meine Sondermissionen, Düsseldorf-Wien 1984.

Boldt, H., Deutsche Verfassungsgeschichte, München 1984.

Bracher, K.D., Die Auflösung der Weimarer Republik. Eine Studie zum Problem des Machtverfalls in der Demokratie, Villingen 1955.

Burckhardt, J., Über das Studium der Geschichte. Nach den Handschriften. Hg. von P. Ganz, München 1982.

Burke, E., Betrachtungen über die Französische Revolution, Zürich 1987 (Reflections on the Revolution in France, London 1790).

Calleo, D., Legende und Wirklichkeit der deutschen Gefahr, Bonn 1981.

Colville, J., The Fringes of Power. Downing Street Diaries 1939-1955, London-Sydney-Oakland-Toronto 1985.

Cohn, N., The Pursuit of the Millennium, London 1972.

Craig, G.A., The United States and the European Balance, in: Foreign Affairs, 1976 (October), S. 187 ff.

Ders., The Historian and the Study of International Relations, in: AHR 88, 1983, S. 1 ff.

Ders., Die Chequers-Affäre von 1990, 39, 1991, S. 611 ff.

Dahrendorf, R., Betrachtungen über die Revolution in Europa, Stuttgart 1990.

Demandt, A. (Hg.), Deutschlands Grenzen in der Geschichte, München 1990.

Dehio, L., Gleichgewicht oder Hegemonie, Krefeld o. J.

Djilas, M., Gespräche mit Stalin, Frankfurt/M. 1962.

Engelberg, E., Bismarck, 2 Bde., Berlin 1985/90.

Erdmann, K.D. (Hg.), Kurt Riezler. Tagebücher, Aufsätze, Dokumente, Göttingen 1972.

Fack, F.U./Fromme, F.K./Nonnenmacher, G. (Hgg.), Das deutsche Modell, München 1990.

Fest, J.C., Hitler, Frankfurt/M.-Berlin 1975.

Ders., Aufgehobene Vergangenheit. Portraits und Betrachtungen, Stuttgart 1987.

Ders., Deutschland nach dem Jahre Eins, MS, München 1991.

Ders., Der zerstörte Traum. Vom Ende des utopischen Zeitalters, Berlin 1991.

Freedman, L., The Evolution of Nuclear Strategy, London 2/1990.

Ders., Querelles dans uns Europe Nouvelle, in: Paix et Sécurité 6, 1991 (H. 3), S. 4 f.

Gall, L., Bismarck. Der weiße Revolutionär, Berlin 1980.

Grewe, W.G., Appeasement und Entspannung. Zur Substanz zweier politischer Schlagworte, in: Politische Studien 39, 1988, S. 645 ff.

Haftendorn, H., Abrüstungs- und Entspannungspolitik zwischen Sicherheitsbefriedigung und Friedenssicherung, Düsseldorf 1974.

Dies., Sicherheit und Entspannung, Baden-Baden 2/1986.

Hanrieder, W.F., Germany, America, Europe. Forty Years of German Foreign Policy, New Haven-London 1989.

Hearings before the Committee on Foreign Relations United States Senate. The Treaty between the United States of America and the Union of Soviet Socialist Republics on the Eliminiation of their Intermediate-Range and Shorter-Range Missiles, January 25, 26, 27 and 28, 1988, 4 Bde., Washington 1988.

Heiden, K., Adolf Hitler, 2 Bde., Zürich 1936/37.

Haffner, S., Anmerkungen zu Hitler, München 1978.

Hildebrand, K., Hitlers Ort in der Geschichte des preußisch-deutschen Nationalstaats, in: HZ 217, 1973, S. 584 ff.

Ders., Deutsche Außenpolitik 1933-1945. Kalkül oder Dogma, Stuttgart-Berlin u.a. 5/1990.

Hillgruber, A., Hitlers Strategie. Politik und Kriegführung 1940-1941, München 2/1982.

Ders., Der Zweite Weltkrieg. Kriegsziele und Strategie der großen Mächte, Stuttgart-Berlin u.a. 5/1989.

Horelick, A.L., The New Soviet Political Landscape: Implications for Economic and Policy, Rand Occasional Paper OPS-23.

Howard, M., 1989 – eine neue Zeitenwende?, in: Europa-Archiv 44, 1989 (H. 14), S. 437 ff.

Huber, E.R., Deutsche Verfassungsgeschichte seit 1789, 8 Bde., Stuttgart 1967 ff.

Isaacson, W. u. Thomas, E., The Wise Men. Six Friends and the World They Made, Acheson, Bohlen Harriman, Kennan, Lovett, McCloy, New York 1986.

Ismay, Lord, The Memoirs of General Lord Ismay, London 1960.

Joffe, Josef, The Limited Partnership. Europe, the United States, and the Burden of Alliance, Washington 1987.

Kaiser, K., Deutschlands Vereinigung. Der internationale Aspekt, Bergisch Gladbach 1991.

Kennan, G.F., Memoiren eines Diplomaten, Stuttgart 3/1968.

Kennedy, P., The Rise and Fall of the Great Powers, London-Sydney 1988.

Kielinger, Th., Im Sog der Freiheit. Aufsätze zu Politik und Kultur, Bonn-Berlin 1991.

Kissinger, H., White House Years, Boston-Toronto 1979.

Ders., Years of Upheaval, Boston-Toronto 1982.

Landes, D., The Unbound Prometheus, Cambridge 1969.

Le Gloannec, A.-M., Die deutsch-deutsche Nation. Anmerkungen zu einer revolutionären Entwicklung, München 1991.

MacNeill, J./Winsemius, P./Yakushiji, T., Beyond Interdependence, Oxford 1991.

Mann, G., Wallenstein, Frankfurt 1971.

Möller, H., Fürstenstaat oder Bürgernation, Berlin 1989.

Nerlich, U., Deutsche Sicherheitspolitik und Konflikte außerhalb des NATO-Gebiets, in: Europa-Archiv 46, 1991 (H. 10) S. 303 ff.

Nicolson, H., The Congress of Vienna, London 1946.

Nipperdey, Th., Nachdenken über die deutsche Geschichte. Essays, München 1986.

Ders., Deutsche Geschichte 1866-1918 Bd. I: Arbeitswelt und Bürgergeist, München 1990.

Nitze, P.H., From Hiroshima to Glasnost, New York 1989.

Nolte, E., Deutschland und der Kalte Krieg, Stuttgart 2/1985.

Riedel, M., Zeitkehre in Deutschland. Wege in das vergessene Land, Berlin 1991.

Ritter, G., Die Dämonie der Macht, Stuttgart 1947.

Rovan, J., France Allemagne. Deux nations, un avenir, Paris 1988.

Rühl, L., Der Vertrag über konventionelle Streitkräfte: Höhe- und Schlußpunkt europäischer Rüstungskontrolle, in: Außenpolitik II/1991, S. 116 ff.

Schieder, Th., Friedrich der Große, Frankfurt/M.-Berlin-Wien 1983.

Schlögl, R., Bauern, Krieg und Staat, Göttingen 1988.

Schmidt, H., Menschen und Mächte, Berlin 1987.

Ders., Die Deutschen und ihre Nachbarn. Menschen und Mächte II, Berlin 1990.

Schmückle, G., Das Schwert am seidenen Faden, Stuttgart 1984.

Schwarz, H.-P., Die gezähmten Deutschen. Von der Machtbesessenheit zur Machtvergessenheit, Stuttgart 1985.

Ders., Adenauer, 2 Bde., Stuttgart 1986/91.

Ders., Auf dem Weg zum post-kommunistischen Europa, in: Europa-Archiv 44, 1989 (H. 11) S. 319 ff.

Seibt, F., Glanz und Elend des Mittelalters. Eine endliche Geschichte, Berlin 1987.

Ders., Karl V. Der Kaiser und die Reformation, Berlin 1990.

Siedler, W.J., Abschied von Preußen, Berlin 1991.

Stadelmann, R., Soziale und politische Geschichte der Revolution von 1848, München 1948.

Stolleis, M., Staat und Staatsräson in der frühen Neuzeit, 1990.

Stürmer, M., Das ruhelose Reich – Deutschland 1866-1918, Berlin 1983.
Ders., Dissonanzen des Fortschritts. Essays über Politik und Geschichte in Deutschland, München 1986.
Ders., Scherben des Glücks. Klassizismus und Revolution, Berlin 1987.
Taylor, A.J.P., The Struggle for Mastery in Europe 1848-1918, London 1971.
Taylor, M., The Uncertain Trumpet, New York 1959.
Teller, E., Better a Shield than a Sword. Perspectives on Defense and Technology, New York-London 1987.
Teltschik, H., 329 Tage. Innenansichten der Einigung, Berlin 1991.
Thamer, H.-U., Verführung und Gewalt. Deutschland 1933-1945, Berlin 1986.
Tocqueville, A. de, Über die Demokratie in Amerika, 2 Bde, Zürich 1987 (De la démocratie en Amérique).
Valentin, V., Geschichte der deutschen Revolution von 1848-49, Berlin 1930/31.
Weisenfeld, E., Welches Deutschland soll es sein? Frankreich und die deutsche Einheit seit 1945, München 1986.
Zweig, S., Die Welt von Gestern, Stockholm 1944.

Bildverzeichnis

Archiv für Kunst und Geschichte: 14, 23, 28, 31, 37, 43, 57, 61, 87, 89, 205
Bilderdienst Süddeutscher Verlag: 29, 59, 95, 109, 119, 133, 163, 175
Ullstein-Bilderdienst: 105, 113, 117, 127, 149, 159, 175
Zenit Bildagentur: 207

CIP-Titelaufnahme der Deutschen Bibliothek

Stürmer, Michael:
Die Grenzen der Macht:
Begegnung der Deutschen mit der Geschichte/
Michael Stürmer. – Berlin: Siedler, 1992
ISBN 3-88680-134-9

Der Siedler Verlag ist ein gemeinsames
Unternehmen der Verlagsgruppe Bertelsmann
und von Wolf Jobst Siedler

© 1990 by Wolf Jobst Siedler Verlag GmbH, Berlin

Alle Rechte vorbehalten,
auch das der fotomechanischen Wiedergabe.
Redaktion: Wolf Jobst Siedler jr.
Schutzumschlag: Brigitte und Hans Peter Wilberg, Eppstein
Satz: Bongé + Partner, Berlin
Reproduktionen: Faesser, Selchow/Brandenburg
Druck und Buchbinder: Mohndruck, Gütersloh
Printed in Germany 1992
ISBN 3-88680-134-9